U0944448

跨文化研究系列丛书/总主编　杨朝军　姜玲

平行结构的互动认知研究

An Interactive-Cognitive Study of Parallelism

孙李英　著

·郑州·

图书在版编目(CIP)数据

平行结构的互动认知研究/孙李英著. --郑州:河南大学出版社,2021. 8
ISBN 978-7-5649-4835-1

Ⅰ. ①平… Ⅱ. ①孙… Ⅲ. ①英语-语法-研究 Ⅳ. ①H314

中国版本图书馆 CIP 数据核字(2021)第 170442 号

责任编辑 时二凤 王 珂
责任校对 郭慧慧
封面设计 李雪艳

出　版 河南大学出版社
地址:郑州市郑东新区商务外环中华大厦 2401 号　　邮编:450046
电话:0371-86059701(营销部)　　网址:hupress. henu. edu. cn
0371-22860116(人文社科分公司)
排　版 郑州市今日文教印制有限公司
印　刷 广东虎彩云印刷有限公司
版　次 2021 年 8 月第 1 版　　**印　次** 2021 年 8 月第 1 次印刷
开　本 787 mm × 1092 mm 1/16　　**印　张** 15. 25
字　数 282 千字　　**定　价** 45. 00 元

总　序

河南大学外语学院与河南大学同岁。河南大学的前身为1912年的河南留学欧美预备学校，迄今已有一百多年的办学历史。河南大学外语学院现设有英语、翻译、俄语、日语、德语、法语6个本科专业，拥有外国语言文学博士后科研流动站及外国语言文学一级学科博士、硕士学位授权点，拥有河南省高校人文社科重点研究基地（英语语言文学研究中心）、河南大学外国语言学及应用语言学研究所、英美文学研究所、翻译理论研究所等科研机构，主办有《外文研究》学术期刊。河南大学外语学院的英语专业为国家级特色专业、国家级专业综合改革试点及国家一流本科建设点，俄语与日语专业为河南省一流本科建设点，“高级英语”为国家级精品课程、国家级精品资源共享课程，“英语语言学概论”为河南省首批一流线下本科课程，英语语言文学教学团队为国家级教学团队，外国语言文学为河南省一级重点学科。英语专业连续多年跻身全国专业排行榜A++行列。

一百多年来，河南大学外语学院的教职工及学生秉承河南大学“明德新民、止于至善”的校训，充分发扬“海纳百川、追求卓越”的院训，殚智竭诚，筚路蓝缕，涌现出张今、刘炳善、吴雪莉、徐盛桓等国内知名专家学者，其关于认知语言学、莎学、语用学的研究在国内外有广泛影响，功能语言学、文体学、英汉语言对比、翻译理论、俄罗斯语言文学、日本文化等方向的研究在国内居于前列。近年来，河南大学外语学院进一步完善学科布局，优化资源配置，出台了一系列规章制度，外语学院学术研究空前繁盛。近十年来，学院教师共发表学术论文1054篇，出版教材和专著126部，先后承担各级各类社科项目252项，其中国家社科基金项目24项，获各级奖励123项。正是在这样一种氛围中，学院决定推出这套“跨文化研究系列丛书”，旨在陈列河南大学外语学院的最新成果，向学界汇报我们的研究发现。

这套丛书的学科覆盖面广泛，涉及文化、翻译、语言学、文学等研究领域；丛书的作者老中青结合，涉及不同的年龄阶段，他们中既有80岁高龄的知名教授，也有近几年涌现出来的青年才俊，反映了河南大学外语学院薪火相传、生生不息的学术传统。吕长发教授已近耄耋之年，仍然潜心研究、笔耕不辍，他与张玉红副教授等人合著的《西方戏剧史》是一部系统讲解西方戏剧发展历史与深入分析西方戏剧主要剧作家和戏剧文学批评家作品的著述;高继海教授的两本译著《〈易经〉原文·白话·英译》《〈人间词话〉原文·白话·英译》是对中国文化典籍英译事业的进一步发展和推广;李香玲副教授、杨书霞副教授、马应聪博士和俞琳博士等在语言学方面的研究成果以及焦小婷教授、付江涛副教授、刘宁宁博士等在文学研究方面的发现展现了近年来外语学院在科研发展创新与青年学术骨干培养等方面所做的努力,充分展示了一代代外院人孜孜不倦、砥砺向前的科研精神。

诚然,这套丛书编撰时间仓促,其中难免存在学术或技术上的问题,恳请各位同人能够不吝指正。同时在这里我们代表这套丛书的作者,向在背后默默付出的河南大学出版社的各位编辑表示谢忱!

杨朝军　姜玲

2020 年 7 月于河南大学外语北楼

序

上个月,孙李英告诉我她的博士论文要出版了,并邀我写个序。作为导师,学生的论文出版,自然是非常高兴,所以我就欣然答应写几句话。

李英的这篇论文是在 Du Bois 等人(2014)的对话句法理论框架内,从“基于使用视角”(usage-based approach)研究现代汉语对话中的 SVO 平行结构。这一研究,选取的视角比较新颖,研究的客体比较独特。

就我们所知,Langacker(1988)将其缔造的“认知语法”称之为基于使用的语法理论;Goldberg(1995,2006)和 Croft(2001)分别将自己的“构式语法”和“激进构式语法”也称之为基于使用的理论模型。Langacker 认知语法的“使用”是指言者所言和听者所听到的具体话语(use)以及言语交际活动,即“使用事件”(usage event)。Lamb(1998)的神经认知语言学里的“使用”有三层含义:言者使用现有语言资源产出话语,即语言拓展(linguistic extension);言者和听者的话语生成和话语理解,即语言处理(linguistic process);交际者接收和产出的话语系统,即语言系统。Croft(2001:59)的“激进构式语法”将语言看作是交际活动中所使用(说出)的全部话语。可见,“使用”是指言语交际活动中实际使用的话语,包括言者所言、听者所听等与言语交际活动相关的整个语言系统;“基于使用”就是以言语交际活动中使用的全部话语为基础,或者说为研究对象。孙李英的论文以《爱情公寓》《媳妇的美好宣言》等热播影视剧里的会话和日常生活私人聊天中使用的 SVO 平行结构为研究对象,既有言者所言,又有听者所听,还有言听双方的互动交流,涉猎对话的全部话语,因此是一种“基于使用”的视角,即将语言交际活动中实际使用的会话作为研究的核心(core)。

“基于使用视角”主张,语法是对语言使用经验的编码,语法结构是从使用中涌现出来的,是人们经常使用的话语模式规约化的产物。(Bybee 2006)语言使用创造语法(grammar in use);语法反过来决定和限制使用。李英的论文里有这样一组对话:小贤为了迎接上司在认真打扫房间,这时子乔走了进来。

小贤:你干什么了,身上的味道这么臭啊?
子乔:我钓鱼了。
(小贤仔细地打量了他,他浑身是水和泥,脏兮兮的。)
小贤:看你这样子,鱼钓了你吧。

这里,人们通常不大会说“鱼钓了你”,这一 SVO 结构是在子乔和小贤的对话中涌现出来的。但是,言者说“鱼钓了你”,为什么不说“鱼你钓了”或“钓了鱼你”呢?这显然是子乔的“我钓鱼了”这一 SVO 语法结构限制影响的结果。按照论文的分析,小贤的“鱼钓你”是与子乔的“我钓鱼”共振的产物。实际上,这种形式上的“共振”就是一种“使用”。

此外,“基于使用视角”秉持维特根斯坦的 meaning in use 思想,认为意义源于使用。一个词的意义是通过言者的频繁使用固化下来的;一个句子的意义与话语交际者和具体使用的语境密切相关。来看李英论文里的一段对话:宛瑜找工作,展博建议小贤让宛瑜去给他做电话编辑。

展博:对了,你可以让宛瑜去做你的编辑。她人又聪明又能干。
宛瑜:坐着上班,离家近,不用抛头露面,还有上司是个笨蛋。
小贤:谢谢你啊,展博!真是个好主意!她那个超级有钱的老爹要是知道她在为我打工,一怒之下把我们电台买下来,改造成博物馆,我做馆长啊。
一菲:你最多做标本。

上面对话里,“你最多做标本”是一菲听小贤说“我做馆长”之后所说的。按常理,“做馆长”是做管理(博物馆的各项事务);“做标本”是做被管理者。在这一语境,“你最多做标本”表达言者不同意小贤的观点,认为对方没有能力做馆长。显而易见,离开这一语境,我们无从理解这句话的意义。按照李英论文的分析,一菲使用“你最多做标本”表达的意义是与小贤的“我做馆长”共振出来的。这一意义上的共振也是一种“使用”。

还有一点,“基于使用视角”主张语法是象征性的,语法和意义为象征关系(symbolic relation)。(Langacker 1987,1991)一定的语法结构形式象征着一定的意义;意义附着在一定的语法结构形式之上。论文里有一段来自《媳妇的美好宣言》

的对话:妈妈跟儿子余快抱怨儿媳绒绒。

余快:嗯,妈,是她的不对! 您放心,我教育她。

妈妈:她教育你吧,我还不知道你啊……

上面的母子对话里,“我教育她”和“她教育你”同为SVO结构。这一结构表示S为“教育者”,O为“受教育者”。妈妈将儿子话里的“我”和“她”颠倒位置,巧妙地表达了与儿子截然相反的观点。按照李英论文的分析,妈妈和儿子使用平行的SVO结构,象征着由教育者和受教育者组成的“教育”过程(process),达到认知上的协同。“认知上的协同”也是一种“使用”,因为基于使用视角将语法看作是概念化(conceptualization)。

由上可见,“基于使用视角”具有重大的实用意义和理论价值。前者是指,“基于使用视角”是对语言使用活动的“全景式”扫描,包括使用者(WHO)、使用的内容(WHAT)和使用的方式(HOW)等。语言使用者除了通常所说的说话人和听话人外,还包括母语或外语使用者、官话或方言使用者以及成人或儿童使用者等。使用的内容除词汇、短语、句子、语篇、发音等语言资源外,还包括使用者所掌握的语言系统、语言规约等语言知识信息和使用语言的时间、地点、场合以及政治、经济、社会、文化等背景信息。使用的方式除了口头、书面、正式、非正式外,还包括独白、会话、网络、影视等。可见,“基于使用视角”是对语言本体的全方位透视。

“基于使用视角”的理论价值主要表现在以下几个方面。①结构主义语言学认为,语法和语义独立于语言使用,比如索绪尔分出了“语言”和“言语”,乔姆斯基区分了“语言能力”和“语言行为”。与此相对,“基于使用”的理论主张语法、语义和使用三者相互作用、相辅相成,不能分开。②生成语言学认为语言源于大脑,即人们运用头脑里的UG(Universal Grammar,即普遍语法)生成合语法的句子。与此相对,“基于使用”的理论认为语言源于使用,即人们从具体的语言使用中抽取图式性的模式,又用这些模式产出具体的语言实例。语言在使用中永生;语言在使用中消亡。③“基于使用视角”的跨语言研究是探究语言共性和特质的重要途径。汉语里说“以水润城,以文化城”,英语使用什么形式来表达? 日语使用什么形式来表达? 俄语、法语……? 这些问题的回答和解释具有重大的语言类型学意义。④“基于使用视角”提供了一种新的语言学研究路径,能够实现使用数据与共时变异和历时演变的结合,能够实现内省思辨与大数据、语料库、实证研究的结合,能够实现语言系统内部因素的观察与社会、文化等外部环境因素分析的结合。

“基于使用视角”的实用意义和理论价值,我们在李英的这篇论文里均可窥见一斑。

是为序。

牛保义

2021 年 7 月 1 日

于开封

目　录

第1章　绪　　论

平行结构(parallelism)指两个或两个以上结构平行、意义关联的语言表达(Jakobson 1966: 399;王丽英 1985)。它作为一种修辞手段,广泛存在于世界许多语言之中。本书的研究对象为现代汉语对话中的SVO(主动宾)平行结构,如例(1)-(5)。

(1)(子乔钓鱼回来浑身脏兮兮的,还散发着鱼腥味。他过来把钓的鱼放小贤的冰箱里。小贤正在打扫屋子,等着上司来跟他谈工作。)

小贤:你赶紧放,走人,我还约了人呢。

子乔:你约了美女吧,带我一个啊。

小贤:她可是我的顶头上司,金牌制作人,我能不能上电视,就看今天了。

173 子乔:那上司我更要看看是不是美女了,你放心,我好好发挥一下,搞定她。

小贤:发挥? 你还是把你身上的味道好好挥发一下吧。

(《爱情公寓》)

(2)(羽墨把车借给张伟,结果两天开了三张罚单。)

羽墨:我好心把车借给他开,这家伙倒好,两天帮我开了三张罚单,而且三张罚单都是在同一个路口,同一个警察开的,连违章的原因都一样——超出停车线。

子乔:你的刹车有问题?

羽墨:他的眼睛有问题。

(《爱情公寓》)

(3)(妈妈跟大儿子余快抱怨儿媳绒绒。)

余快:嗯,妈,是她的不对! 您放心,我教育她。

妈妈:她教育你吧,我还不知道你啊……

(《媳妇的美好宣言》)

(4) (一菲在酒吧遇到小波,俩人高兴得大叫起来。)

子乔:这个小波是谁啊?

展博:她是我姐的同学。

(《爱情公寓》)

(5) (子君的妈妈——薛甄珠去找唐晶,让她成全贺涵和子君。她回来跟子君说这事儿。)

子君妈妈:我去找唐晶了。

子君:你找她干什么?

子君妈妈:我去求她。

子君:你求她?

子君妈妈:我为你求她,我求她成全你们……

(《我的前半生》)

在例(1)中,形式上,子乔重复使用(reproduce)小贤的 SVO 句法框架,亦即"我(你)约了 X",产出了目标话语"你约了美女吧",该话语与基础话语"我还约了人呢"形成了 SVO 平行结构;语义上,从"人"到"美女",从抽象到具体,目标话语在基础话语的基础上对其进行细化、补充;语用上,子乔肯定小贤的基础话语,并以之为前提,对其进行猜测。在例(2)中,形式上,羽墨重复使用了子乔的 SVO 句法框架亦即"X 有问题",产出了目标话语"他的眼睛有问题",该话语与基础话语"你的刹车有问题"形成了 SVO 平行结构;语义上,目标话语与基础话语是语义对立关系,即不是"我"的刹车有问题而是他的眼睛有问题;语用上,羽墨否定和反驳了子乔的猜测,表达了自己的看法。在例(3)中,形式上,余快的妈妈重复使用了余快的 SVO 句法框架,即"X 教育 Y",产出了目标话语"她教育你吧",该话语与基础话语"我教育他"形成了 SVO 平行结构;语义上,目标话语与基础话语是语义对立的关系,即不是余快教育她而是她教育余快;语用上,余快的妈妈表达了对余快观点的否定和讽刺。在例(4)中,形式上,展博重复使用子乔的 SVO 句法框架,对基础话语"这个小波是谁"进行阐释/例示,产出了目标话语"她是我姐的同学",该话语与基础话语"这个小波是谁啊"构成 SVO 平行结构;语义上,目标话语阐释基础话语的抽象焦点"谁",使其具体化;在语用上,展博对子乔的询问进行回答,对"谁"提供必要的信息。在例(5)中,形式上,子君妈妈重复使用了子君的 SVO 句法框架,在子君的基础话语"你求她"的基础上添加介词短语"为你"作状语,产出了目标话语"我为你求她",该话语与基础话语构成 SVO 平行结构;语义上,目标话语突显基础话语激活的事件框架内的概念结构(目的),目标话语是对基础话语意义上的添补；在语用上，听话人以说话人的基础话语为前提并对其进行补充。虽然这五个例子都是听话人通过重复使用基础话语的SVO句法结构而产生的目标话语，并在此基础上形成的SVO平行结构，但是它们的具体方式并不相同。例(1)、(2)和例(3)通过例示基础话语激活的相对抽象的SVO句法结构图式而产生的目标话语，进而形成的平行结构；例(4)、(5)是通过阐释/例示基础话语激活的与其具有相同显性语言表达形式的句法结构图式而产生的目标话语，进而形成的平行结构。例(1)、(2)和例(3)的SVO平行结构的具体实现方式也有所不同。在例(1)、(2)中，听话人通过替换的方式，替换掉基础话语SVO句法框架中的某个成分产出目标话语，从而形成平行结构。在例(3)中，余快的妈妈通过转换基础话语“我教育她”中“我”(主语)和“她”(宾语)的句法功能产出目标话语，从而形成SVO平行结构。例(4)和例(5)也不尽相同，例(4)是通过对基础话语中的抽象疑问词提供回答，从而形成的平行结构。例(5)是通过在基础话语的基础上添加状语成分而产生的目标话语，从而形成的平行结构。

综上所述，**听话人①重复使用基础话语(base utterance)的SVO句法框架产出目标话语(target utterance)，此目标话语与基础话语构成的结构，即“基础话语+目标话语”，被称作SVO平行结构。在形式上，该结构具有相同的SVO句法结构；在意义上，目标话语和基础话语是相似、对立或添补的关系；在语用上，该结构表达认同、支持、反驳、否定、补充、回答、质疑等话语功能。**

对话中平行结构的研究主要集中在Pickering & Garrod为首的心理语言学家们的研究(Garrod & Anderson 1987; Garrod & Pickering 2004; Pickering & Garrod 2004,2006; Branigan et al. 2000; Branigan et al. 2010; Branigan et al. 2011)和以Du Bois为首的新兴对话句法理论研究(Du Bois 2001, 2007, 2010, 2012, 2014)。Pickering & Garrod (2004)以心理实验为基础提出了对话交互联结理论。该理论认为，对话的顺利进行需要交际双方在形式和意义上的相互协同。形式的协同最终能引发意义协同。协同的直接动力来自于心理启动(priming)。但是心理启动如何带来形式和意义上的协同？换言之，从心理启动到形式和意义协同，这其中存在复杂的认知过程，但是他们对此过程并没有描述。而新兴的对话句法理论(Du Bois 2001, 2014)对这一认知过程进行了描述。该理论提出“介入的形式创造介入的意义”(Du Bois 2001, 2014)。话语间形式的平行促使平行成分之间产生映射关

① 从会话交际的话语流看，交际双方既是说话人又是听话人。但是，为了清晰、统一，本小节将会话中基础话语的产出者统一为说话人，目标话语的产出者统一为听话人。

系，映射关系诱发了对话共振，对话共振激活了意义推理的对比或类比机制，从而促使话语意义产生，实现意义关联。但是，共振激活的对比、类比机制并不能有效地推导出话语意义，这需要更具操作性的对话共振机制。

针对上述问题，本书以具有代表性的 SVO 平行结构为研究对象，探讨 SVO 平行结构的认知加工过程，即从形式到意义的协同过程。在对话句法理论的基础上，引入认知语言学的相关理论，探求 SVO 平行结构形式、意义协同的认知机制。希望本研究能加深对平行结构的研究，充实对话句法理论，同时，对揭示日常语言交际的本质提供一定的启示。

在对平行结构的研究过程中，一些学者研究平行结构的生成机制，一些学者研究平行结构意义的推理过程。但是，将二者相结合的全面研究还很缺乏。在形式上，学者对平行结构生成机制的研究还不够全面；在意义上，目前为止仍缺乏一个有效的意义推理机制。

本研究以平行结构中具有代表性的 SVO 平行结构为研究对象，结合对语言事实的观察和相应的理论基础，提出了 SVO 平行结构的协同假设，即 SVO 平行结构加工过程的本质是从形式到意义的协同过程，形式的协同创造意义的协同；形式协同指话语间实现了一致的 SVO 句法结构形式，意义协同指 SVO 平行结构之间实现了基于语境的意义关联。**本书以该假设为指导，以对话句法理论、语言使用事件模型和图式-实例范畴化关系为理论基础，建构 SVO 平行结构认知加工过程的协同分析模型，对 SVO 平行结构加工过程的本质以及与此相关的形式、意义协同的认知机制进行解释。**

本书拟解决以下三个问题：

1. SVO 平行结构如何实现形式协同？

2. SVO 平行结构如何实现意义协同？

3. SVO 平行结构形式和意义对应的认知机制是什么？

为了回答上述研究问题，在理论指导上，本研究坚持对话句法理论、图式-实例范畴化关系和语言使用事件模型为理论指导。对话句法理论（Du Bois 2010，2014；Du Bois & Giora 2014）从互动认知视角提出了一个以语言结构形式为基础的意义推理模式，即话语间形式的平行、共振关系促使话语意义产生。图式-实例范畴观（Langacker 1987，1991，1993，2007，2008；Taylor 2002）认为，一个图式有多个实例，它概括了所有实例的共性，具有概括性和抽象性；范畴中的成员（实例）是对图式的具体化，实例与实例之间具有诸多雷同和相似特征，同时也具有一定的区别性特征；图式-实例的范畴化关系是一个复杂的、垂直的层级结构。认知语法

(Langacker 1987, 2008, 2013a,2016b)认为,意义就是概念化,在一个语言使用事件模型中,处在言语情境中的交际双方共同参与对同一个客观情景的概念化。因此,概念化虽然发生在个人的大脑中,是认知的、心理的,但它同时也是社会的、互动的,在社会文化场景中被语言互动塑造。

在研究方法上,本书采用定量和定性研究相结合,以定性研究为主的方法。本书从影视剧和日常生活、学习、工作中的自然语言中人工搜集平行结构568个,SVO平行结构237个,占总数的41.7%,因此,本书选择了具有代表性的SVO平行结构为个案进行研究,对237个SVO平行结构进行细致的观察和分析,对其进行分类,整理出各类所占比例,总结出各类形式、语义、语用特征。定性研究体现在,本书以认知语法的语言使用事件模型和图式-实例范畴化关系为指导,提出SVO平行结构的理论假设,并将其具体化为SVO平行结构协同分析模型,对收集的语言现象进行分析,对该模型进行验证,从而得出结论。

本研究的语料来源于影视剧和私人聊天。影视剧有:《爱情公寓》《媳妇的美好时代》《北上广依然相信爱情》《长歌行》《唐人街探案》等。私人聊天主要来源于日常生活、学习、工作中的自然语言。

对于影视剧,我们采用边看边记的方式,不断地暂停、回放,以确保记录准确,此过程耗时三月之久;对于日常私人对话,我们采用随时随地记录的方式,此过程一直贯穿于整个论文写作。依此两大来源,我们共人工搜集平行结构568个,它们包含了现代汉语的各种句型结构①,其中属于SVO平行结构的有237个,占总数的41.7%。在这237个SVO平行结构中,186个来自影视剧,51个来自私人聊天。本研究选择了具有代表性的SVO平行结构为例对平行结构进行研究。我们将这237个SVO平行结构建构一个小型的语料库,对其进行仔细地观察和分析。

为了建构SVO平行结构协同分析模型,为各类SVO平行结构的认知加工过程提供解释,本书结构安排如下。

全书共分9章。第1章是绪论。本章对研究对象进行界定,提出研究动机和研究问题,论述主要理论指导,介绍研究方法、语料来源及论文结构。

第2章为文献回顾,回顾和评述前人的相关研究成果,在此基础上发现本研究需要解决的主要问题:①SVO平行结构的形式协同机制;②SVO平行结构的意义协同机制;③SVO平行结构形式和意义对应的认知机制。

第3章为理论框架。基于对语料的细致观察,本章提出了关于SVO平行结构

① 句型的分类参照张斌(2010:417)。

的理论假设,即 SVO 平行结构认知加工过程的本质是目标话语和基础话语从形式到意义的协同过程,形式的协同创造意义的协同;形式协同指话语间实现一致的 SVO 句法结构形式,意义协同指 SVO 平行结构间实现基于语境的意义关联。本书以该假设为指导尝试构建 SVO 平行结构的协同分析模型。该模型以对话句法理论为基础,引入认知语法的图式-实例范畴化关系和语言使用事件模型。该模型可以给不同种类 SVO 平行结构的认知过程做出统一的描述。

第 4 章为 SVO 平行结构的分类及特征考察。文章将 SVO 平行结构分为扩展类和阐释类:扩展类分为单个成分类和句法关系类;阐释类分为有焦点对类和无焦点对类。在形式上,扩展类存在关于某一句法成分的焦点对或其目标话语是对基础话语的句法重组;阐释类的基础话语和目标话语是问答关系、重复关系或其基础话语和目标话语没有焦点对。在语义上,扩展类的单个成分类表达话语间添补、相似、对立的语义关系,句法关系类主要表达对立的语义关系;阐释类的目标话语是对基础话语一定程度上的添补。在语用上,扩展类的单个成分类实现的话语功能是补充、认同、附和、支持、反驳、否定等,句法关系类多实现反驳否定的话语功能;阐释类实现回答、补充、疑问、强调等话语功能。

第 5 章为扩展类 SVO 平行结构的协同分析。本章利用协同模型对扩展类 SVO 平行结构的两个次结构,即单个成分类和句法关系类,给予统一的解释。扩展类形式协同的机制是实例-图式-实例,该类在意义协同时,交际双方对基础话语激活的 SVO 事件图式中的某一元素(对应单个成分类)或元素之间的关系(对应句法关系类)提供不同识解,从而达成联合调试,实现意义协同。

第 6 章为阐释类 SVO 平行结构的协同分析。本章利用协同模型对阐释类所含的有焦点对类和无焦点对类给予统一的解释。阐释类形式协同的机制是图式-实例,该类在意义协同时,交际双方对基础话语激活的事件图式或其中某一元素的不同识解达成联合调试。

第 7 章为 SVO 平行结构三类意义协同。本章从三类协同的分类标准、三类协同的比例分布及原因探寻以及三类协同的特征三大方面展开论述,其中重点是从实现方式、形式协同类型、认知和语用四个方面描述三类协同的特征。

第 8 章为 SVO 平行结构的语用分析。本章从五个方面深度挖掘语言使用中的 SVO 平行结构:SVO 平行结构中体现的“用法包含语法”的观点、基于 SVO 平行结构的会话含意推导模式、基于形式介入的会话含意推导模式、会话含意的隐晦性和 SVO 平行结构在话语流中的连续运用现象。

第 9 章为结论,论述了本研究的主要发现:①SVO 平行结构的形式协同机制是实例-图式-实例;②SVO 平行结构的意义协同机制是在基础话语激活的 SVO 句法图式中,交际双方实现对某一概念结构识解的联合调试;③SVO 平行结构的认知加工过程是交际双方的认知协同过程;④本研究提出了基于形式介入的会话含意推导模式。

第 2 章　文献回顾

前人对于对话中平行结构的研究主要集中在两大方面:平行结构的生成机制和平行结构的意义推理过程,也即形式和意义的关系。回顾学者的以往研究,本研究认为:①在形式上,他们对平行结构的生成机制研究还不够全面;②在意义上仍缺乏一个对平行结构有效的意义推理机制;③到目前为止,将平行结构的生成机制和意义的推理过程相结合的研究仍然缺乏。据此,本研究以平行结构中具有代表性的 SVO 平行结构为研究对象,尝试将平行结构的生成机制和其意义的推理过程相结合,将 SVO 平行结构的生成机制和 SVO 平行结构从形式平行到意义关联的推理机制融于一个统一的分析框架。

对话中的平行结构是本书的研究对象,第 1 章已经指出 SVO 平行结构是对话中平行结构的一类典型代表,下文返回到对话中的平行结构本身,全面梳理国内外相关文献。

对对话中平行结构的研究本章先从国外和国内两大主线展开,然后对国外和国内的相关研究再从理论方法上进行梳理。需要指出的是,由于研究的出发点和侧重点不同,以往学者们在研究平行结构时曾经使用其他术语,如对等成分(equivalent elements)、联结(alignment)、重复(repetition)、排比、对偶、对举、对言等。

2.1　国外平行结构研究

根据分析采用的理论框架和研究的主要问题,已有的国外相关研究可分为平行结构的结构语言学研究、平行结构的功能语言学研究、平行结构的心理语言学研究、平行结构的对话句法研究和平行结构的交叉视角研究。

2.1.1　平行结构的结构语言学研究

平行结构起源于 1778 年 Robert Lowth(转引 Jakobson 1966:399)在古希伯来诗集中创造的词 parallelismus membrorum。Harris(1946, 1951, 1952)虽然没有明确

使用平行结构这一概念,但在他的语篇分析过程中较早地注意到语言使用中的重复现象,发现在任何连续的语篇中总会有重复的成分出现,它们可能是词、词素、短语等,他将这种重复出现的成分称之为对等成分。其实,他所使用的"对等成分"这一概念即本书所指的平行结构。Harris 将对等成分的判定作为语篇分析的重要步骤之一,指出各成分之间的类别对等不是意义对等而是分布对等,即语言成分出现的环境对等。

后来,结构主义语言学家 Jakobson 首次将平行结构作为一个专门的语言现象来进行研究。他在论文《语法平行及其俄语特征》(1966:399)中指出,"一个诗节或诗行与另一个诗节或诗行之间对应,这被称作'平行结构(parallelism)'"。实际上,他使用这一概念沿用了 Lowth 在研究希伯来诗歌时定义的平行结构概念。Jakobson 的学术贡献主要体现在,从形式和意义两个方面界定平行结构,而且认为平行结构中命题之间的意义关系为补充关系、从属关系以及对等和对立关系。他(ibid.)指出,下一个命题在意义上对上一个命题进行补充、从属于它、与它对立或对等,在语法结构上与其相近,我们称之为"平行结构"现象。同时,他(ibid.)又将平行诗行中那些平行对应的词或短语称作"平行成分(Parallel Terms)"。

2.1.2 平行结构的功能语言学研究

平行结构的功能语言学研究主要关注平行结构在语篇中的功能,根据研究关注侧重点的不同又可细分为平行结构的系统功能语言学研究和会话分析研究。系统功能语言学家 Halliday 和 Hasan(Halliday & Hasan 1976, 1985; Hasan 1984)将平行结构作为语篇衔接的重要手段,挖掘书面语和口语交流中平行结构的衔接功能。其中与平行结构直接相关的是词汇衔接手段,它包括同义、近义、反义、上下义等,这些手段具有维持话题和保持意义连贯的功能。但是,系统功能语言学家更多关注的是书面语中平行结构的衔接功能;会话分析学家则主要关注口语语篇(对话)中平行结构的话语功能。Jefferson(1972)专门研究了对话中一类特殊的重复现象,即对方在先述话语中表达错误,为引起对方注意,说话人使用疑问的语调而实现的重复。该重复的目的是使对方对自己进行更正,这样话语的交互才能继续进行。Keenan(1977)指出,在儿童话语的重复研究问题上,传统的观点认为儿童话语中的重复是简单的模仿(imitation),而且与儿童的语言发展无关;但是它忽略了儿童作为交际者这一事实,忽略了儿童话语的言外之力(illocutionary force);儿童话语中的重复现象只有一小部分是模仿,绝大部分的重复是为交际目的服务的,具有一定的语用功能,如询问、质疑、自我告知(self-informing)等。Goodwin(1983)在对城区 4–14 岁黑人儿童对话的专门研究中,发现了类似的重复现象,她称之为“激怒式部分重复更正版式”(aggravated partial-repeat correction format)。不同于 Jefferson,该重复版式并不使用疑问语调而是挑衅语调,最后实现激怒式更正。Johnstone(1984)发现,英式英语成人对话中,及时自我释义(self-paraphrase)是一种并列更正策略(paratactic modificational strategy):并列项越多,他们具有的相似性就越强。Tannen(1987, 1989)相对全面地研究了对话中的重复现象,分别论述了重复在话语生成、理解、连接(connection)、交互和人际介入(interpersonal engagement)中所起的作用。重复使说话人使用更少的努力产出更流畅的话语;重复提供了一个语义上并不密集的话语,有利于听话人快速地去理解;重复是语篇衔接的重要手段;重复在交互中可实现话语权的保持、显示倾听、拖延时间等;重复不仅能够连接前后话语,还能够连接产出话语的交际者,增强交际者的参与感,实现人际介入。Goodwin & Goodwin(1987)发现重复是一种版式捆绑(format tying)。他们在研究会话中的重复现象时批评话语的言语行为研究方法。他们认为将对话交际理解成行为、意图或是话步,就如同只关注音乐家的行为而忽略了音乐家弹奏的音乐本身。他们认为当前话语与先述话语之间的连贯可能存在于交际双方的措辞(wording)中。他们较早地注意到在会话交际过程中形式与意义之间的关系问题。Schegloff(1997, 2011, 2013)系统研究了单个说话人和多个说话人间的重复现象,分析发现:单个说话人话轮内部的重复能够实现话轮重新定位、内部修复以及为听者做调整等功能;不同说话人间的重复则可实现信息收到的确定、起始修复,也可表示改正、拒绝和结束话段等。

由上可知,平行结构的功能语言学研究系统而全面地探讨了平行结构的语篇、情感、语用等各项功能。但是,它对会话交际中平行结构的结构平行与其所引发的功能关系的互动研究关注较少,同时也忽略了平行结构产生的心理认知机制。

2.1.3 平行结构的心理语言学研究

Bock(1986)利用实验首次提出了句法平行结构的产生机制,即句法启动效应(syntactic priming)。具体而言,他认为,叙述者容易受近因性(recency)和使用频率(frequency of use)因素的影响,倾向于在后续话语中保持前面接触到句子的句法结构。同时,一些心理语言学家开始用实验证明平行结构中形式的平行与话语意义理解之间的关系。Frazier et al.(1984)利用实验证明,如果当前小句与前一个小句在结构上相似,那么理解该小句需要的时间会相对较少,这就是平行效应(parallel affects),它发生在各种类型的句法结构中。随后,Branigan et al.(1995)、Frazier et al. (2000)和 Dubey et al. (2008)都证实了这一说法。至此,心理语言学家将对平行结构的研究拉入结构启动研究的范畴当中(Branigan et al. 2010; Branigan et al. 2011; Reitter 2014)。

在研究平行结构的句法启动效应和平行效应的同时,一部分心理语言学家意识到语言使用最基本、最自然的形式是对话,于是将研究焦点转向自然对话中的平行结构(Garrod & Anderson 1987; Brennan & Clark 1996; Branigan et al. 2000; Garrod & Pickering 2004, 2009; Pickering & Garrod 2004, 2006, 2013; Pickering & Ferreira 2008; Garrod & Clark 2007; Reitter et al. 2010; Reitter et al. 2011; Branigan, et al. 2010; Branigan et al. 2011; Cai et al. 2012; Reitter 2014)。

Brennan & Clark(1996)提出,在对话中交际双方倾向于受语境因素的影响,如近因性、使用频率和交际对方特定性(partner specificity),倾向于运用相同的语言表达指代相同的事物、状态和事件,他们称之为词汇夹带(lexical entrainment)现象。这一现象促使交际双方对某一语言表达的识解方式取得暂时的一致性,即达成概念协定(conceptual pact),反映了交际双方共享概念化(shared conceptualization)和概念协同(conceptual coordination);这一现象促使词汇平行结构产生,该结构在交际过程中逐渐取得了局部的、半固化的形式和意义,形成局部常规(local routine),取得临时构式(ad hoc construction)的地位(Brône & Zima 2014; Oben & Brône 2016)。

在交际双方概念协定研究的基础上,Pickering & Garrod(2004,2006)利用实验提出了对话交互联结理论(Interactive Alignment Theory),指出联结是实现了相似的语言表征形式。该理论认为,对话的顺利进行,需要交际者在语音、音位、词汇、句法、语义和情景模式六个层次上实现相互联结,或者说,实现相似的语言表征形式,如图2-1。当这六个层次实现了相似的语言表征形式,也就意味着实现了六个层次上的平行,这样六个层次上的平行结构得以产生。他们认为,发生在一个层次的联结能引发另一个层次的联结,语音、音位、词汇、句法这四个层次上的平行属于形式平行;语义和情景模式的平行属于意义的平行,也即意义上的关联。如此,形式的平行引发意义的关联。对话交互联结理论还认为,对话双方的联结并不预设共享概念,联结的直接动力来自于心理启动,它能自动激活语言不同表征层次的联结;心理启动是自动的、无意识的,不需要加工努力和交际双方显性的协商,无需交际双方的概念协定。在交际过程中,交际者不是去猜测对方的心理状态,而仅仅是在语言的各个表征层次与对方达成联结。

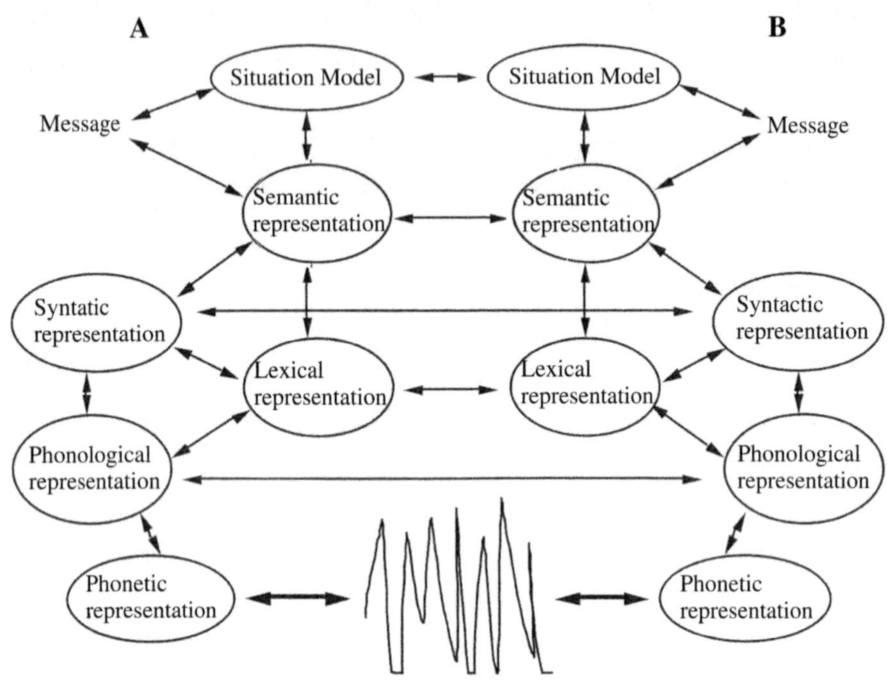

图 2-1 交互联结模型(Pickering & Garrod 2004:176)

总之,心理语言学在会话语言加工心理机制中研究平行结构。以 Brennan & Clark 为代表的心理语言学家提出交际双方概念协定基于共享概念化,尤其是词汇的共享概念化;而 Pickering & Garrod 的对话交互联结理论认为,对话双方联结并不预设共享概念化,联结的直接动力来自于心理启动,而心理启动是自动的、无意识的,不需要加工努力。因此,从语音、音位、词汇、句法的联结到语义的联结,再到情景模式的联结,是受心理启动的作用。但是,本研究认为该理论模型存在一些问题:①情景模式的联结是对话顺利进行的核心,情景模式包括空间、时间、因果、主人公、意图五大维度,而在实际对话中,它们如何达成完全联结还是个问题。②语音、音位、词汇等语言表征的联结可以通过心理启动直接实现,但是情景模式是在听话人对说话人话语理解的基础上构建的,涉及听话人的理解是否正确的问题,如果理解不正确,根本无法实现情景模式的联结。③即使运用相同的词汇,交际双方对其的理解也未必相同,这样双方也无法达成情景模式的联结。④心理启动可以直接促发语音、音位、词汇和句法这些语言表征层面的联结,但是语义和情景模式的联结涉及意义的理解,心理启动就无法直接促其实现,需要借助认知推理过程的介入。

总之,平行结构的心理语言学研究挖掘出平行结构生成的心理启动机制,这为平行结构的研究提供了心理证据。但是该研究将意义关联、话语连贯的心理动因简单地归结为心理启动,未能详细阐释从心理启动到话语连贯的认知过程。针对这一问题,新兴的对话句法理论从认知和功能视角提供从心理启动到形式平行再到话语连贯的具体推理过程,在某种程度上弥补了心理语言学研究的不足。

2.1.4 平行结构的对话句法研究

2014年,Cognitive Linguistics 杂志第三期专刊发表了关于对话句法理论(Dialogic Syntax,下称DS)的七篇文章,标志着DS的正式确立。DS是认知语言学和互动语言学融合的产物(Brone & Zima 2014: 461; 沈家煊 2019c),它从互动认知视角分析自然对话中话语间的平行映射关系与共振效应,旨在揭示语言、认知和互动对意义推理的作用。该理论突破了传统的单句层面的线性句法分析模式,把单句内部的认知分析拓展到话语间的结构关系研究(Du Bois 2010, 2014; Du Bois & Giora 2014; Brône & Zima 2014)。在会话交际中,言者会有意或无意地复用先述话语(基础话语)的语言资源,如语音、词汇、句法等,产出的目标话语与基础话语形成平行映射关系,进而促使话语间产生形式和意义的共振(resonance),这就是对话句法现象。平行是对话句法的外显特征,指会话中并置话语之间的对应表征关系,它能诱发对应成分之间的映射关系,进而激活他们之间的相似性感知(Du Bois 2014:370),亦即共振。共振既包括相似性也包括差异性(Du Bois 2014: 360)。

在对话句法理论下,平行结构不再是单一的研究对象而是被拉入到基于平行结构的在线意义推理这样一个大的研究目标下。该理论通过分析映射结构(diagraph)(Du Bois 2007: 160-161; 2014:362),即平行结构间的共振带来的超越句子层面的句法关系,来解释话语意义的在线建构。简言之,该理论通过分析话语间的平行对应关系来解释平行结构之间的意义关联。该理论认为,介入的形式创造介入的意义,当言者从形式上介入另一话语的时候,其中隐含的不仅仅是形式的连接,更是意义的连接(Du Bois 2010:18-19)。换言之,“形式上平行很可能意义上也平行(关联)”(Du Bois 2014: 369)。虽然平行结构的生成受心理启动机制的影响,但是心理启动并不能直接带来意义的关联,这其中涉及一系列的意义推理过程。具体如下,在会话交际过程中,由于受到先述话语心理启动的作用,言者会复用先述话语的语言资源,产出目标话语。该目标话语和基础话语构成平行结构,平行结构间形式的平行促发对应成分之间的映射关系,进而激活话语间的形式共振,形式共振激活意义推理的类比机制,进而促使看似没有意义关联的对应成分之间建立起意义的关联(Du Bois 2010, 2014),如例(1)。

(1) (Joanne 和 Lenore 在谈论一个双方都认识的酗酒的熟人。)

Joanne: Yet he's still healthy.

He reminds me of my brother.

Lenore: He's still walking around.

I don't know how healthy he is.

Lenore 复用基础话语 Yet he's still healthy 的句法框架"he's still X",产出目标话语 He's still walking around。该目标话语与基础话语形成基于句法框架"He's still X"的平行结构。话语间的平行排列产生从目标话语到基础话语的映射,从而激活话语对应成分之间的共振,形成映射结构,如表 2-1 所示。

表 2-1 映射结构

yet	he	's	still	**healthy**
	he	's	still	**walking around**

句法框架"he's still X"的共振激活意义推理的类比机制,分词短语 walking around 和形容词 healthy 之间的亲近关系被激活。在句法形式方面,分词短语 walking around 具有和形容词 healthy 一样的句法特征,相当于形容词作表语;在功能方面,句法共振促使两个看似没有明显意义联系的语言成分之间有了意义的关联,walking around 和 healthy 在功能上形成对等,即 walking around 和健康相关。walking around 通过句法共振获得一种基于情景的会话含意,即表达健康比较低的等级。由此可见,对话句法理论从认知和功能视角提供从心理启动到形式平行再到话语连贯的具体推理过程,这一定程度上弥补了心理语言学研究的不足。而且,以话语间结构为基础的会话意义推理范式为平行结构研究开启了崭新的视角。但是,例(1)中,如果将"He is still walking around"换成"He is listening to VOA",是否也能共振出与健康相关的含意呢?显然不能。因此,仅依据形式共振便做出意义的类比推理、得出与健康相关的会话含意,这种推理显然不够充分。

2.1.5 平行结构的交叉视角研究

为了给对话句法理论提供的意义推导模式提供更具体的共振机制,Zima (2013)将对话句法理论与认知语法相结合,引入认知语法的识解模型和语篇分析模型,即当前话语空间模型,来解释对话句法中平行结构的共振机制。Zima 在语言使用事件中利用侧面/基底(profile/base)、识解(construal)操作来解释平行话语间的共振激活,这样既可以解决共振的认知机制,也可以弥补认知语言学语篇分析的不足,实现二者结合的增效目的。

一个当前话语空间包含三个语言使用事件:先前语言使用事件、当前语言使用事件和后续语言使用事件。每个语言使用事件包括台上对客观世界的识解、台下情景;而台下情景包括言语事件、言语事件参加者、言语事件所涉及的场景,以及不同概念主体所共享的话语图式和知识体系,如图 2-2。

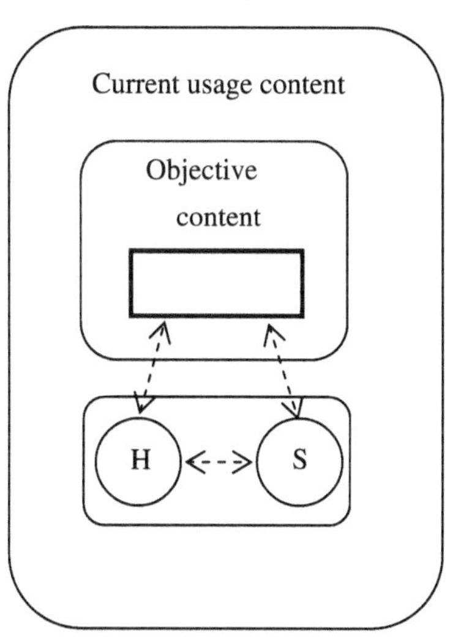

图 2-2　认知语法的观察方案(Zima 2013:42)

Langacker(2001)认为,话语是动态的,如同连续更新的注意框架(attentional frame)或注意视窗(windows of attention)。如图 2-3,话语的展开过程是概念化者从一个注意框架到另一个注意框架不断地转换注意焦点(focus)的过程;在这个过程中,他们不断地将先前语言使用事件作为当前语言使用事件的阐释基础(base);随着话语的不断展开,当前语言使用事件又为后续语言使用事件提供基础;随着交际者焦点的转换,先前语言使用事件更新了交际双方的共识(common ground)。在语义层面,先前语言使用事件进入交际者注意力最大辖域(maximal scope of awareness)内,成为语言表达意义的概念基层(conceptual substrate)的一部分;共振依赖交际者注意框架的更新和注意焦点的转移;随着话语的展开,先前语言使用事件作为已经激活过的概念基层是共振的基础。为了获得共振,说话人必须再次激活先前事件提供的共振基础,依据共振基础来解释当前话语。为了具体说明这一过程,Zima(2013)借用了 Langacker 的识解概念,具体解释了澳大利亚议会辩论中的词汇共振和隐性共振①(implicit resonance)。她指出,在语篇分析模型中,先前语

① 隐性共振指话语之间不存在显性的结构形式的平行和重复,而仅仅是语义上的平行和对仗(Zima,2013:50)。

言使用事件为当前语言使用事件提供基础。当前语言使用事件又为后续语言使用事件提供基础。每一个语言使用事件都反映说话人对客观情景的识解。换言之，在连续发展的话语流中，说话人的识解为听话人的识解提供基础，听话人的识解又为后续说话人的识解提供基础。因此，他们的识解在交互中具有连续性和关联性，从而引发共振。

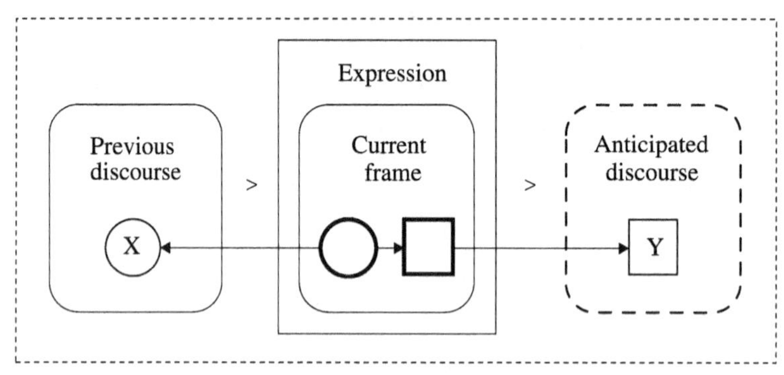

图 2-3 当前话语空间模型下话语的连贯(Zima 2013:42)

Zima(2013)将对话句法和认知语法相结合，借用认知语法中识解的概念来解释共振的认知机制，在一定程度上解决了 Du Bois 平行结构对话共振的认知机制问题，是对对话句法理论的发展。但是，该研究还存在几个问题：①Zima 没有区分共振的种类，最基本的句法共振和意义共振都没有区分，因此其论证过程中存在一定的模糊性。②Zima 借用认知语法的识解概念解释词汇共振机制，并没有明确给出句法平行结构中句法共振的机制。③Zima 只是简单引入识解概念，直接以此解释澳大利亚议会辩论中的词汇共振现象，但并没有概括出一个具有一定普适性和操作性的认知操作程序。

在前述平行结构的心理语言学研究和对话句法研究中，本书指出交互联结理论和对话句法理论都认为平行结构的生成机制是结构启动，即听话人受到基础话语的心理启动作用后，重复使用基础话语提供的包括音位-形态、词汇和句法使用的语言资源，产出目标话语，该目标话语与基础话语构成平行结构。但是，这一心理启动的过程如何操作？换言之，这其中涉及的具体认知过程是什么？为解答这一问题，Sakita(2006)借用了 Langacker(1993)的原型(prototype)-图式(schema)-扩展式(extension)这一范畴化关系细化了这一过程，如图 2-4。听话人接收到对方话语后对其进行图式化，提取语言表达的抽象图式，然后以此为结构模板，使用替代(substitution)的方式替换掉基础话语中的部分成分，实现词汇上不同程度的固定性和变化性，建构图式的不同实例，即扩展式。词汇上的固定性指相同的语言成分;变化性指不同的语言成分,即说话人为了表达自己的意义而替换的语言成分。话语与话语之间的原型-(图式)-实例关系塑造了进行中的对话(Sakita 2006:468;Brône & Zima 2014:457-459),揭示了对话中语言基于自身结构的能产性特征和"语言建构语言"话语产生机制。目标话语与基础话语形成平行结构,平行结构对应成分之间的映射关系激活共振,从而实现交际双方的介入和产出关联的意义。

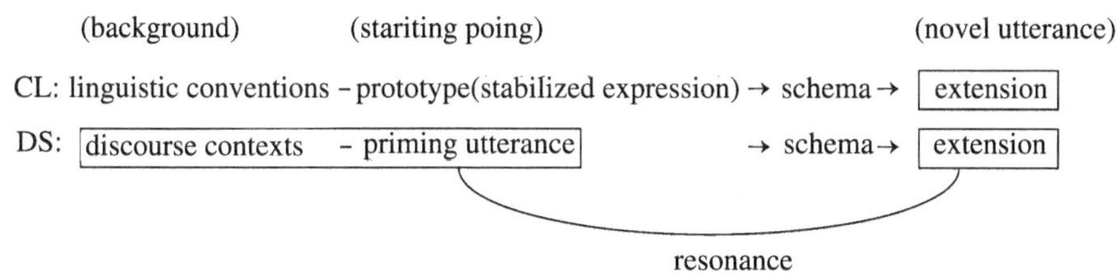

图 2-4 平行结构的生成机制(Sakita 2006:493)

Sakita(2006)借用了 Langacker 的原型-图式-扩展式这一范畴化关系细化了心理启动这一过程,更详细地论述了平行结构的产生过程,是对对话句法理论关于平行结构生成机制研究的丰富和补充。但是,在某些平行结构中,很难界定基础话语是原型,如例(2):

(2)(羽墨把车借给张伟,结果两天开了三张罚单。)

羽墨:我好心把车借给他开,这家伙倒好,两天帮我开了三张罚单,而且三张罚单都是在同一个路口,同一个警察开的,连违章的原因都一样——超出停车线。

子乔:<u>你的刹车有问题</u>?

羽墨:<u>他的眼睛有问题</u>。

(《爱情公寓》)

在上文的会话实例中,很难说子乔的"你的刹车有问题"是原型,更准确地说,基础话语(启动句)"你的刹车有问题"和目标话语"他的眼睛有问题"都属于图式"X 有问题"的具体实例(instance)。

Brône & Zima(2014)在分析临时构式(ad hoc)生成机制时指出,临时构式和规约构式拥有相同的生成机制,即图式化(schematization)和实例化(instantiation),图式化指从基础话语抽取抽象图式的过程,实例化指从抽象图式例示目标话语的过程。换言之,临时构式的生成过程是,当前说话人抽取基础话语的抽象句法结构(句法图式),并对其进行例示,产出临时构式;临时构式与基础话语形成关于该抽象句法图式的平行结构。简言之,这一生成机制是实例-图式-实例。Brône & Zima

(2014)的这一提法解决了 Sakita 的原型-图式-扩展式机制存在的问题,即在有些平行结构中很难界定基础话语是原型。但是,他们对该机制缺乏具体分析,因此,并没有指出在操作过程中存在的特殊情形,如例(3):

(3) (关谷要去参加漫画爱好者论坛,美嘉想跟他一块儿去,但关谷不想让她去。)

美嘉:你要穿这条裤子。

关谷:我为什么要穿这条裤子?

美嘉:它配我的裙子啊。

关谷:它为什么要配你的裙子?

美嘉:你忘了,我们不是说好了,我陪你一起参加吗,我们是一个 team,搭配上当然要相得益彰了。

(《爱情公寓》)

在例(3)的会话实例中,目标话语"我为什么要穿这条裤子"直接以基础话语"你要穿这条裤子"为图式,对其进行阐释/例示。也就是说,这类平行结构的产生过程是实例(目标话语)对图式(基础话语)的直接阐释/例示。

同时,在实例化过程中,言者必须提供一个具体的识解方式对图式进行例示,但是,这一识解方式的选择并不是随意的,这涉及一个相对复杂的认知过程。如在例(3)中,通过实例-图式-实例的认知操作,关谷直接以基础话语"你要穿这条裤子"为图式,对其进行例示,如此,也可以产生诸如"我何时穿这条裤子""我喜欢穿这条裤子"等具体实例,但这些实例均不能与基础话语建立基于即时语境的意义关联。简言之,这样产生的目标话语虽然和基础话语形式上平行,但意义上并不关联。因此说,关谷必须依据语境,挑选某一识解方式对基础话语进行例示,这其中必然涉及更具体的认知操作。

2.2　国内平行结构研究

根据分析采用的理论框架和研究的主要问题,既往国内相关研究可分为平行结构的修辞学研究、平行结构的结构语言学研究、平行结构的功能语言学研究和平行结构的对话句法理论研究。

2.2.1　平行结构的修辞学研究

既往研究主要集中在对偶和排比的修辞功能。自《马氏文通》以来,学界一直把对偶作为一种修辞来谈,关注其修辞功能和审美效应。张志公(1982)认为,对偶利用对称的形式突显意义的相互补充或映衬,以增强语言感染力。陈望道(1997)强调,对偶能提高语言表现力,但不能硬用,对偶使用应顺其自然。排比作为和对偶类似的修辞格,不像对偶两两相对,而是由三个以上结构相似、意义相近的语句单位构成(张弓 1963);对比要求一串相关的意义一口气说出,层层深入,情感愈加强烈,语势逐渐增强(张志公 1982)。

2.2.2　平行结构的结构语言学研究

对举,作为一种语法现象,王力(1985)称之为"骈语法"。过往研究主要探讨对举结构的类型和功能。张国宪(1993)将对举结构分为内部对举和外部对举,词法层面的是内部对举,句法层面的是外部对举。殷志平(2004)将对举限定为短语层面的概念,分为一般性对举短语和熟语性对举短语。刘云(2006)把对举分为强制性对举和非强制性对举,强制性和非强制性对举的主要区别在于是否有对举标、是否可以插入其他成分、是否成分语序固定等。句法上,张国宪(1993)研究出对举结构具有缔构词、短语、分句的句法功能。比如,促使不成词语素具备成词功能,促使不合句法规则的短语合法化,促使不成句的短语具备成句功能。殷志平(2004)在此基础上进行了拓展,他认为,对举结构作为一种完形结构,可以促使不成词语素成词、突破句法规则、具有成句功能、构成省略的条件、促成其他句法结构的功能异化。语义上,张国宪(1993)认为,对举有语义异化和增值功能;刘云(2006)认为对举结构的语义功能与其所属的类型有关,强制性对举有使结构语义加强、语义增殖和语义转移的作用,非强制性对举往往具备列举、分说的作用。语用上,殷志平(2004)认为对举结构具有数量的临摹功能;刘云(2006)认为促使成活、达到自足,加强语势、增强韵律。

2.2.3　平行结构的功能语言学研究

过往研究主要集中在平行结构的衔接功能和话语功能。胡壮麟(1994)引介了系统功能语言学的语篇衔接理论,并以此分析汉语平行结构的衔接功能。他指出平行结构的"同构同义"使结构间的语义关系得到非凡增强。张德禄 (2005)认为,结构的相同性通常是为了强调意义的相同或相似。会话分析学家关注口语语篇中平行结构(重复)的话语功能。朱永生(1988)简述了除强调以外重复的其他功能:表承认、表惊讶、表绝望、表紧张、表讽刺等。李悦娥(2000)对来自日常会话、小组活动和课堂教学这三种活动形式的语料进行分析,研究重复的组成形式和功能。她指出,在计划过程中说话人常用单纯自我重复或自我重复加改评的方式来设计话语的整体过程;讲话人多采用重新组合或进一步解释的形式达到解释说明的目的;在验证过程中,讲话人多运用重复纠正和补充先述话语的方式。周红民(2004)从生理和行为互动两大方面探讨自然语言中的重复功能。生理上,重复具有生成省力功能、有助听解功能和补偿空缺功能。互动行为上,他从语言与行为互动和重复与行为互动两个方面探讨其功能。高玉英(2005)在会话合作原则和礼貌原则的框架下探讨自然语言中重复这一现象的语用功能,即协调、礼貌、合作等。袁晖、李熙宗(2005: 84-85)论述了重复的情感表达功能。他们指出,口语交谈中,为了表达某种情感,听话人往往会不由自主地重复对方的话语,而且他们认为重复表达该功能具有高语境依赖性,即重复功能离开相应的语境根本无法理解,它至少需要参照像相邻语句这样的微观上下文语境,有时则需要参照更大的宏观语境。徐默凡(2009)将汉语的重复现象分为语法性重复和修辞性重复。他指出,这两种重复之间存在严格的互补性,这是因为受认知上重叠相似动因的作用,语法化机制选择部分格式进行语法化。梁丹丹(2012)论述了口语语篇中重复现象的类别及功能。她将重复分为非流利性重复、同构重复和相互重复。她从认知、人际和语篇衔接三个角度论述重复的功能。在认知方面,重复具有注意提示和记忆加强功能、促进话语产生和理解功能、表达情绪功能等;在人际方面,重复具有接受-参与功能、话题延续功能和澄清请求功能。在语篇上重复可以促成句际衔接。她还借用了心理语言学家的心理启动机制解释重复生成的认知心理动因。权立宏(2017)指出重复和替换是汉语母语者在自然会话中自我修补的两种常见模式。

2.2.4 平行结构的对话句法理论研究

对话句法理论的引入开启了国内对话中平行结构的对话句法研究(高彦梅 2015a, 2015b, 2018; 刘兴兵 2015, 2016a, 2016b, 2019a, 2021; 曾国才 2015, 2017a, 2017b, 2019a, 2019b; 王寅、曾国才 2016a, 2016b, 2016c; 胡庭山、孟庆凯 2015; 王德亮 2017, 2018, 2021; 孙李英 2017, 2018, 2021; 马慧敏 2017; 李健萍 2017; 杜娟 2017; 杨玉顺 2017; 王天翼、甘霖 2018; 沈艳萍 2019)。由于对话句法理论是个新兴的理论,国内在其框架下对平行结构进行研究的学者较少。

在对话句法理论框架下,平行结构不再是单一的研究对象,而是被拉入到基于平行结构的在线意义推理这一研究目标之下。过往研究主要集中在以下几个方面。①含意推导。孙李英(2017, 2021)基于对话句法、认知语篇及识解的主体间性等理论,构建基于形式介入的形义一体会话含意推导模型,即形式介入>平行映射>形式意义二位一体共振>类比推理>会话含意。具体而言,话语间的形式介入带来话语间的平行映射关系,进而激活话语间形式和意义的二位一体共振。形式的共振触发和突显意义的共振,意义的共振体现于识解的共振,即交际双方通过联合调试最终达成在某一识解维度上两种识解之间的意义对比关系,在此基础上结合语境进行意义的类比推理,会话含意由此产生。②理论整合。高彦梅(2018)指出,对话句法理论只关注话语间局部句法共性,不采用任何语法理论描述该理论框架,由此造成话语间语法和语义之间的互动关系解释不足,她尝试整合 Du Bois 对话共振的具体"形式表征"方式和 Hasan 衔接和谐理论的细致"功能关系"描述,实现两者在解释平行结构中的优势互补和联合增效。③平行共振。王寅、曾国才(2016a, 2016b, 2016c)以英语中 WH-问答平行结构为研究对象,结合对话句法理论,从句法共振、语义共振和语用共振三个方面分别展开研究。王寅、曾国才(2016a)指出,句法共振具体分为结构层面的共振和关联共振,结构层面的共振又细分为语音、词语、单句和句群层;依据问和答之间的句法对应性的程度,关联共振可以分为完全共振、部分共振和零共振。王寅、曾国才(2016b)以心理学中的记忆原理和构式语法的传承观建构了 WH-问答平行结构语义共振的分析方法。在 WH-问答平行结构中,问句不仅为答话者提供了具体的话语,同时也提供了一个语义图式,答句依据这一图式对其提供相关的例示性信息。王寅、曾国才(2016c)论述英语 WH-问答平行结构背后的认知语用机制。他们指出,答话者 A 基于与问话者 Q 之间不同的关系和自身交际目的,实施了不同程度的合作,即完全合作、局部合作和零位合作。这三种不同的合作度决定了对应的三类不同的 ECM 结构耦合,进而产生与之对应的三类不同的信息共振,即完全共振、局部共振和零位共振。曾国才(2017a)探究 WH-问答平行结构的认知运作机理,他指出,英语 WH-问答平行结构的认知运作过程是"疑问焦点信息在对话场景中的语义定位过程"。曾国才(2019b)建构"基于事件域的图式-例示模型",分析 WH-问答平行结构的认知共振。刘兴兵等(2019b)从普遍因素和汉文化独特因素两方面探究汉语充斥平行结构的原因。王寅(2020)用对称性体认方式统一解释汉语平行结构。沈家煊(2019c, 2020c)认为对话句法理论为语言研究提供了"互动认知"视角。汉语以对言为本,语言根植于对话,意义诞生于互文。最典型、最原始的对言是平行结构。平行结构之间的互文见义正是"互动认知"在语言中的对应物。

综上所述,对对话中平行结构的研究国外研究较多,国内研究还刚刚起步。西方学者对对话中平行结构的研究主要集中在两大方面:平行结构的生成机制和平行结构形式和意义的关联。

对话中平行结构的生成机制研究始于平行结构的心理语言学研究。心理语言学家指出,平行结构的生成机制是心理启动,这一观点得到了后来对话句法理论的支持。Sakita(2006)将对话句法与认知语法相结合,借用了 Langacker(1993)的原型-图式-扩展式这一范畴化关系模型将心理启动机制具体化。但是,在一个平行结构中很难界定基础话语是原型,针对此问题,Brône & Zima(2014)提出了实例-图式-实例的认知机制,但是,他们对该机制缺乏具体分析,因此,忽略了操作过程中的特殊情形。同时,在实例化过程中,言者必须提供一个具体的识解方式对图式进行例示,但是,这一识解方式的选择并不是随意的,这涉及一个相对复杂的认知过程。

对对话中平行结构的形式和意义的关注始于 Goodwin & Goodwin(1987),他们从会话交际的重复现象中注意到当前话语与先述话语之间的连贯可能存在于交际双方的措辞中,这是学者首次关注平行结构中话语形式与意义之间的关系问题。交互联结理论将平行结构形式平行引发意义关联的动力简单归结为心理启动机制,但并没有具体描述这一机制如何促使结构的平行,结构的平行又如何引发意义的关联。针对这一问题,新兴的对话句法理论从认知和功能视角提供了平行结构从形式平行到意义关联的具体推理程序,即平行>映射>共振>对比(类比)推理>话语意义,这在某种程度上弥补了心理语言学研究的不足;但是,该推理程序中提出的共振激活的意义推理的对比和类比机制并不能有效地推导出话语意义,这其中必然涉及更具体的共振机制。针对这种情况,Zima(2013)将对话句法和认知语法相结合,借用认知语法中识解的概念来解释共振的认知机制,在一定程度上解决了 Du Bois(2001,2010,2014)平行结构对话共振的认知机制问题;但是,她只是利用识解来解释词汇的共振机制,并没有明确提出句法平行结构中句法共振的机制,而且 Zima(2013)并没有概括出一个具有一定普适性和操作性的认知操作程序。

王寅、曾国才对 WH-问答平行结构的研究对本研究中 SVO 平行结构问答类的分析有一定的借鉴意义。但是,他们仅关注 WH-问答平行结构,这只是本研究对象中的一小类,其研究成果的适用范围较小。

总之,本研究欲探求 SVO 平行结构的生成机制和 SVO 平行结构从形式平行到意义关联的推理机制。本书将话语之间实现了一致的 SVO 句法结构形式称为形式协同,将 SVO 平行结构之间实现了基于语境的意义关联称为意义协同。据此,本研究以对话句法理论、语言使用事件模型和图式-实例范畴化关系为理论基础,建构 SVO 平行结构认知加工过程的协同分析模型,探求 SVO 平行结构的生成机制、SVO 加工过程的本质以及与此相关的形式、意义协同的认知机制。

本书拟解决以下三个问题:

1. SVO 平行结构如何实现形式协同？

2. SVO 平行结构如何实现意义协同？

3. SVO 平行结构形式和意义对应的认知机制是什么？

对以上问题的回答能够加深对平行结构的研究，对对话句法理论有一定的补充，同时，对揭示日常语言交际的本质有一定的启示。第 3 章将提出 SVO 平行结构加工的协同假设，并以此为指导构建 SVO 平行结构的协同分析模型。

第3章 理论框架

依据一定的语言事实和相关的理论基础,本章提出关于SVO平行结构加工过程的理论假设,并依据该假设,结合相关理论尝试建构对应的SVO协同分析模型,对论文的研究问题进行解释。

3.1 SVO平行结构的理论假设

3.1.1 协同假设的提出

本书认为,SVO平行结构认知加工过程的本质是目标话语和基础话语从形式到意义①的协同过程。形式的协同创造意义的协同。形式协同指话语间实现了一致的SVO句法结构形式,意义协同指SVO平行结构话语间实现基于语境的意义关联。

3.1.2 协同假设的语言事实基础

SVO平行结构不仅形式协同,即目标话语和基础话语具有相同的SVO结构,而且意义协同,即话语间存在意义关联。这可从以下四例中得到证实。

(1)(子乔的经纪人闪姐找子乔谈工作,无意中知道子乔已经有女朋友,很生气。因为如果演员有了女朋友就没法制造绯闻,就不容易红起来,所以她要终止和子乔的合约。)

闪姐:你有没有看过合同,我们公司的艺人是不能随便谈恋爱的。你现在已经有了女朋友,你怎么还能红?我怎么跟你安排绯闻?没有绯闻你怎么提高曝光率?没有曝光率你还红个屁啊。

子乔:闪姐,我可以做实力派啊。

---

① 这里的意义指话语意义。依据具体的会话交际语境,话语意义可能是字面意义,也可能是会话含意。

闪姐：哦，我还有个建议，你可以做菠萝派。香蕉派卖得更好，你要不要也试试看啊。

（《爱情公寓》）

(2)（小贤为了迎接上司 Lisa 的到来，正在认真地打扫屋子。这时，子乔走了进来。）

小贤：你干什么了，身上的味道这么臭啊？

子乔：我钓鱼了。

（小贤仔细地打量了他，他浑身是水和泥，脏兮兮的。）

小贤：看你这样子，鱼钓了你吧。

（《爱情公寓》）

(3)（一菲在酒吧遇到小波，俩人高兴得大叫起来。）

子乔：这个小波是谁啊？

展博：她是我姐的同学。

（《爱情公寓》）

(4)（两个朋友聊天。）

A：这一段儿开封天气都不太好，不知道南京咋样，我得查查。

B：你要去①南京？

A：嗯，你不知道啊。我这周末要去南京，那儿有个会。

（私人聊天）

在例(1)中，形式上，闪姐重复使用了基础话语“我可以做实力派啊”的 SVO 句法框架，亦即“我(你)可以做 X”，产出了目标话语“你可以做菠萝派”，话语间实现一致的 SVO 句法结构，实现形式协同；在意义上，目标话语表达的意义是子乔不可能做实力派，闪姐以此表达对子乔话语的反驳、否定和讽刺，话语间实现意义协同。在例(2)中，形式上，小贤在重复使用基础话语“我钓鱼了”的 SVO 句法结构的基础上，转换基础话语中“子乔”和“鱼”的句法功能，产出目标话语“鱼钓了你吧”，该基础话语和目标话语具有一致的 SVO 结构形式，实现形式协同；在意义上，小贤的“鱼钓了你吧”表达一定的会话含意，即子乔浑身臭烘烘、湿漉漉、脏兮兮的，像从水里钓起来的鱼一样，借此小贤表达了对子乔的一种厌烦、戏弄与嘲讽，话语间实现意义协同。在例(3)中，形式上，展博重复使用了子乔的 SVO 句法结构，对基础话语“这个小波是谁”进行回答，产出了目标话语“她是我姐的同学”，该话语与基

① 趋向动词“去”后跟处所宾语(朱德熙 2007:114)。

础话语具有相同的 SVO 结构,实现形式协同;意义上,目标话语的焦点“我姐的同学”对基础话语的“谁”进行阐释,使其意义具体化,借此展博对子乔的询问进行回答,对疑问词“谁”提供必要的新信息,话语间实现意义协同。在例(4)中,形式上,B 重复使用了 A 的 SVO 句法框架,在 A 的基础话语“你要去南京”的基础上添加状语成分“这周末”,产出了目标话语“我这周末要去南京”,该话语与基础话语具有相同的 SVO 句法结构,实现形式协同;意义上,目标话语在基础话语的意义上添加了“去南京”的具体时间,借此 A 不仅确认了 B 的猜测,即自己要去南京,而且补充说明了自己去南京的时间“这周末”,话语间实现意义协同。

例(1)-(4)在协同方式上存在一定的差异,但它们都具有相同的 SVO 句法结构,即话语间存在形式协同;在意义上话语间具有基于语境的关联,即话语间存在意义协同。

3.1.3　协同假设的理论基础

SVO 平行结构形式上平行、意义上关联,这为协同假设提供语言事实基础,SVO 平行结构协同假设不仅有语言事实基础而且有理论基础。协同这一术语对应英语的“coordination”(Verhagen 2005, 2007, 2008; Brône & Zima 2014)。另外,协同还有一些类似的术语,如联合行为(joint activity)(Clark 1996)、概念协定(conceptual pact)(Brennan & Clark 1996)、联结(alignment)(Pickering & Garrod 2004, 2006)、平行(parallelism)(Sakita 2006)、共振(resonance)和介入(engagement)(Du Bois 2001, 2010, 2014)等。下文运用语言哲学、社会认知、心理语言学、对话句法的相关理论来论证上文的协同假设。

3.1.3.1　巴赫金的对话理论

巴赫金批判索绪尔把语言看作语言学唯一合法的研究对象,主张语言研究应该关注使用中的言语,即具体语境中的话语。“话语指具体个人的言语成品,是言语交际的单位,是说话者(作者)的独一无二的行为,体现他(她,或群体)独特的思想意识和价值、立场,并且始终处于与其他人话语的交往之中。”(凌建侯 2000)“语言只能存在于使用者之间的对话交际之中”(巴赫金 1998c: 242),语言的真正生命在于话语(白春仁 2000),因此我们应该“在语言的真实生命之中来研究语言”(巴赫金 1998c: 269)。

巴赫金(1998c)指出,话语总是一个人与另一个人的对话,对话是人类生活的普遍现象,其本质属性是对话性(dialogicality)。“对话交际才是语言的生命真正所在之处。语言的整个生命,不论是在哪一个运用领域里,无不渗透着对话关系。”(1998c: 242)在现实和艺术领域里,人们用语言表达“同意与反对的关系、肯定与否定的关系、问与答的关系”(ibid.),这是“纯粹的对话关系”。换言之,巴赫金的对话性虽产生于语言领域,但又超越了语言领域。他认为“凡能表现一定含义的事物,相互之间都会有对话关系”(巴赫金 1998c: 244)。这就是巴赫金著名的对话理论(1981, 1986, 1992, 1998a, 1998b, 1998c)。具体说来,说话人在创作话语的过程中会参照他者话语,所参照的部分可以是他人刚产出的话语,也可以是先前他人说过的内容。这种对话性在书面语篇中体现为互文性;在口语中体现为对先述话语的重复和回应等。“我们所说的一切(包括创作的著作)都充斥着他人的话语——表现为不同程度的他性和自我性,不同程度的他人意识和背离。我们用带有自己评价语气的话语吸收、改写和重读他人的话语。”(巴赫金 1986:89)我们的每一个表述都充斥着他人话语的回声和余音,每一个表述都是对该领域中先前表述的应答:要么反驳先前的表述,要么肯定它、补充它、依靠它,或以它为自己表述的已知前提(巴赫金 1998b:177),“任何理解都孕育着回答,也必定以某种形式产生回答,即听者要成为说者”(辛斌 2002)。话语间的对话关系体现人们思维的对话本质,即说者同他人思维之间的相互依存和影响(白春仁 1998)。我们的思想起于对事物的认识,但当我们观察和思考某一事物时,难免要接触前人对该事物的认识;换言之,我们必须参照他人的意识才能形成我们的思想,人们的话语和思想产生在不同意识、不同话语的交汇点上(白春仁 2000)。

巴赫金提出了言语的双重性指向。一是“针对言语的内容而发(这一点和一般的语言是一致的)”(巴赫金 1998c: 245);二是“针对另一种语言(即他人的话语)而发”(ibid.)。第一个针对言语的直接意义;第二个针对他人话语,即对他人话语的发问和回应,这被看作言语的他性。在语言交际中,不管是狭义的面对面的交流,还是广义的思想交流,我们必须对他人话语持有某种立场,做出某种回应。他人也必须以同样的方式对待我们的话语。两种观点、两种意识、两种评价在语言中得以体现和交锋。他们相互制约、互为语境,是产生话语意义不可或缺的重要因素。话语意义在这种对话关系中产生。针对言语内容产生的意义和针对他人话语产生的意义一起构成话语的整体意义。

以上巴赫金对话理论的简单介绍可总结如下:语言存在于对话交际中,话语的本质属性是对话性。话语的对话性在口语中的体现是:形式上当前说话人对对方话语的重复,意义上对对方的话语持有某种立场,做出某种回应,即表达同意与反对、肯定与否定、问与答的关系。Du Bois(2014)借鉴了巴赫金的这一核心思想,他提出的对话句法关注说话人如何选择性地重复使用先述话语来建构自己的话语。本书的研究对象,即 SVO 平行结构,在说话人重复使用先述话语句法结构的基础上产生。依据巴赫金对话理论,SVO 平行结构具有对话性。该对话性在形式上表现为当前说话人重复使用对方基础话语的 SVO 句法结构,产生与基础话语结构形式相同的目标话语,实现形式协同;在意义上与基础话语建立添补、相似和对立的关系,表达对基础话语的补充、同意、反对、疑问、回答、猜测、不满、讽刺等。目标话语和基础话语建立一定的意义关联,实现了意义协同。总之,巴赫金话语的对话性在 SVO 平行结构中体现为形式与意义的协同。巴赫金的对话理论从语言哲学的角度为协同假设提供理论基础,而 Clark 的联合行为理论和 Vahagen 的交互主观性(intersubjectivity)从社会认知角度为其提供理论依据。

3.1.3.2　Clark 的联合行为理论

Clark(1996)从社会认知的角度提出语言使用是一种交际双方共同参与的联合行为。面对面的对话是语言使用的基本场景。传统的信息传递理论(Levelt 1989)认为,对话是一个编码和解码过程,即说话人产生意图、形成概念、用适当的语言形式编码、最后发声;听话人接收声音、解码、理解意义。说话人的编码和听话人的解码这两个过程相互独立。实际上,语言和其他很多人类行为一样,是一种联合行为,即说话人和听话人的协同行为。说话人说话时必须有一个听众,听话人接收来自说话人的声音。声音在听话人的大脑中激活相应的语义的同时听话人还需要弄明白说话人想要表达的意图。语言是一种联合行为,"其中每一个个体必须以合作的方式考虑其他个体的信仰、意图和行为"(姜孟等 2011)。换言之,交际是一种交际双方积极参与、共同协作而完成的活动;他们有意识、有意向地合作,在话语的互动中建构意义(巴拉 2013: 12)。

在联合行为中,虽然每一个人都依据各自的子计划产生行为,但是它必须同另一个合作者的子计划相配合。譬如,两人跳华尔兹,其中一个人的动作必须与舞伴的动作配合。如果一个人进左脚,舞伴就必须退右脚,否则就会踩脚,跳舞就没法顺利进行。总之,双方要完成一个联合行为,每一个个体都必须主动配合对方,协同对方完成它的子计划。

对话中 SVO 平行结构的运用也是一种联合行为。说话人针对听话人、结合表达需求、产出基础话语。基础话语激活听话人大脑中相应的语义。依据语义、结合语境听话人推测出说话人的表达意图,再依据这一表达意图产出目标话语与之回应。这种联合行为是实现对话中 SVO 平行结构基础话语与目标话语之间的形式和意义协同的必要条件。

3.1.3.3　Vahagen 的交互主观性(intersubjectivity)

Tomasello(1999)认为人类在成长过程中逐渐意识到自己是一个心智实体(mental agent),具有不同于现实和他人的思想和信念。Vahagen(2005)认为人类的这种能力可以解释语言的主观性。主观性是一个复杂的概念,至少应从两个维度去理解:一是主体对客观世界的概念化可以不同于世界本身,这是认知语言学的观点;二是主体对客观世界的概念化可以不同于他人。人可以站在别人的视角去感受其所处的心理状态。具体来说,人们可以概念化他人大脑中的思想、观点、情感、态度、信仰等并与之交流合作。前者从个人认知的角度,是相对于客观的;后者从社会交际的角度,是相对于他人的。前者涉及人的认知能力——概念化;后者涉及人的另一个认知能力——交互主观性(intersubjectivity)(Verhagen 2005, 2007, 2008, 2019),交互主观性指人类与他人认知协作的能力,体现在语言使用上是说话人和听话人认知状态的协同管理(Verhagen 2005:1)。

人是心智实体。人在认识世界的同时必然将自己的主体性认识强加给客观世界,人对世界的认识必然带有主观色彩。这一主观色彩体现于人们的概念化方式即识解方式。因此,人对客观世界的概念化不同于客观世界本身。人以某一具体方式概念化客观世界,并选择相应的语言表达形式表征大脑中的概念化结构。这样,语言具有了主观性。Langacker(1987: 487-488)这样定义“识解关系(construal relationship)”:“说话人(或听话人)与其所概念化或描绘的情景之间的关系,此关系涉及焦点调整(focal adjustment)和意象(imagery)。”从定义中看,识解关系涉及概念化个体(说话人或听话人)和一个被识解的情景。这只能反映人对客体的概念化能力,不能反映人的另外一种能力,即概念化他者的思想并与之合作的能力。Langacker(1987: 136, 1990: 9)提出言语情境(ground)概念。他认为言语情境包括言语使用事件、作为概念主体的说话人和听话人以及语言使用所涉及的场景。Verhagen(2005: 7)将识解关系中的概念化主体——单个的说话人或者听话人扩展成说话人和听话人两个概念主体,如图 3-1。

图 3-1 涉及概念化客体和概念化主体两个维度。“语言使用”涉及概念化主体,即说话人和听话人,在图中分别表示为概念化主体 1 和概念化主体 2。概念化主体用话语来表达一定的客观情景,在图中表示为概念化客体,这是语义的“客观”维度(图 3-1a 轴);说话人作为概念主体以一定的视角来“识解”客观情景,这是语义的“主观”维度(图 3-1b 轴)。概念化客体中突显成分是图形(figure),相对

次突显成分是背景(ground)①。背景可以看作图形的环境,二者分别以“客观”维度的两个圆圈表示。在话语交际中,人类的交互主观性要求说话人对听话人予以观照。听说双方需要处在一种良好的互动关系之中,这涉及语义的“交互主观”维度(图 3-1c 轴)。换言之,交际双方在互动中建构的话语意义既包含交际的具体内容,也包括交际双方的关系(巴拉 2013:12)。在言语使用事件中,概念化者之间通过言语达到互动和认知协同,达成交际的目的。总之,概念化者 1 运用言语引导概念化者 2 同样以某种方式关注概念化客体。听话人推测和判断说话人的意图和识解方式,据此调整自己的识解方式,与之合作,达成认知协同。

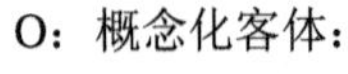

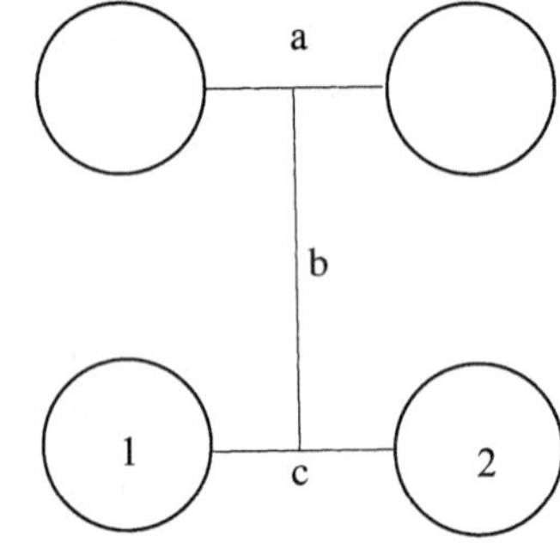

图 3-1　识解构型图(Verhagen 2005:7)

SVO 平行结构的认知加工过程同样涉及语义的“客观”维度、语义的“主观”维度和语义的“交互主观”维度,如例(5)。

(5) (周老四和张妈聊天。)

周老四:……这钱能生钱。

张妈:真的吗?

周老四:你要不相信,你把你的私房钱拿出来,我帮你。

张妈:哦,你绕这么大圈子,原来是想骗我的钱啊。

周老四:我是绕着弯地想帮你。

张妈:你是绕着弯地想骗我的钱。

(《那年花开月更圆》)

在例(5)的 SVO 平行结构的认知加工过程中,概念化主体是说话人周老四和听话人张妈。周老四和张妈产出基础话语和目标话语表征客观情景——周老四劝说张妈拿出私房钱,这是该平行结构语义的客观维度。周老四和张妈作为概念主体以不同的方式“识解”这一客观情景,这是语义的“主观”维度。对于同一事件,

① 这里的背景(ground)是相对于图形(figure)而言的,与语言使用中的言语情境(ground)不是一个概念。

张妈识解成“骗”，周老四识解成“帮”，表达二人完全对立的立场。张妈觉得周老四绕了一圈子，最后的目的是劝说自己把私房钱交给他，这是想骗她的钱。周老四觉得自己不是想骗她的钱，他把这件事识解成帮她。张妈不相信周老四所说，对他的观点进行反驳否定，即周老四不是想帮她而是想骗她的钱。话语间意义上的对立关系确立，意义协同在交际双方的互动关系中达成，这涉及语义的“交互主观”维度。上文已从语言哲学和社会认知角度为本书的假设找到理论依据，下文将从心理语言学的角度论述该假设的理论基础。

3.1.3.4　心理语言学的交互联结理论

Brennan & Clark(1996)提出，在对话中交际双方倾向于受语境因素的影响，运用相同的语言表达指代相同的事物、状态和事件，这被称作词汇夹带。词汇夹带现象揭示了在交际过程中，交际双方对某一语言表达的识解方式取得了暂时的一致性，即达成概念协定，同时也反映了交际双方共享的概念化(shared conceptualization)和概念的协同。

Pickering & Garrod(2004,2006)为了探索会话中语言加工的心理机制，提出了对话交互联结理论。该理论认为，对话的顺利进行需要交际双方在语音、音位、词汇、句法、语义和情景模式六个层次的相互联结，即在这六个层次实现相似的语言表征形式，如图 2-1。其中情景模式的联结是对话成功的核心，发生在一个层次的联结能引发另一个层次的联结。对话交互联结理论认为双方的联结并不预设共享概念，联结的直接动力来自于心理启动。心理启动是自动的、无意识的，不需要加工努力和交际双方显性的协商。在对话交际过程中，说话人产出基础话语，为听话人建构自己的话语提供了包括音位、形态、词汇和句法使用的直接语言证据(direct evidence)。这些语言证据存储于听话人的工作记忆中。心理学研究认为，人们受过某一刺激后，对同一刺激的提取和加工变得相对容易，这就是心理启动现象。在语言上的表现是说话人提供的存储于听话人工作记忆的语言证据变得更容易提取。说话人的话语变成了启动句(priming utterance)，对听话人的话语建构有心理启动作用。说话人受到基础话语的心理启动作用以后，不自觉地重复使用基础话语的音位、形态、词汇、句法等语言证据，促使实现相应的语言表征的联结，而且一个层次的联结能引起其他层次的联结，最终实现上述六个层次语言表征的联结，尤其是情景模式的联结。

对话的顺利进行需要交际双方在语音、音位、词汇、句法、语义和情景模式六个层次的相互联结。其中语音、音位、词汇、句法属于形式的联结，即平行。如果交际双方实现了语义和情景模式的联结,即语义和情景模式上的相似的语言表征,也就实现了在意义上的某种关联,即意义联结。换言之,心理启动促使实现基础话语和目标话语之间的形式平行,进而实现二者意义的联结。如例(5),受基础话语"我是绕着弯地想帮你"的心理启动作用,张妈重复使用其 SVO 句法结构形式,产出目标话语"你是绕着弯地想骗我的钱"。目标话语和基础话语实现句法形式的平行,该句法形式的平行最终引起二者意义的联结。心理语言学的交互联结理论为协同假设在心理语言学领域提供了理论依据,而对话句法理论的介入原则为其在对话句法理论中提供理论基础。

3.1.3.5 对话句法理论的介入原则

在日常交际中说话人会有意或无意地重复使用先述话语的语言资源,如语音、词汇、句法等,这样产出的话语与先述话语形成平行结构。平行结构之间产生配对感知,从而在语言使用中产生形式和意义的共振,这就是对话句法现象(Du Bois 2014: 359)。对话句法关注平行结构对应成分之间的映射结构,即介入结构(structure of engagement)。介入是一种传递能量和信息的连接方式(Du Bois 2010: 1, 18-19;高彦梅 2015a)。从对话角度看,结构形式的平行能够促使词典义上没有关联的成分之间建立联系的潜势。当说话人建构自己的话语,从形式上介入另一话语的时候,其中隐含的不仅是形式的连接,更是意义的连接(2010: 1, 18-19),Du Bois(2010: 18-19)将这种"介入的形式创造介入的意义"称之为"介入原则"。这一原则揭示了对话句法中语言形式和意义之间的关系。从这个意义上来说,对话句法是句法理论也是意义理论。结构上的平行提供了意义推理的结构基础。对话句法认为平行话语之间的映射关系激活了对话共振,即对应成分之间的亲缘性,从而促使形式上平行的话语之间建立某种意义上的联系。总之,当前说话人不仅仅是重复使用先述话语的语言资源,而是通过形式的介入创造意义的介入进而达成人际介入和认知协同(Brône & Zima,2014:463)。下文还以第 2 章提到的 Du Bois(2014: 368)的经典例子为例。

(6)(Joanne 和 Lenore 在谈论一个双方都认识的酗酒的熟人。)

Joanne: Yet he's still healthy.
He reminds me of my brother.

Lenore: He's still walking around.
I don't know how healthy he is.

Lenore 通过重复使用句法结构"he's still Y",产出了关于该句法结构的平行结构。形式的平行映射促发了句法共振,从而使对话之间建立一种关于健康的等级,healthy 和 walking around 属于该等级的两个点。walking around 隐含了能走路但属于较低的健康标准。这样话语间形式的介入创造了意义的关联。

对话句法理论提出了介入原则,依据此原则提出了一个基于句法结构的意义推理的范式,即平行>映射>共振>对比(类比)推理>话语意义。该意义推理范式同样适用于某些 SVO 平行结构。

(7)(美嘉给子乔爆料。)

美嘉:我发现一菲喜欢曾老师。

子乔:怎么可能,一菲很烦他啊,整天叫他贱人曾。

美嘉:那都是假象。

(《爱情公寓》)

在例(7)中,子乔重复使用了基础话语"一菲喜欢曾老师"的 SVO 句法结构,产出关于 SVO 平行结构。该平行结构形式的平行促发对应成分之间的映射最终激活句法共振。句法共振使焦点对的两个平行项"喜欢"和"烦"之间产生强烈的对比。美嘉觉得一菲喜欢曾老师,子乔觉得一菲烦曾老师,换言之,一菲不喜欢曾老师,子乔直接否定了美嘉的这一说法。喜欢和不喜欢表达了意义上的对立关系,这样,平行结构通过句法形式的共振实现了意义的协同。

3.2　SVO 平行结构分析模型

上一节提出了关于 SVO 平行结构认知加工过程的理论假设——SVO 平行结构加工过程的本质是目标话语和基础话语从形式到意义的协同过程,形式的协同创造意义的协同,接着从理论上论证该假设。本小节将基于这一协同假设建构 SVO 平行结构认知加工的协同分析模型。

3.2.1　SVO 平行结构协同模型

下文简要介绍 SVO 平行结构认知加工过程的协同分析模型,如图 3-2。在一个由基础话语和目标话语合成的语言使用事件模型中,处在言语情境(图上表示为 G,ground 的缩写)中的交际双方,即说话人 S(speaker 的缩写)和听话人 H(hearer 的缩写),共同参与对同一事件的概念化(图上表示为虚线箭头 c_1,conceptualizing 的缩写)。说话人产出基础话语,该话语激活了听话人头脑中的 SVO 句法图式,听话人对其进行例示,产出目标话语,该话语与基础话语具有一致的 SVO 句法结构,二者实现形式协同。目标话语与基础话语构成 SVO 平行结构。话语的平行排列产生了从目标话语到基础话语的映射，促使话语间产生亲缘性的激活，即共振，共振促话语间产生意义关联。共振机制如下：因为语言表达式是形式和意义的配对体，基础话语（对应视窗表示为 i-1）在激活一个 SVO 句法图式的同时激活（虚线箭头 m_1，motivating 的缩写）了一个相应的语义图式，即事件图式 S′（schema 的缩写）。听话人理解了说话人的话语意义，在事件图式 S′内，听话人以基础话语表征的事件实例 1 的某一概念结构为切入点（此概念结构可以为某个事件元素、元素之间的关系或整个事件图式），在该事件图式内论述目标话语的表述焦点，产出目标话语（对应视窗表示为 i）。至此，交际双方对事件图式 S′的同一概念结构实现不同的识解。换言之，这两种识解以不同的方式例示事件图式 S′，可以被看作它的两个事件实例（实例 1 和实例 2）。交际双方对同一概念结构的不同识解产生比较关系。会话交际的语境，尤其是组合语境中的句际关系，即话语间句法平行映射关系和以其为基础的语义和语用平行映射关系，为两种识解的比较提供认知背景，促使两种识解建立起基于语境的意义对比或类比关系。简言之，交际双方在互动（图上表示为双箭头 I，interaction 的缩写）中对事件图式 S′的某一概念结构的识解达成联合调试。据此，SVO 平行结构的话语间建立起意义的相似、对立和添补关系，听话人借此表达一种认同、支持、反驳、否定、回答、补充、疑问、强调等语用功能，话语间实现意义协同（双箭头 c_2，coordination 的缩写）。

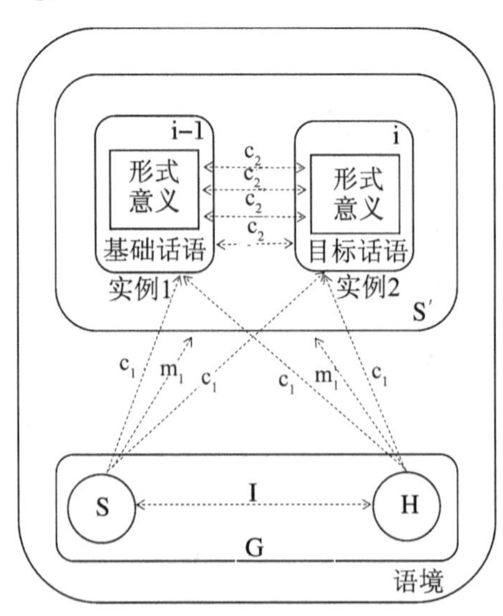

图 3-2　SVO 平行结构的协同模型

如图 3-2 所示，基础话语和目标话语是形式和意义的配对体，形式和意义之间是一种象征关系。形式包括句法、形态和音位特征；意义包括语义、语用和语篇功能特征(Croft & Cruse 2004：258)。台上图式区域和台下情景共同处在一个大的语境中,这里的语境(context)包括系统语境(systemic context)、情境语境(situational context)和组合语境(syntagmatic context)。图 3-2 的协同模型包含两个语言使用事件,它是连续发展语篇中的语言使用实例,处在包括先前语言使用事件和后续语言使用事件的连续更新的话语流中。因此,在该协同模型中话语的意义不仅仅指突显的事体或关系,更是基于语境的。会话交际中,系统语境、情境语境和组合语境都为话语的意义提供概念基层。

语言表达式是形式和意义的配对体。因此,SVO 平行结构形式协同和意义协同的认知过程同步进行。但是,为了更清晰地展示形式协同和意义协同的认知过程,下文将二者分开进行论述,先讨论 SVO 平行结构的形式协同。

3.2.1.1　形式协同模型

形式协同指话语间实现了一致的 SVO 句法结构形式,实现这种形式协同的认知机制是实例-图式-实例。如图 3-3 所示,说话人产出的基础话语激活了听话人关于该话语的 SVO 句法图式,接着,听话人对该句法图式进行例示,产出与基础话语具有一致 SVO 句法结构的目标话语,达成形式协同。基础话语和目标话语共有一个相同的 SVO 句法结构。基础话语和目标话语是扩展(extension)关系(如图 3-3 表示为虚线箭头)。

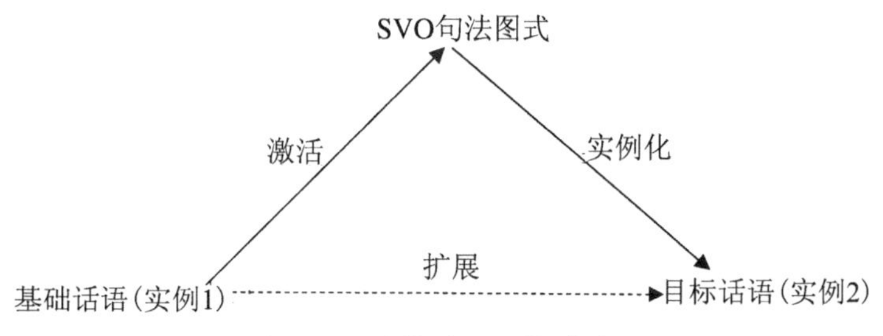

图 3-3　形式协同(扩展类)

实例-图式-实例的形式协同机制存在两种情况：如果基础话语与目标话语的部分特征相容,它们具有一定程度的相似性,这种情况下,二者的范畴化关系是扩展,二者构成的 SVO 平行结构被称为扩展类,扩展类形式协同模型如图 3-3 所示；如果基础话语和目标话语的特征完全相容,此时基础话语和 SVO 句法图式合二为一,基础话语和目标话语的范畴化关系是阐释(elaboration),二者构成的 SVO 平行结构被称作阐释类,此类形式协同的认知机制可以简化为图式-实例,其形式协同模型如图 3-4 所示。图 3-3 的扩展类形式协同模型提供了 SVO 平行结构形式协同的概括模式，而阐释类只是其中的一个特例，但是，为了和下文的意义协同的扩展类和阐释类对应，此处将两类分开处理。

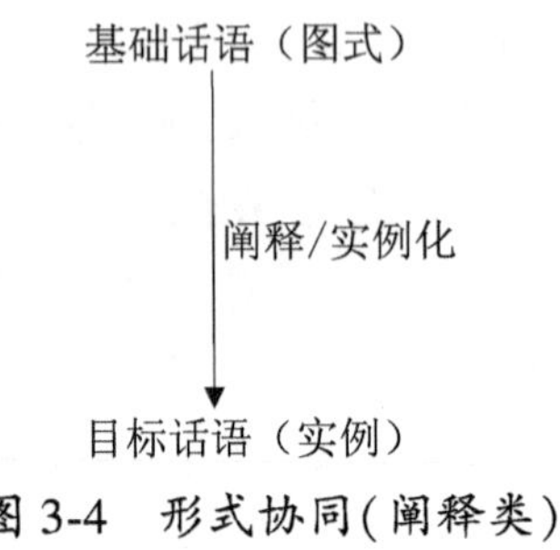

图 3-4　形式协同（阐释类）

3.2.1.2　意义协同模型

意义协同指 SVO 平行结构话语间实现了基于语境的意义关联，语言表达式是形式和意义的配对体，因此，形式协同的扩展类和阐释类决定了与之相对应的意义协同的扩展类和阐释类。

（一）意义协同的扩展类

在一个由基础话语和目标话语合成的语言使用事件模型中，处在言语情境（G）中的交际双方（说话人 S 和听话人 H）共同参与对同一事件的概念化（c_1）。在扩展类中，说话人通过实例-图式-实例的方式产出与基础话语具有一致 SVO 句法结构的目标话语，该目标话语与基础话语（先述话语）构成 SVO 平行结构。话语的平行排列激活话语间的亲缘性，即共振，共振促使话语间产生意义关联。如图 3-5，因为语言表达式是形式和意义的配对体，说话人的基础话语（对应视窗表示为 i-1）激活（m_1）一个抽象 SVO 句法图式的同时，也激活了一个相应的语义图式，即事件图式 S′。听话人理解了说话人的话语意义，在事件图式 S′内，听话人以基础话语表征的事件实例的某一概念结构为切入点 A（point of access）（此概念结构可以为某个事件元素、元素之间的关系），在该事件图式内论述目标话语的表述焦点 F（focus）[图上体现为心理路径 m_2（mental path）]，产出目标话语（对应视窗表示为 i）。至此交际双方对事件图式 S′的同一概念结构实现不同的识解。换言之，这两种识解以不同的方式例示事件图式 S′，可以被看作它的两个事件实例（实例 1 和实例 2）。交际双方提供的同一概念结构的不同识解之间产生一种比较关系。会话交际的语境，尤其是组合语境中的句际关系，即话语间的形式平行映射关系和以其为基础的语义和语用的平行映射关系为两种识解的比较提供认知背景，促使两种识解建立起基于语境的意义对比或类比关系，话语间实现基于语境的意义关联。简言之，交际双方在互动(I)中对同一概念结构的识解达成联合调试。据此,SVO 平行结构的话语间建立起意义的相似、对立和添补关系,听话人借此表达一种认同、支持、反驳、否定、回答、补充、疑问、强调等语用功能,促使话语间实现意义协同(c_2)。

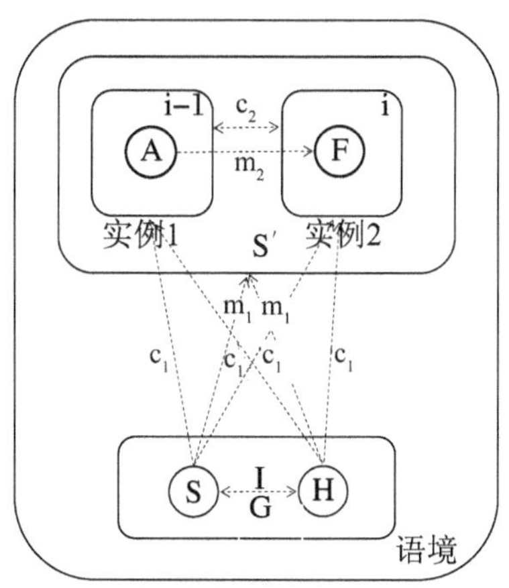

图 3-5　意义协同(扩展类)

(二) 意义协同的阐释类

在一个由基础话语和目标话语合成的语言使用事件模型中,处在言语情境(G)中的交际双方共同参与对同一事件的概念化(c_1)。在阐释类中,基础话语激活了一个与自身显性语言表达形式相同的 SVO 句法图式。目标话语阐释/例示该 SVO 结构图式,据此话语间实现形式协同。目标话语与基础话语构成 SVO 平行结构。话语的平行排列激活话语间的亲缘性,即共振,共振促使话语间产生意义关联。如图 3-6,在交际过程中,说话人(S)基础话语(对应视窗表示为 i-1)激活(m_1)了一个与自身显性语言表达形式相同的句法图式的同时,激活了一个与之对应的语义图式,即事件图式 S′。说话人(H)以该事件图式 S′或其中某一元素为切入点 A 论述该事件图式中目标话语的表述焦点 F,产出目标话语(对应视窗表示为 i)。至此交际双方对同一事件实现不同的识解。其中听话人的识解(目标话语)是对说话人的识解(基础话语)在某个方面的具体化。从这个意义上说,目标话语表征的事件可以看作基础话语表征的事件图式 S′的一个事件实例。语境中话语间的形式平行映射关系和以其为基础的语义和语用的平行映射关系促使话语间建立起意义的关联,即激活焦点共振(focus resonance)或突显事件图式 S′的添补部分。激活焦点共振是针对有焦点对的问答类而言的,焦点对的平行项,一个提供抽象的概念结构,另一个对其进行阐释,使其具体化。突显添补部分是针对无焦点对类而言的。这里存在两种情况:其一,突显对整个事件图式 S′的看法和态度,譬如质疑、惊讶、强调、推断、想象、假设等;其二,突显事件图式 S′中事体特征的次要元素,如时间、地点、方式、结果、时量、情状等。简言之,交际双方在互动(I)中对事件图式 S′或其中某一元素的识解达成联合调试。据此,SVO 平行结构的话语间建立起意义上的添补关系,听话人借此表达一种回答、补充、强调、质疑、惊讶、推断等语用功能,促使话语间实现意义协同(c_2)。

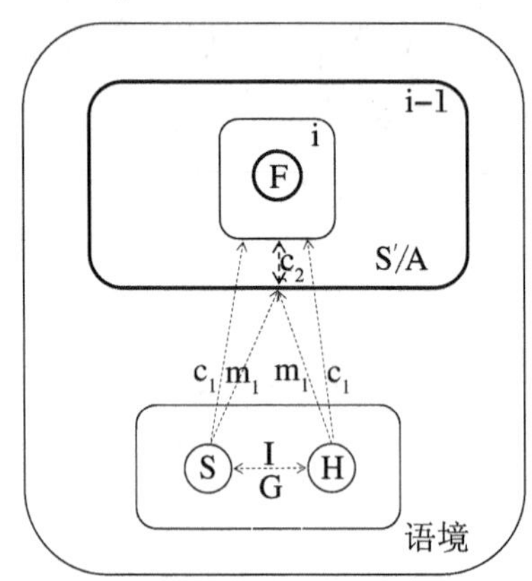

图 3-6　意义协同(阐释类)

3.2.2　协同分析模型的理论分析

上文首先介绍 SVO 平行结构的协同模型,然后从对话句法理论、图式-实例范畴化关系和语言使用事件模型三个方面论述该模型的理论基础。

3.2.2.1　对话句法理论

在简述协同假设的理论基础时提到了对话句法现象和介入原则。目前作为协同分析模型的理论基础,本书需要对其展开详细的论述。

在对话交际中,说话人倾向于以先述话语为模板,重复使用先述话语的语言资源,譬如,语音、词汇、句法结构等,产出当前话语,形成结构上的平行,从而激活共振,这就是对话句法现象(Du Bois 2010, 2014)。对话句法理论从认知和功能视角,通过分析话语间形式上的平行特征、映射结构和对话共振揭示语言、认知、互动对意义推理的作用(Du Bois 2010, 2014 ; Du Bois & Giora 2014;曾国才 2015)。换言之,对话句法理论就是通过交际者之间以及他们产出的话语之间的互动、共振而进行话语间意义关联的推理。因此,对话句法理论为语言研究提供了互动、认知视角。

对话句法的基本概念包括心理启动、选择(selection)、重复使用

(reproduction)、平行、映射结构(diagraph)、共振等。这些概念体现在共振产生的不同阶段,下文结合一个具体会话实例来说明。Joanne 批评自己的母亲之后,转向自己的丈夫说。

(8) Joanne: It's kind of like you Ken.

Ken: That's not at all like me Joanne.

(Du Bois 2014: 361)

首先,说话人 Joanne 产出基础话语 it's kind of like you Ken,为听话人建构自己的话语提供了包括音位、形态、词汇和句法使用的直接的语言证据。听话人受到心理启动的作用后有选择地重复使用基础话语的句法结构 X's like Y,产出目标话语 that's not at all like me Joanne。这样产出的目标话语与基础话语之间产生了平行性特征,形成句法平行结构。话语的平行排列产生了从目标话语到基础话语的映射,使话语对应成分之间表现出形式和意义方面的亲缘性,这种话语之间亲缘性的激活就是共振。由于共振成分之间的映射关系产生了两个话语之间的结构耦合,从而形成了一种超越句子层面之上的句法关系——映射结构。映射结构是对话句法的基本分析单位,如表 3-1 所示。

表 3-1　映射结构

It	's	kind of	like	you	Ken	.
That	's	not at all	like	me	Joanne	.

表 3-1 中每个竖行的对应成分之间存在平行和映射关系:它们要么语词相同,要么词类相同,甚至连句末的标点符号都一样。它们紧密联系构成一个整体。

对话共振激活了意义推理的对比或类比机制,从而促使映射结构中对应成分之间产生基于语境的意义的关联。譬如,例(8)中,结尾的称呼语 Ken 和 Joanne 形成平行、对仗,但是它们表示不同的语用功能和立场。Joanne 为了指明听话人,因为在对话交际过程中有第三个人的存在;下文 Ken 的回答显然是对 Joanne 话语的直接回应,已无需指明听话人。而 Ken 同样选择在句末加上称呼语 Joanne。他利用结构上的平行,达到一种共振效果:表达自己与 Joanne 的以牙还牙、以眼还眼、决然对立的立场,表达一种强烈的反对,并且具有一种讽刺意味。

由上可知,在共振和意义推理过程中,平行和共振概念至关重要。下文对这两个概念展开详细论述。

平行是对话话语的一个重要特征。平行促使对话中并置的话语平行对之间产生映射关系,激活对应成分之间的相似性感知。平行产生映射,促使产生对应成分之间的亲缘性感知。当说话人将自己话语的词汇、结构和其他的语言资源和对方话语的相应成分进行平行排列时，共振就会被激活。说话人与对方实现介入关系，从而产生关联的意义。这样，通过共振，说话人在互动中创造语言形式、意义和话语（Sakita 2006：468）。平行的类型多样：对先述话语语言表达的重复，即相同的词汇，如表 3-1 中 's 和 like；相同的词类，如表 3-1 中代词 it 和 that；相同的句法结构如表 3-1 中的基础话语和目标话语拥有相同的句法结构 X's like Y，等等。

共振指话语间亲缘性的激活（Du Bois 2010：16，2014：372；Zima 2013：40）。亲缘性指平行关系蕴含的形式和意义上的相似或相关性。共振是话语间对应成分之间的关系特征。共振可以是系统的，即激活语言系统内规约性的语义关系，即显性的、约定俗成的语义关系；共振基于即时语境中交际者对意义的对话性建构，因此它也可以是动态涌现的，即激活了对应成分之间非规约性的亲缘性，从而创造出新的动态的涌现性的语义关系（Du Bois 2010：16，2014：372；Zima 2013：40），也是会话含意关系，Du Bois（2010：16）称之为创造性共振（creative resonance）。

综上所述，对话句法理论提供了一个以形式为基础的意义推理的模式。说话人受到心理启动的作用而产出的目标话语与基础话语形成平行结构。话语间形式的平行促使平行成分之间产生映射关系。映射关系激活了对话共振。对话共振激活了意义推理的对比或类比机制，从而促使映射结构中对应成分之间产生基于语境的意义的关联，话语意义产生。这样，介入的形式产生介入的意义，证实了 Du Bois 的“介入”原则。这样的意义推理模式同样适用于现代汉语对话中部分 SVO 平行结构的意义协同推理。

如 3.1.3.5 的例（7），美嘉的基础话语“一菲喜欢曾老师”和子乔的目标话语“一菲很烦他啊”组成关于句法结构“一菲 X 他（曾老师）”的 SVO 平行结构。话语间的平行排列激活共振，句法的共振促使平行对“喜欢”和“烦”产生强烈的对比，话语间建立了相反的语义关联。美嘉觉得一菲喜欢曾老师，子乔觉得一菲烦曾老师，换言之，一菲不喜欢曾老师，子乔直接否定了美嘉的这一说法。喜欢和不喜欢表达了意义上的对立关系，这样，平行结构通过句法形式的共振实现了意义的协同。依此可见，Du Bois 提供的意义推理模式适用于例（7）这样的 SVO 平行结构的意义协同推理。

又如，在例（9）中，子乔受到展博基础话语“我应该换早餐”的心理启动后，重复使用展博的 SVO 句法结构，具体来说，“我（你）应该换 X”，产出目标话语“你应该换脑袋”。该目标话语与展博的基础话语“我应该换早餐”形成 SVO 平行结构。话语间形式的平行促使平行成分之间产生映射关系，映射关系激活对话共振。如表 3-2 所示。句法框架“我（你）应该换 X”的共振激活了意义的对比机制。在表

3-2 的映射结构中,焦点对“早餐”和“脑袋”主要传达话语间意义的扩展。共振激活了平行对“早餐”和“脑袋”在形式和意义上的亲缘性。在句法形式方面,“早餐”和“脑袋”是名词做宾语;在意义方面,“早餐”和“脑袋”是动作动词“换”的受事。句法共振促使“早餐”和“脑袋”这两个看似没有明显意义联系的语言成分之间有了意义的关联,即子乔认为展博换早餐的想法太愚蠢。据此,他认为展博在追女生方面已无可救药。

(9) [展博郁闷为何他的一位韩国女同事对所有的人都说 SA LANG HAI(韩语:我爱你),唯独对他不说。]

展博:我每天早上都给她买麦当劳汉堡和奶茶,但她从来都不对我说 SA LANG HAI。

子乔:全世界任何漂亮有魅力的女生都不会因为你送她汉堡和奶茶而对你说我爱你。明白吗? 你应该给她做一些特别的事,让她感动。

展博:特别的! 哦,明白了! 我应该换早餐! 下次换成鱼翅汉堡!

子乔:你应该换脑袋!

(《爱情公寓》)

表 3-2　扩展类映射结构(宾语/受事类)

主语	状语	谓语动词	**宾语**
我	应该	换	**早餐**
你	应该	换	**脑袋**
施事	情态	动作行为“换”	**受事**

如果将“你应该换脑袋”换成“你应该换工作”或“你应该换本书”是否还能够共振出上文展博换早餐的想法很愚蠢这一话语意义呢? 显然不能。句法结构的平行只是为语义的关联提供结构形式的支撑,为意义的关联提供可能性。但是,是否确实存在意义关联,存在何种意义关联,需要更多认知操作的介入。因此,Du Bois 的话语意义推理模式中意义推理的对比和类比机制并不能很好地解决这一问题,这其中涉及更细致的认知机制。由此可见 Du Bois 的意义推理模式在某种程度上并不能有效地解释像例(9)这样的 SVO 平行结构的意义协同。

又如例(10),目标话语“我为你求她”在基础话语“你求她”的基础上添加了介词短语“为你”,在句子中充当状语。在意义上,“为你”是目标话语表述的焦点。但是,该焦点在基础话语中并没有显性的平行对应成分。Du Bois 的话语意义推理模式利用话语间平行共振建立起平行对对应成分之间的意义关联。但是,此类 SVO 平行结构目标话语的焦点在基础话语中并没有显性的平行对应成分。如何通过共振实现语义关联？换言之，如何通过共振实现像例(10)这样的SVO平行结构的意义协同？Du Bois的意义推理模式并没有给出有效的解决方案。

(10) (子君的妈妈——薛甄珠去找唐晶，让她成全贺涵和子君。她回来跟子君说这事儿。)

子君妈妈：我去找唐晶了。

子君：你找她干什么？

子君妈妈：我去求她。

子君：你求她？

子君妈妈：我为你求她，我求她成全你们……

(《我的前半生》)

表 3-3　阐释类映射结构(状语类)

主语	**状语**	谓语动词	宾语
你		求	她
我	**为你**	求	她
施事	**表目的**	动作行为“求”	受事

经过对例(7)、例(9)和例(10)进行比较，本研究发现例(7)中话语间意义的协同通过“喜欢”和“烦”字面意义上的对立关系直接实现的。例(9)的意义协同通过在“早餐”和“脑袋”相对立的基础上产生的隐含意义，即会话含意实现的。换言之，Du Bois的意义推理模式可以解释像例(7)这样的字面意义的协同，而不能有效地解决像例(9)这样会话含意的协同。另外对于例(10)这样的一类SVO平行结构，Du Bois的意义推理模式也不能给出有效的解释。因此本研究引入认知语法的相关理论对上文各类SVO平行结构的意义协同提供统一的解释框架。

3.2.2.2　图式-实例范畴化关系

3.2.2.2.1　图式和实例

Langacker(1987,1993,2007,2008)提出了原型(prototype)-图式(schema)-扩展式(extension)这一范畴化关系。

如图3-7中，图式指一个比较抽象、概括的语义或音位概念，包含自身实例的共同特征(commonalities)。原型是范畴中最典型的成员，扩展成员指和原型成员在具体特征上存在一定冲突的目标结构，原型成员和扩展成员是对图式的实例化(instantiation)。相反，从原型成员和扩展成员到图式是图式化过程(schematization)，原型成员和扩展成员之间只有单向的原型成员对扩展成员的影响,二者之间的范畴化关系叫扩展。但是,这种范畴化关系不仅包括扩展也包括阐释(Langacker 2008: 221-226)。Langacker(ibid.)这样理解范畴化关系,即用于范畴化的结构在目标中被"识别(recognized)"出来。如图 3-8(a),当范畴化结构[A]并不完全融于目标结构[B]时,即目标结构[B]中的某一方面与[A]冲突时,对[A]的识别就会产生一些"张力(tension)",只有通过悬置(suspend)范畴化结构[A]的某些特征,得到一个相对抽象化的、能在目标结构中识别的图式性结构[A′],目标结构[B]例示该图式性结构[A′]。在这种情况下,范畴化结构[A]和目标结构[B]的关系是扩展(表示为虚线单箭头)。如图 3-8(b),当范畴化结构[A]完全溶于目标结构[B]时,对其的识别相对容易,即[A]无需修正即可被识别,[A]和[A′]由此合二为一。此时,两者之间的范畴化关系是阐释(表示为实线单箭头)。图 3-8(a)中的关系提供了一个范畴化的概括模式,而阐释是其中的一个特例。

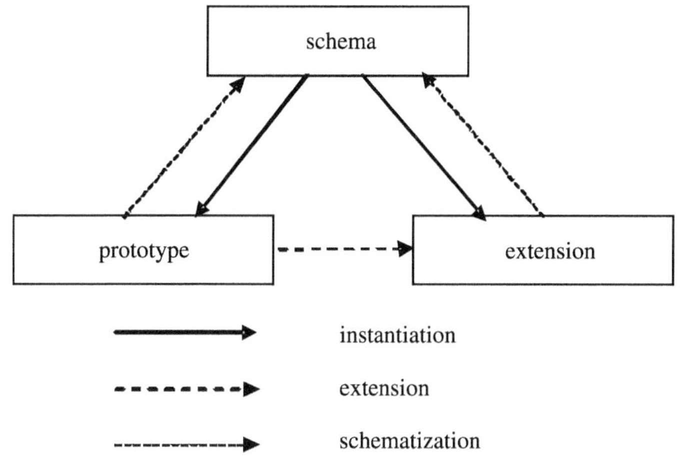

图 3-7　原型-图式-扩展式范畴化关系(Langacker 1993:2)

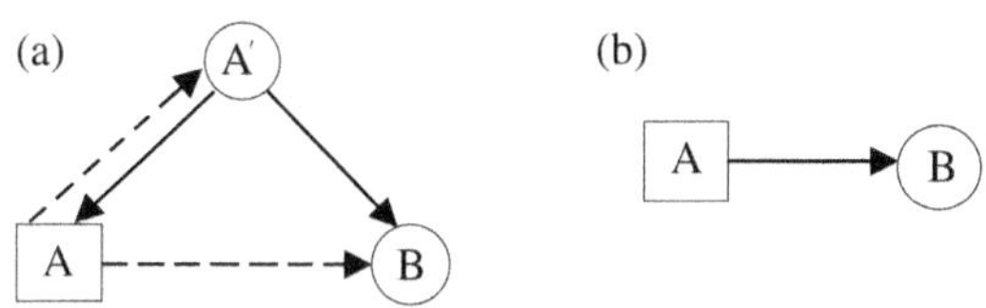

图 3-8　两种类型的范畴化关系(Langacker 2008:226)

Taylor(2002: 124-126)提出了图式-实例范畴观,基本继承了 Langacker 的范畴化关系观点。他认为这种范畴化关系描绘语言单位之间的垂直关系,原型是范畴中心的图式表征。一个图式有多个实例,而图式概括了所有实例的共同特征,具有概括性和抽象性。实例是范畴中的成员,是对图式的具体化,是图式的基础。实例与实例之间具有诸多的雷同和相似的地方,同时也具有一定的区别性特征。如"动物"和"狗"之间是图式-实例关系。"动物"这一图式性概念概括和抽象了如"狗""猫"之类的实例的共同特征(commonalities);另一方面,"狗"的这一概念具体例示"动物"这一概念。换言之,"猫"是"动物"这一概念的一个实例,丰富了"动物"这一概念,使之具体化。实例"狗"和"猫"具有相似性,也具有区别性特征。

如图 3-9 所示,单位[A]是[B]和[C]的图式,包含了二者的共同特征;[B]和[C]例示和阐释了[A]。实例继承图式的特征的同时对图式进行丰富和具体化。不同的实例以不同的方式对图式进行具体化。实例[B]和[C]之间具有相似性,而且这种相似性关系具有双向性,在图中由虚线双箭头表示。这种相似性源于它们拥有相同的图式[A]。实现双箭头表示图式和实例之间的双向性:从实例到图式是图示化,从图式到实例是实例化或阐释。

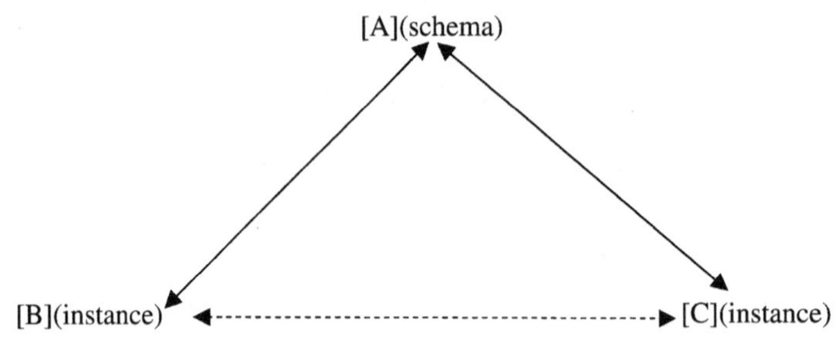

图 3-9　实例-图式-实例范畴化关系(Taylor 2002:125)

(11)(宛瑜打算找工作。展博建议小贤让宛瑜去给他做电话编辑。)

展博:对了,你可以让宛瑜去做你的编辑。她人又聪明又能干。

宛瑜:坐着上班,离家近,不用抛头露面,还有上司是个笨蛋。

小贤:谢谢你啊,展博!真是个好主意!她那个超级有钱的老爹要是知道她在为我打工,一怒之下把我们电台买下来,改造成博物馆,<u>我做馆长啊</u>。

一菲:<u>你最多做标本</u>。

(《爱情公寓》)

(12)(关谷要去参加漫画爱好者论坛,美嘉想跟他一块儿去,但关谷不想让她去。)

美嘉:<u>你要穿这条裤子</u>。

关谷:<u>我为什么要穿这条裤子</u>?

美嘉:它配我的裙子啊。

关谷:它为什么要配你的裙子?

美嘉:你忘了,我们不是说好了,我陪你一起参加吗,我们是一个 team,搭配上当然要相得益彰了。

(《爱情公寓》)

在 SVO 平行结构中,基础话语和目标话语共同拥有一个 SVO 句法图式,基础话语和目标话语是对这一句法图式的例示。基础话语和目标话语之间的范畴化关系同样存在扩展和阐释两种。在例(11)中,基础话语“我做馆长啊”和目标话语“你最多做标本”拥有一个共同的 SVO 句法图式“我(你)做 X”,基础话语和目标话语是该图式的两个例示。基础话语“我做馆长啊”和目标话语“你最多做标本”的部分特征相容,二者的范畴化关系是扩展。在例(12)中,基础话语“你要穿这条裤子”和目标话语“我为什么要穿这条裤子”的特征完全相容,此时,基础话语“你要穿这条裤子”和激活的 SVO 句法图式合二为一,目标话语“我为什么要穿这条裤子”是对基础话语“你要穿这条裤子”的阐释。

因此,结合 Langacker(1987,1993,2007,2008)和 Taylor(2002)的范畴化关系思想,本书提出了 SVO 平行结构形式协同的认知机制,即实例-图式-实例,而且依据 Langacker(2008)对扩展和阐释的论述区分了对应的协同机制的两种类别,即扩展类和阐释类。(鉴于上文已经详细论述,这里不再赘述)

3.2.2.2.2 图式-实例关系的层级性

认知语法(Langacker 2008;Taylor 2002: 128-130;牛保义 2011: 125-126)认为,图式-实例的范畴化关系是一个复杂的、垂直的层级结构,它可以向上、向下延伸,处在上层的是高层图式,具有高抽象性、高概括性,拥有更多的实例;处在中间的是相对具体一些的图式,拥有较多的实例;处在低层的是底层图式,拥有较少的实例。处在图式-实例层级中的某一结构既可以描述为具体的固定表达,也可以将其描述为图式(Langacker 2008:219),换言之,处在图式-实例层级中的某一结构既可以描述为实例也可以描述为图式。如图 3-10,从[CREATURE]到[ANIMAL]到[DOG]到[SCOTTISH TERRIER]最后到[“DUKE”]体现了图式-实例关系的层级性。

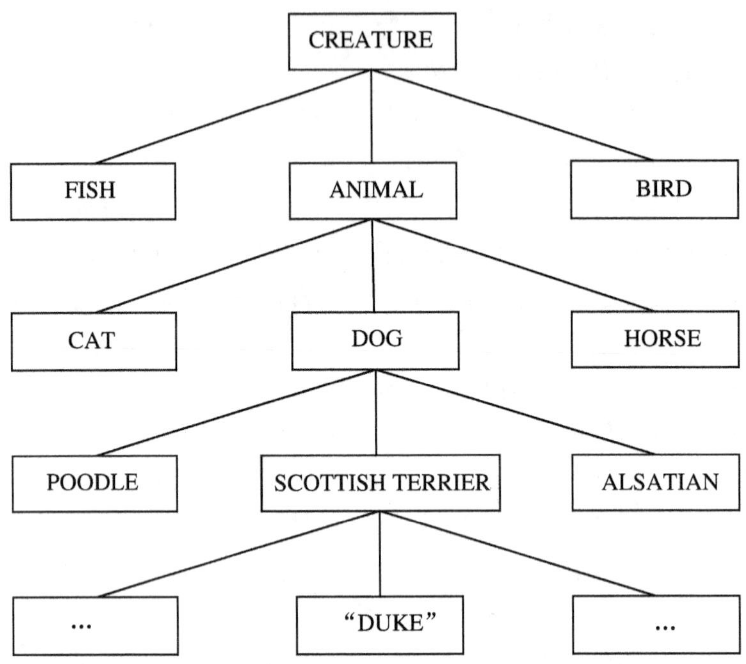

图 3-10　图式-实例关系的层级性(Taylor 2002:128)

SVO 结构的抽象性或图式性是复杂的、多层级的。如图 3-11 所示,SVO 结构的抽象性大致分为四个层级:高层、中高层、中低层和低层。高层指,在 SVO 结构中,所含成分全部是抽象的,该结构具有高图式性、高抽象性和高概括性,处在 SVO 结构的最高层级。中高层指,在 SVO 结构的主、动、宾中,有一个或两个成分是具体的,相对于高层,中高层某些方面更具体。中低层指,在 SVO 结构中,主、动、宾都是具体的,相对于中高层,该层更加具体。低层指,在 SVO 结构中,主、动、宾、定、状、补都是具体的。低层是 SVO 结构抽象性层级中的最底层,是最具体的。从高层到中高层,从中高层到中低层,从中低层到低层,各层所在 SVO 结构的抽象性或图式性越来越低,也就是说,各层所在 SVO 结构越来越具体,而它们之间是例示关系。因为语言表达式是形式和意义的配对体,SVO 结构是句法和语义的配对体。句法上,SVO 结构的图式性是多层级的,对应的语义结构的图式性也是多层级的。从高层到中高层、从中高层到中低层,从中低层到低层,各层所在 SVO 语义结构的抽象性或图式性越来越低,也就是说,各层所在 SVO 语义结构越来越具体,而且它们的语义之间是例示关系。

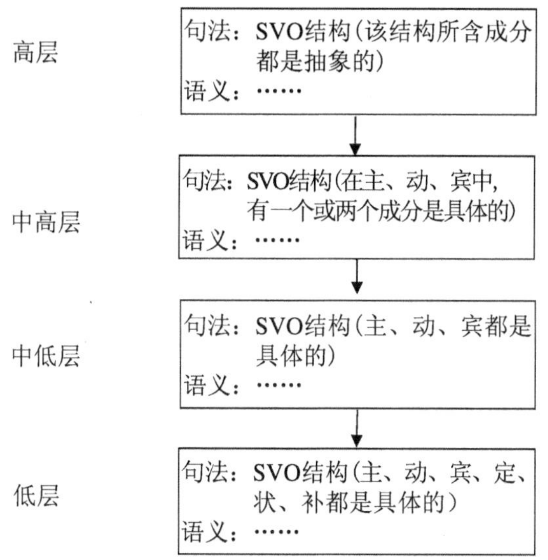

图 3-11　SVO 结构的抽象性层级

3.2.2.2.3　SVO 平行结构的实现方式

SVO 平行结构形式协同的认知机制是实例-图式-实例。但是,实现 SVO 平行结构的具体实现方式是多样的,即替换、句法功能转换、重复和添加词语。

(13) [高中同学 A、B 在微信群里聊天。A 高中毕业后一直留在信阳老家(信阳偏南,冬天没有暖气);B 现在在东北打拼。]

A:下雪了,家里好冷啊。

B:这边更冷!不过,这边有暖气,还好啊。

A:我们都羡慕你的暖气啊。

B:我们都羡慕你的福气呢!能在家和亲人们一块儿,多好!

A:那你还走那么远?

B:为了活着啊。

(微信聊天)

(14) (A 带着儿子在小区门口碰见隔壁邻居 B。)

B:干啥呢?

A:我遛娃呢。

B:娃遛你吧?

A:哈哈,可不是吗……

(私人聊天)

(15) (关谷的女友悠悠在薇拉官邸定了婚礼,薇拉官邸的工作人员打电话给关谷确认其姓名。)

工作人员:您是哪位?

关谷:我就是关谷神奇。

工作人员:哦,您就是新郎!

关谷:我就是新郎! ……

(《爱情公寓》)

(16) [一群老师一块儿改卷,其中大部分是女老师,只有两个男老师(男老师A,男老师B)。中午吃盒饭。女老师A注意到所有女老师的米饭都没吃完,男老师A的米饭也没吃完。她很好奇。]

女老师A:谁的米饭吃完了?

男老师B:我的吃完了。

女老师A:你厉害啊。

女老师B:他是男生。

女老师A:A老师(男老师A)也是男生。

女老师B:A老师是男人。

女老师A:不都是男的吗。

男老师A:我是老男人。

(私人聊天)

在例(13)中,A的基础话语"我们都羡慕你的暖气啊"激活了B大脑中存储的关于该话语的SVO句法图式,亦即"我们(交际双方)都羡慕X"。B以此为结构模板,运用替换的方式,用"你的福气"替换掉基础话语中的"你的暖气",例示句法图式"我们都羡慕X",建构该图式的不同的实例,即目标话语"我们都羡慕你的福气呢",从而实现形式协同。在例(14)中,B使用句法功能转换的方式,将基础话语中的"我"和"娃"变换了句法功能,产出目标话语"娃遛你吧"。目标话语与基础话语共有相同的SVO句法结构,从而实现了形式上的协同。在例(15)中,工作人员产出基础话语"您就是新郎"。关谷重复该话语,对其阐释/例示,产出目标话语"我就是新郎"。这样,基础话语"您就是新郎"和目标话语"我就是新郎"形成SVO平行结构。在例(16)中,男老师A以女老师B的"A老师是男人"为基础话语,通过添加名词短语"男人"的定语"老"直接阐释/例示基础话语激活的与自身语言表达形式相同的句法图式"A老师是男人",产生目标话语"我是老男人"。目标话语"我是老男人"和基础话语"A老师是男人"形成SVO平行结构。

本书提出,SVO平行结构形式协同的认知机制是实例-图式-实例,即基础话语提供一个 SVO 句法图式,目标话语对其进行例示。因为语言表达式是形式和意义的配对体,基础话语激活一个 SVO 句法图式的同时也激活了一个对应的 SVO 语义图式,即事件图式,目标话语对该事件图式进行例示。形式协同机制存在两种情况:当基础话语和目标话语之间是扩展关系时,协同机制是实例-图式-实例;当基础话语和目标话语之间是阐释关系时,协同机制可以简化为图式-实例。同样,在意义上也存在两种情况:当基础话语和目标话语之间是扩展关系时,基础话语激活抽象的 SVO 语义图式,即事件图式,目标话语对该事件图式进行例示,目标话语和基础话语所表征的事件可以看作抽象事件图式的两个事件实例;当基础话语和目标话语之间是阐释关系时,目标话语对该事件图式进行例示,目标话语表征的事件可以看成是基础话语表征事件图式的一个事件实例。因为 SVO 平行结构是使用中的语言,应该置于语言使用事件中进行考察。

3.2.2.3　语言使用事件模型

3.2.2.3.1　概念化关系

认知语法认为意义就是概念化(Langacker 1987, 2008, 2013)。如图 3-12 所示,概念化主体 S 从事概念化活动,他指引注意力方向,在其意识的全部范围内注意台上的某一区域,并把挑出的概念化客体作为注意焦点。

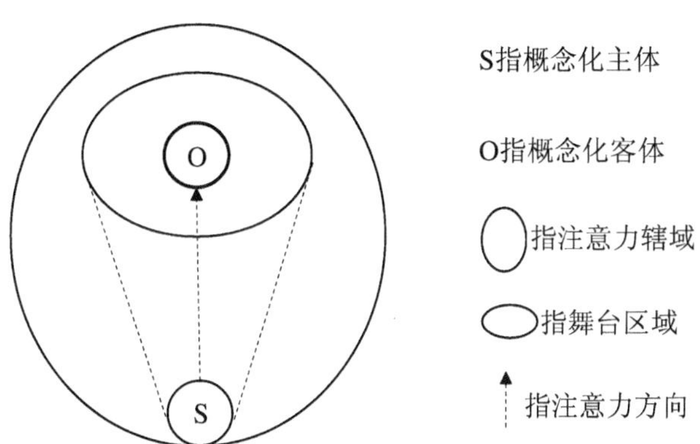

图 3-12　概念化关系(Langacker 2008:260)

Langacker(2008)指出,概念化关系反映了概念化主体与概念化客体之间的识解关系,识解是人们以不同的方式构想和描绘同一情景的能力。识解主要包括以下几个参数:详略度(specificity)、聚焦(focusing)、突显(prominence)和视角(perspective)。突显,作为聚焦的一种,包括侧显(profiling)和射体-界标联结(trajector/landmark alignment)。

小句是对一个事件的识解。换言之,小句的意义是说话人对相关事件的识解。SVO 小句,亦即 SVO 结构,表征典型事件模型,即弹子球模型(Billiard-ball Model)(1991:283)。如图 3-13 所示,弹子球模型有两个重要的参与者:施事和受事。施事在某一空间运动过程中撞击了物体受事,施事将能量传给了受事,受事在力的作用下发生了某种变化。在该语义图式中,观察者突显了施事和受事之间的能量传递关系。如图 3-13,该典型事件突显一个过程和两个参与者,参与者被突显的程度不同,最突显的参与者是射体(tr);次突显的参与者是界标(lm)。

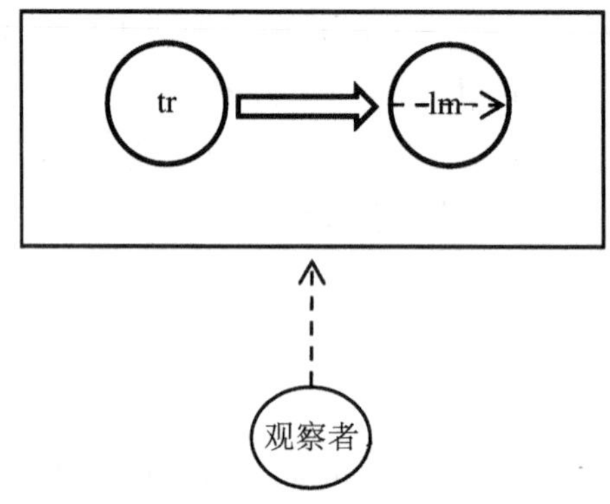

图 3-13　典型事件模型(参考 Langacker 1991a: 283, 1991b: 211)

在言语事件中,说话人建立一个视点(vantage point),通过突显的方式"决定哪些实体是参与者以及识别这些实体之间的互动形式"(文旭 2014:95)。在 SVO 结构表征的事件中,如图 3-13,典型事件突显一个过程。在这个突显的过程中,首要突显(射体)是施事,在 SVO 结构的句法表现是主语;次要突显(界标)是受事,在 SVO 结构的句法表现是宾语。但是,在 SVO 结构中,许多动词不仅允许施事而且允许受事被识解为射体,在句法上做主语。例如:

(17) (小龙人欺骗美嘉感情,子乔去找小龙人为美嘉出气。)

子乔:美嘉真是年轻无极限,碰到你这么个混蛋。

小龙人:<u>混蛋骂谁</u>?

子乔:<u>混蛋骂你</u>!(突然意识到也骂到自己了)没事,我也是混蛋,但你得搞清楚,现在是一个英俊的混蛋在骂一个猥琐的混蛋。

(《爱情公寓》)

在例(17)中,SVO 平行结构之所以出现歧义现象,是因为动词"骂"允许施事也允许受事作主语。换言之,在 SVO 结构中,主语"混蛋"既可以是施事也可以是受事。

一个 SVO 结构表征一个事件。一般情况下,SVO 结构突显对应事件中的参与者和参与者之间的关系。典型的 SVO 结构突显参与者,即施事和受事,以及二者之间的施受关系。但是,SVO 结构这个大家族不仅包括典型 SVO 结构,还包括主语(经事)+心理动词+宾语(感事)、"是"字句等其他非典型结构。因此,SVO 结构突显的参与者并不都是施事和受事。该结构突显的参与者种类可以多样化,包括经事、感事、起事、止事等。同理,SVO 结构突显的关系种类也可以多样化。譬如,"我买了个小鱼缸"是典型的 SVO 结构,它突显了"买东西"事件中的参与者,即施事"我"和受事"小鱼缸",以及它们之间的购买关系。"老大喜欢黄依然"是一个谓语动词为心理动词"喜欢"的 SVO 结构,它突显了"某人喜欢某人"事件中的参与者,即经事"老大"和感事"黄依然",以及它们之间的"喜欢"的关系。"我的初恋是沈佳宜"是一个谓语动词为关系动词"是"的 SVO 结构,它突显了"等同关系"事件中的参与者起事"我的初恋"和止事"沈佳宜"以及它们之间的等同关系。

3.2.2.3.2 *互动中的概念化关系*

上文论述了认知语法中的概念化关系,并利用突显这一认知方式解释 SVO 结构。虽然认知语法认为意义就是概念化,但是意义不仅仅是概念化,意义更是为了实现语言表达目的的概念化(Langacker 2013a: 104)。换言之,概念化虽然发生在个人的大脑中,是认知的、心理的,它也是社会的、互动的,在社会文化场景中被语言互动塑造。因此,图 3-12 的概念化关系需要被置于带有互动关系的语言使用事件中。概念化主体由一人变为两人,即交际双方,而且交际双方被置于言语情境之中。除了交际双方,言语情境还包括交际双方的互动和即时交际的物理环境,包括时间、地点等。如图 3-14,交际双方也就是两个概念化者 S_1 和 S_2 在具体的时间和地点进行互动。他们介入一个合作行为,共同将注意力聚焦于舞台区域(OS)的某一个部分,即注意力焦点 F,也是交际双方协同的概念内容。语言使用的互动过程在一定的语境(context)下进行,该语境包括物理的、心理的、社会的和文化的语境。

如在例(9)的 SVO 平行结构认知加工过程中,两个概念化者展博和子乔处于一个特定的言语情境之中。展博正在和子乔讨论自己天天为韩国女同事送早餐为何还不受她的欢迎这一事件。展博受子乔的点拨后,认为送的早餐内容不合适,产出基础话语"我应该换早餐",将双方的注意力焦点协调至"早餐"。接着,子乔对展博的基础话语又将如何回应呢?这一认知过程涉及双方注意力的转移,即从"早餐"到"脑袋"。但是,图 3-14 的语言使用事件模型只显示一个语篇框架(discourse frame),表现在例(9)中,只能显示基础话语"我应该换早餐"所对应的语篇框架,不能显示目标话语"你应该换脑袋"所对应的语篇框架。因此,该模型不能显示从基础话语到目标话语的语篇空间的更新和交际双方注意力的转移。为了更好地展示在会话交际过程中 SVO 平行结构加工过程的动态性,我们必须将其置于一个连续的、动态的话语流中。因此,本书在这一模型的基础上引入当前语篇空间(current discourse space,简称 CDS)、视窗、描写聚焦(descriptive focusing)、信息聚焦(informational focusing)等概念。

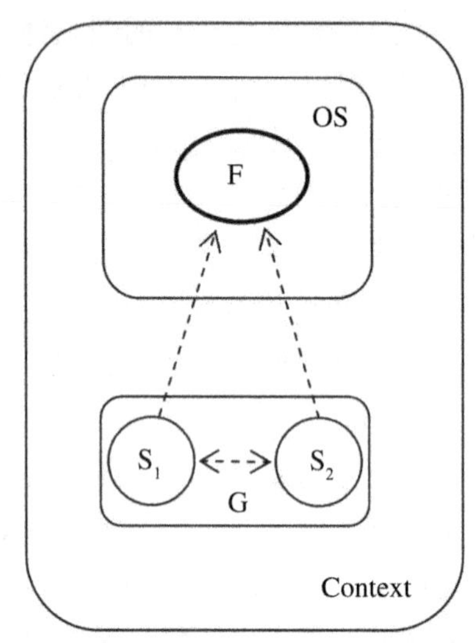

图 3-14　语言使用事件(参照 Langacker 2008:261;2013a:98)

3.2.2.3.3　当前语篇空间

Langacker(2001)提出了当前语篇空间概念,将其定义为心智空间。它包括交际双方共同识解的成分和关系,是语篇在特定时刻的一种交际基础。言语情境和 CDS 属于认知域(cognitive domains)的一部分,为语言结构的意义提供概念基体(conceptual base)。在话语的加工过程中,一个话语对应于心智中的一个视窗(视框)。每一个视窗代表着被观察到的场景,其中部分内容成为视窗的注意焦点。随着话语的进展,视窗随着时间不断得到更新。人们按照话语的线性顺序进行认知加工,新的信息不断进入添加在已有信息之上。如图 3-15,Langacker(2001)根据时间经验将视窗分为三个,即三个语篇框架:一个为负框(minus frame),成为已知信息;中间是当前语篇框架,也是焦点框(focus frame),正在被注意和更新;第三个是正框(plus frame)。随着时间的推移和语篇的发展,被处理过的焦点信息成为已知信息,储存记忆框架。连续进行的话语不断地更新 CDS。交际者不断地以负框为出发点,为其增添新信息,使其成为当前框架。正框又以当前框架为出发点,为其添加新信息。这样,随着话语流的向前推进,信息不断地更新,语篇顺利地进行。

图3-15　语篇框架(Langacker 2001:151)

当人们生成语篇时,往往选择一个已知概念为出发点。此概念引起未激活的信息,使新信息进入激活聚焦状态。换言之,已知的概念作为当下正在被建构内容的切入点(point of access),成为其后内容的附着点(point of attachment)。

在对话交际中,话语流不断地向前推进,CDS随着时间不断地得到更新。说话人的先述话语,作为被处理过的焦点信息,成为已知信息,储存记忆框架,成为理解当前话语的基础。听话人结合自己的表达意图,在说话人提供的已知信息中选择一个已知概念作为出发点,也就是当下正在被建构内容的切入点,引进新的信息,使其处于聚焦状态。此处的聚焦指信息聚焦(Langacker, 2015:207)。Langacker(2015)区分了信息聚焦和描写聚焦。信息聚焦亦即语篇聚焦,是一个语用概念;描写聚焦则与概念语义相关,突显如侧显和射体-界标联结属于描写聚焦,突显主要涉及参照(reference)。如SVO结构突显过程,在突显的过程中,两个实体得到不同程度的突显,首要突显是射体即句子的主语,相对于首要突显,界标,即句子的宾语,是次要突显。信息聚焦指在语篇中相对于先述话语的意义(significance),它是在发展的话语流中,相对于先述话语表达的已知信息,当前话语的新信息是信息聚焦。换言之,在SVO平行结构中,目标话语的信息聚焦是目标话语的焦点。

在例(9)的SVO平行结构中,在一个由基础话语和目标话语合成的语言使用事件模型中,处在言语情境(G)中的交际双方(展博S和子乔H)共同参与对同一事件的概念化(c_1)。如图3-16,基础话语"我应该换早餐"和目标话语"你应该换脑袋"是基础话语激活(m_1)的抽象事件图式S′的两个事件实例,分别对应图中视窗i-1和视窗i。在视窗i-1中,小句"我应该换早餐"突显一个过程,该过程涉及具体的参与者"我"和"早餐",其中,"我"是首要突显,即射体(tr),"早餐"是次要突显,即界标(lm)(图中均以粗体圆圈标示)。同样,在视窗i中,小句"你应该换脑袋"突显一个过程,该过程涉及具体的参与者"你"和"脑袋",其中,"你"是首要突显,即射体(tr),"脑袋"是次要突显,即界标(lm)(图中均以粗体圆圈标示)。两小句涉及的突显是与句子的概念语义相关的描写聚焦。在会话交际过程中,基础话语表达的焦点是"早餐",它是展博的表达重心,也是展博最想让子乔注意而被突显的部分。子乔以"早餐"为切入点A,论述目标话语的表述焦点F"脑袋"。同时，展博和子乔的注意力从“早餐”转移到视窗 i，聚焦“脑袋”。“脑袋”成为目标话语表达的焦点，是子乔为了表达对展博的强烈否定和讽刺而与“早餐”形成对比关系的对比焦点，是子乔表达的新信息。“脑袋”和“早餐”是相对于各自的先述话语而言表达的新信息，是说话人表达的重心所在。“脑袋”和“早餐”是与语篇和语用相关的信息聚焦，二者构成 SVO 平行结构的焦点对（图中均以加粗体圆圈标示），体现了 SVO 平行结构主要的意义扩展，也是体现 SVO 平行结构意义协同的核心所在。

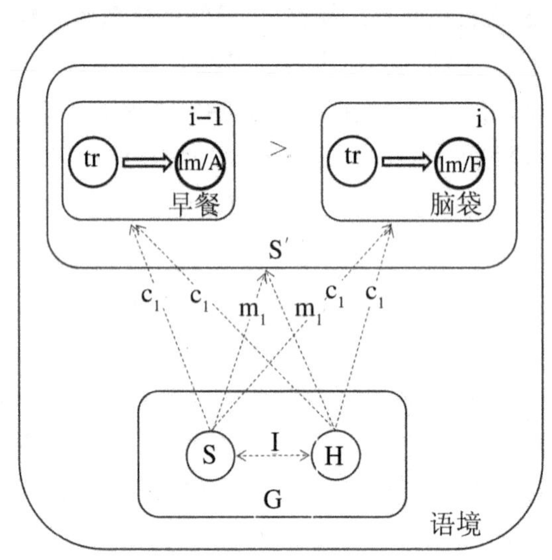

图 3-16① 语言使用事件模型例示

3.2.2.3.4 扩展的语言使用事件模型

在连续的话语流中，一个话语对应一个视窗。随着话语的进展，视窗不断地得到更新。不同的视窗对应不同的语言使用事件。负框对应先前语言使用事件；焦点框对应当前语言使用事件；正框对应后续语言使用事件。一个语篇由一系列的语言使用事件构成，于是，语言结构的分析被纳入一个更大的宏观结构（architecture）之中。

① 认知语法中主语和宾语分别对应射体（trajector）和界标（landmark），在本研究的图中均以简称 tr 和 lm 出现，并用粗体的圆圈表示。话语流中信息聚焦成分，如焦点对，均以加粗体表示。后面不再说明。

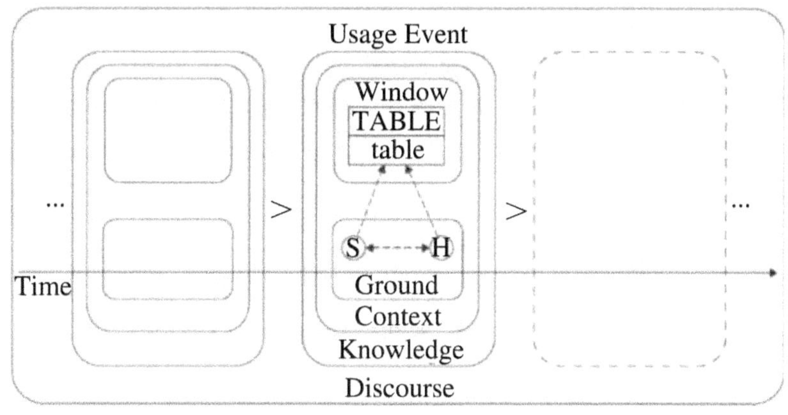

图 3-17　扩展的语言使用事件模型(Langacker 2016a:30)

如图 3-17 所示,对单词 table 语义的描述需要相关的概念基层的支撑,不仅包括台上内容(onstage content),还包括言语情境、更大的语境(context)和一切相关的百科知识(knowledge)。一个语言使用事件(usage event)是语言使用的一个实例。它的内容是当前注意力聚焦的部分,而对当前语言使用事件的理解与它所在语篇中的先前事件(prior event)与后续事件(subsequent event)都有关联。图中反映了语言的三个特性:动态性(dynamic)、互动性(interactive)和嵌入性(embedded)。语言的动态性体现在语言使用事件处在一定时间和空间之中,随着话语的展开和时间的推移,音位和语义不断地更新、整合。

语言的互动性体现在图中台下交际双方的互动。语言是认知的、也是社会的;语言是个人的、也是交互主观性的(intersubjective)。概念化虽然在个人的大脑中进行,但不是孤立的,是被社会认知塑造的。不同于传统意义上所认为的,说话人仅仅编码,听话人仅仅解码,Langacker(2013a: 105)认为交际双方共同介入语言的编码、解码过程。整个语码加工过程需要交际双方激活所有涉及的语言单位:音位、语义和象征单位,而且交际者知晓对方,读懂对方的意图,评估对方的知识和目前的心智状态,甚至在某种程度上,交际双方介入模拟对方的经验,以此来从对方的角度理解某个情景。因此,意义是在话语和社会互动中动态浮现的(谢心阳 2016:347),语码加工过程是交际双方共同致力于实现相同解释的交互主体性过程。在 SVO 平行结构加工过程中,交际双方共同参与对某一事件的识解,就该事件的某一概念结构达成联合调试。在例(9)的 SVO 平行结构中,展博产出基础话语“我应该换早餐”表达自己经过子乔的点拨后终于找到不受韩国女同事欢迎的原因,即早餐不够特别,应该换成像鱼翅汉堡这样的早餐。小句“我应该换早餐”激活了一个相应的 SVO 语义图式,具体来说,“我(你)应该换 X”的语义图式,即事件图式 S′。子乔理解了展博的话语意义,他在事件图式 S′内,以换的对象"早餐"这一概念结构为切入点 A,在该事件图式内论述目标话语表述的焦点 F("脑袋"),形成对该事件不同的识解,实现对事件图式 S′中概念结构(交换的对象)的联合调试,形成语义上的对比关系。结合相关语境,"你应该换脑袋"的话语意义是子乔认为展博换早餐的想法太愚蠢。据此,他认为展博在追女生方面已无可救药。

认知语言学是再语境化(recontextualization)的语言学理论(Geeraerts 2010),Tomasello(2003)指出,语言是文化语境中社会互动的产物。Langacker(1987: 147, 2008:218)认为所有语言单位都具有一定程度的语境依赖性,语言既是认知的也是社会文化的。这种语境依赖性体现于语言的嵌入性,如图 3-17。语言的嵌入性指语言结构的意义不仅仅指突显的概念内容,而且是基于语境的。语境如言语情境、社会文化语境、上下文等均为语言结构的意义提供概念基层。Langacker(1987: 401-405)将语境分为三类:系统语境、情景语境和组合语境。系统语境指语言单位在语言图式性网络(schematic networks)中所处的位置;情景语境指以交际者为中心的语用环境;组合语境主要涉及语言表达式内部成分之间的关系,可称作"语言语境"(Langacker 2008)。

牛保义(2017)总结了三点语境功能:①依据范畴化判断,对用例做出界定;②情景语境对用例的语义概念化起到补足、支撑等作用;③上下文等语言内部结构所提供的信息能对用例进行阐释或限定。

SVO 平行结构是使用中的语言,具有语境依赖性。因此,在 SVO 平行结构协同模型中,语言使用事件以语境为基础。本研究认为这里的语境同样包括上述认知语法中的三类语境。在 SVO 平行结构的加工过程中,基础话语激活的句法、语义图式为基础话语和目标话语的语义提供系统语境;情景语境指与该 SVO 平行结构相关的言语情境、社会文化语境以及与话语意义相关的一切百科知识;组合语境既包括线性结构中内部组织结构提供的信息,即基础话语或目标话语内部的 SVO 结构组织关系,也包括句际关系,即基础话语和目标话语之间结构、语义、语用上的平行对应以及上下文提供的信息关系。句际关系在 SVO 平行结构的意义推理中发挥重要作用。在 SVO 平行结构中,话语间结构的平行性为目标话语提供句法框架参照(朱德熙 1985: 34);基于句法结构平行的语义或事件框架的平行映射关系为理解目标话语提供了事件框架背景。基础话语和目标话语由于结构平行性产出平行对,各平行对的平行项互为语境。在语用上,话语的对话性特征决定目标话语总是对基础话语的某种应答,即肯定它、否定它、补充它、质疑它等,这为理解目标话语提供语用背景。如在例(9)的话语意义推理过程中,子乔和展博就"展博应该换某物”这一事件的概念结构(换的对象)实现不同的识解,形成语义上的比较关系。“换早餐”和“换脑袋”的语义关联存在缺省信息,需要借助相关的语境进行补充。话语间的句法平行映射及在此基础上的语义和语用的平行映射关系促使两种识解建立起意义的关联。“换早餐”是展博用脑袋想出的取悦女同事的办法,它作为“换脑袋”的平行项,为其意义的理解提供语境参照,“换脑袋”和“换早餐”的想法之间发生关联。子乔觉得展博的脑袋能想出如此愚蠢的想法应该被换掉,据此愚蠢的想法和愚蠢的脑袋建立起意义上的类比关系。子乔认为展博经过自己的点拨脑袋还不开窍,还在“早餐”上打转,脑袋愚笨得已无可救药,应该直接“换脑袋”。从愚笨的想法到愚笨的脑袋,“换脑袋”作为对“换早餐”语用上的回应,以一种夸张的方式表达了子乔对展博“换早餐”想法的强烈否定和讽刺,同时也表达了展博在追女生方面已无可救药。如果A连续看了几天的韩剧,满脑子都是韩剧的情节,都没法和朋友正常交流。她说“我应该换换脑袋”,表达的意思不会是某人的想法很愚蠢。

因此,本书依据SVO平行结构形式协同模型,结合对话句法理论、图式-实例范畴化关系和语言使用事件模型建构了SVO平行结构的意义协同分析模型,如图3-5、图3-6。

本章结合一定的语言事实基础和相应的理论基础,提出了SVO平行结构认知过程的协同假设。该假设认为SVO平行结构加工过程的本质是从形式到意义的协同过程,形式的协同创造意义的协同;形式协同指话语间实现了一致的SVO句法结构形式,意义协同指话语间实现了基于语境的意义关联。本章以该假设为指导,以对话句法理论、语言使用事件模型和图式-实例范畴化关系为理论基础,建构SVO平行结构认知加工过程的协同分析模型。SVO平行结构形式协同的机制是实例-图式-实例,即说话人的基础话语激活了听话人关于该话语的SVO句法结构图式;听话人对其进行例示,产生与基础话语具有一致SVO结构的目标话语,从而实现形式协同。目标话语与基础话语形成SVO平行结构。话语的平行排列诱发话语间的映射,映射激活句法共振,句法共振促使话语间产生意义的关联,实现意义协同。句法共振的机制是基础话语在激活SVO句法图式的同时激活了相应的事件图式。在这个事件图式内,交际双方对某一概念结构的不同识解达成联合调试,实现意义协同。本章依据SVO平行结构中基础话语和目标话语之间范畴化关系的不同将SVO平行结构细分为扩展类和阐释类,并依据此分类将SVO平行结构的协同分析模型分为协同模型的扩展类和阐释类。扩展类和阐释类协同模型的区别主要在于:形式协同时,扩展类的协同机制是实例-图式-实例,两个实例之间的关系是扩展;阐释类的协同机制是图式-实例,图式和实例之间是阐释或例示的关系。相应地,在意义协同时,扩展类的基础话语激活了一个抽象的语义图式或事件图式,基础话语和目标话语表征的事件图式是该抽象图式的两个具体的事件实例。交际双方在该抽象图式内实现对某一概念结构不同识解的联合调试,此概念结构是事件的某一元素或元素之间的某种关系;阐释类的基础话语激活了一个与自身表征事件图式一致的图式,目标话语是它的一个实例,对其进行阐释。交际双方就基础话语激活的事件图式或其中某一元素的识解达成联合调试。

第4章　SVO平行结构的分类及特征

本章首先界定在SVO平行结构分类和特征描述过程中的两个重要概念，即SVO结构和焦点对。接着，以第3章中提出的协同假设和协同模型为基础，对现代汉语SVO平行结构语料进行分类，在分类的过程中细致分析其形式、语义和语用特征。文章依据SVO平行结构基础话语和目标话语的范畴化关系将SVO平行结构分为扩展类和阐释类。依据平行结构具体实现方式的不同将扩展类分为单个成分类和句法关系类；依据平行结构有无焦点对将阐释类分为有焦点对类和无焦点对类。

4.1　SVO结构

4.1.1　SVO结构的界定

第1章在界定SVO平行结构时指出，SVO平行结构中基础话语和目标话语在结构上具有相同的SVO结构形式。那么，什么是SVO结构呢？本书认为**SVO结构是一个以原型SVO结构为中心成员包括其他非原型成员的范畴概念。**

沈家煊(1999：202)认为，“对于一个典型的事件而言，总是由一个有意识的动作发起者通过动作作用于某个对象，或者通过动作产生某种结果”，因此，“施事+动作+受事”是人认识事件或活动的理想模型(Croft 1991:168)。据此，本研究可以认为“施事+动作行为+受事”是原型SVO结构的语义结构，这一原型结构的句法表现是“NP+V+NP”。对于原型SVO结构，句法结构“NP+V+NP”中的“V+NP”称作述宾结构或动宾结构；语义结构“施事+动作行为+受事”中的施事是“动作动词所表示的动作行为的发出者，是动作动词的主体”(张斌2010:1002)，受事是动作动词动作行为的承受者和接受者(张斌2010:1009)。表达的语义是施事对受事施加某一动作行为。譬如，“我钓鱼了”是典型的SVO结构，其句法表现为“NP+V+NP”，其中，主语“NP”是人称代词“我”，宾语“NP”是名词“鱼”，谓语动词是动作动词“钓”；其语义结构是“施事+动作行为+受事”，其中，施事对应主语“NP”“我”，受事对应宾语“NP”“鱼”,动词表征动作行为“钓”。该SVO结构表达的语义是“我”对“鱼”实施了“钓”的动作。

SVO结构不仅包括原型的SVO结构,还包括非原型SVO结构。**非原型SVO结构指与原型SVO结构以某种形式相连又在某种程度上与其偏移的SVO结构。**主语的原型语义角色是行为事件的施事(刘丹青 2016),其他非原型主语是对其在语义上不同程度的偏移。如“我平时喜欢看电影”中,主语“我”不是施事而是经事;“他的眼睛有问题”中,主语“他的眼睛”不是施事而是起事。谓语动词的原型语义是动作行为,其他非原型谓语动词是对其在语义上不同程度的偏移。如“我鄙视你”中,谓语动词“鄙视”是心理动词,表示一种心理活动;“我是诉讼方”中,谓语动词“是”是关系动词,表示某种关系。宾语的原型语义角色是受事,其他非原型宾语是对其在语义上的不同程度的偏移。刘正光、刘润清(2003)指出不及物动词带宾语是对原型宾语角色的偏移,处于及物句式和不及物句式的中间状态,是范畴内部的边缘模糊成员,它通过隐喻和转喻与原型句式相连。王占华(2000)、任鹰(2000)认为像“吃食堂”这种动宾结构是对原型宾语角色的偏移,是原型宾语通过转喻的方式衍生而来的。邵健(2012)认为力的概念结构为汉语SVO结构描写外部世界力的现象提供了理想的认知模型,此概念结构有诸多参数,如动作的大小、方式、源头、过程、状态、时空等。这诸多参数与句法结构之间形成不同的对应关系,也就产出了不同的原型或非原型的SVO结构。换言之,不管是原型或是非原型SVO结构都是说话人依据表达需求在同一力的概念结构中选择突显不同的参数所致。非原型SVO结构体现在与原型SVO结构在主语、谓语动词或宾语三个维度上不同程度的偏移,如由心理动词和关系动词构成的SVO结构属于主语维度不变而宾语和谓语动词两个维度有偏移的SVO结构。总之,SVO结构是一个以原型SVO结构为中心成员包括其他非原型成员的范畴概念,非原型SVO结构指与原型SVO结构以某种形式相连又在某种程度上与其偏移的SVO结构。那么,“是”字句①是否是SVO结构呢?下文将详细论述这一问题。

4.1.2 “是”字句的界定

上文已经界定非原型SVO结构指与原型SVO结构以某种形式相连又在某种程度上与其偏移的SVO结构。本研究认同邵健(2012:118-119)的观点,认为“是”字句属于非原型SVO结构的等同宾语类,表示主宾语之间的等同或者类属关

① 在文章中专指由表判断的关系动词“是”充当谓语动词的SVO句。

系。他认为这类主动宾结构的谓语动词“是”是及物动词，但具有弱及物性，不涉及具体的动作，只表达某种行为方式；“是”后的宾语是非受事语义类型，是主语维度不变而宾语和谓语动词两个维度有偏移的 SVO 结构。简言之，**“是”字句是 SVO 结构**。这一观点在学界并不是一家之言。马建忠（1983：129）称“是”字句中的“是”为“断词”“断辞”“决词”，是虚词。同时，他还指出，在句法上，“是”的前项为起词，后项为表词。黎锦熙（2007：21）称其为“同动词”，联系主语和补足语。吕叔湘（1979：41，80－81）、王力（2011：14，52）将“是”看作“系词”，联系主语和谓语。丁声树等（1999：83－85）、赵元任（1979：316－319）称其为动词，联系主语和宾语。朱德熙（1997：125）称其为判断动词，联系主语和宾语；同时，他还指出，“是”联系的两个语义成分是起事和止事。胡裕树（1995：303）将判断动词“是”后定义为宾语，如“是朋友”是动宾短语。黄伯荣、廖序东（2007：9－10）认为，“是”是判断动词，连接主语和宾语。陈昌来（2003：125－126）认为“判断动词”这种提法“只着眼于关系动词中表判断的一部分，不如称关系动词有概括性”，而且他还指出关系动词“是”联系的两个语义成分是起事和止事。关系动词句的典型的句法结构是“主动宾”，语义结构是起事+述谓+止事。张斌（2010：598－600）将“是”字分为表判断的“是”和语气副词“是”，而表判断的“是”字句归于 SVO 结构，其句法结构是主语+谓语动词“是”+宾语，动词“是”起联系主语和宾语的作用，其语义结构是起事+述谓+止事，表达的语义是“是”联系的两个论元即起事和止事之间的某种关系，包括等同、归类、存在、领有、解释、比喻等。沈家煊（2017c）认为，不应将“是”分裂为判断动词和语气副词，“是”就是判断动词，属于动词的一个小类；“是”的前项是主语，后项是宾语。

总之，本书认为，“是”字句是 SVO 结构的一个非典型成员，“是”为关系动词，其构成的句法结构是主语+关系动词“是”+宾语；其语义结构是起事+关系“是”+止事，起事是某种关系的起方，止事是某种关系的止方，其表达的语义是起事和止事之间的某种联系，包括等同、归类、存在、领有、解释、比喻等。

4.2　焦点对

上文界定了 SVO 平行结构，即一个以原型 SVO 结构为中心成员包括其他非原型成员的范畴概念。这一定义有助于辨别 SVO 平行结构，进而收集相关语料。但是，对收集的 SVO 平行结构语料的分类以及对其协同过程的分析涉及另一个重要的概念——焦点对，下文将对其展开讨论。

4.2.1 焦点对的界定

依据对话句法理论，在 SVO 平行结构中，话语间的并置排列促使产生配对感知，平行的对应成分之间形成平行对，而主要传达平行结构之间意义扩展的平行对是焦点对。如何界定焦点对？本书认为**焦点对是 SVO 平行结构中目标话语的平行项是焦点的平行对**。焦点是什么？SVO 平行结构中目标话语涉及哪些焦点？为何目标话语中的平行项是焦点？

4.2.1.1 焦点的界定与目标话语涉及的焦点类型

焦点在形式上承载句子的重音，在语义上为表达的重心，在语用上是说话人最想让听话人注意而被突显的部分。学者对焦点的定义只是侧重点不同，彼此之间并无太大矛盾。范开泰(1985)(转引玄玥 2002)从焦点的表现形式上将焦点定义为心理重音所标记的内容；方梅(1995)、张伯江、方梅(1996:73)等从语义上将焦点定义为一个句子的语义中心所在；张斌(1998:85)、范开泰、张亚军(2000:192)、陈昌来(2000:31)等从信息结构的角度将焦点定义为新信息中的重要信息。但是，有学者(黄瓒辉 2003；祁峰 2012：10，17)指出旧信息也能成为焦点。刘丹青、徐烈炯(1998)从语用功能的角度，将焦点定义为说话人最想让听话人注意而强调突显的部分。

SVO 平行结构中大都涉及对比焦点。刘丹青、徐烈炯(1998)认为对比焦点具有两大话语功能特征，即[突出]和[对比]。相对于小句中的其他部分即背景，对比焦点是小句中最突出的信息，故有[突出]的特征；相对于小句以外(上下文或共享知识)的特定对象而被突出的部分与句外的背景对象有对比作用，故有[对比]的特征。对比焦点一般携带对比重音。平行结构作为一种特殊的句法结构，通过对比突显焦点(刘鑫民 1995；刘丹青、徐烈炯 1998；陈昌来 2000:32；玄玥 2002；祁峰 2012:80-81；徐烈炯、刘丹青 2007:84-85)。譬如：

(1) (悠悠告诉美嘉她已经找到工作了，不打算跟美嘉合伙开网店了。美嘉很生气。)

美嘉：你不帮我管账了，我怎么办？

悠悠：我在精神上**支持**你。

美嘉：我在精神上**鄙视**你。

(《爱情公寓》)

表 4-1　扩展类映射结构(谓语动词类)

我	在精神上	**支持**	你
我	在精神上	**鄙视**	你

在例(1)的平行结构中,目标话语中“鄙视”一词承载逻辑重音(对比重音),相对于本小句内的其他成分,是本小句中最突出的信息,具有[突出]特征;同时,它又和本小句外基础话语的“支持”形成对比关系,表达语义上的对立,具有[对比]特征。由此,“鄙视”是对比焦点。在平行对“鄙视”和“支持”中平行项“鄙视”是目标话语的对比焦点,而该平行对是平行结构中主要传达意义扩展的焦点对。

除对比焦点外,一个句子也会存在自然焦点。自然焦点是在小句内部,相对于该小句其他成分,说话人赋予的信息强度最高的部分。换言之,自然焦点只有[突出]特征而无[对比]特征。汉语的自然焦点是小句的句末成分,也被称作常规焦点,承载着小句的自然重音(方梅 1995;张伯江、方梅 1996:73;刘丹青、徐烈炯 1998)。但是,一个句子只有一个焦点(Lambrechet 1994; 刘丹青、徐烈炯 1998;顾钢 2001;殷志平 2002;徐杰 2001:126),在同一个小句中,对比焦点和自然焦点不能共存。换言之,一个句子,要么有一个对比焦点,要么有一个自然焦点。当句子中存在对比焦点时,自然焦点就变成非焦点成分,由语序体现的“自然焦点的功能就会被对比焦点所覆盖”(刘丹青、徐烈炯 1998)。当自然焦点本身就是对比焦点时,它就不再是自然焦点而是对比焦点(ibid.)。如:

(2) (子乔钓鱼回来浑身脏兮兮的,还散发着鱼腥味。他过来把钓的鱼放小贤的冰箱里。小贤正在打扫屋子,等着上司来跟他谈工作呢。)

子乔:我对付上司可有一套了,我把我的绝技传授给你,你分分钟秒杀她。

小贤:秒杀,今天让你搞砸了,我分分钟秒杀你。

(《爱情公寓》)

表 4-2　扩展类映射结构(宾语/受事类)

你	分分钟	秒杀	**她**
我	分分钟	秒杀	**你**

在例(2)的平行结构中,目标话语中的“你”位于该句句末,属于突出信息所在的自然焦点。但是,焦点“你”又和本小句外(基础话语)的特定成分“她”形成对比关系,具有了[对比]特征,如此,自然焦点“你”变成了对比焦点。

在 WH-词位于句末的 WH-疑问句中,WH-词不仅表明自己所代表的疑问点是该疑问句的关键信息之所在,而且规定了答句中回答这一疑问点的对应成分是答句的新信息。(祁峰 2012:34)换言之,位于句末的 WH-词是焦点即自然焦点,在答句中回答疑问词的成分也是焦点。WH-词与其对应的应答部分主要不是对比关系而是阐释/例示关系,关键是新信息的提供。在这样的对答句组成的SVO平行结构中,位于基础句句末的疑问词是自然焦点,与之对应的平行项即位于目标句句末的应答成分也是自然焦点,尽管这两个焦点之间有一定的对比关系。例如:

(3)(张伟邀请薇薇在家吃饭,七爷从卧室出来倒水。)

薇薇:这位是谁?

张伟:他是我的七舅姥爷,探亲的。

薇薇:你不是孤儿吗?

张伟:干的,干的。

(《爱情公寓》)

表4-3　阐释类映射结构(止事类)

这位	是	**谁**
他	是	**我的七舅姥爷**

在例(3)平行结构的基础话语中,位于句末的疑问词"谁"标明自身是自然焦点,同时规定了与其对应的平行项,即对"谁"的应答部分"我的七舅姥爷"是目标话语的焦点,是针对"谁"回答的新信息。同时,它位于句末,也是自然焦点。尽管它们同属于一个平行对中的两个平行项,在一定程度上具有对比关系,但是它们并不是对比焦点而是自然焦点。

总之,焦点是形式上承载句子重音,语义上是表达的重心,语用上是说话人最想让听话人注意而被突显的部分。在SVO平行结构中涉及的焦点主要是对比焦点还有部分自然焦点。因此,在确定一个SVO平行结构的焦点对时,首先确定其目标话语的对比焦点,如果没有对比焦点再确定其自然焦点。

4.2.1.2　目标话语中的平行项是焦点

对话中的平行结构和独白中的平行结构在焦点的体现上是不同的。在独白中的平行结构(对举结构)中,平行对的两个平行项都是信息焦点;在对话中的平行结构中,平行对的两个平行项未必都是焦点,换言之,可能只有目标话语的平行项是焦点。例如:

a. 我花费了**自己**不少的眼泪和欢笑,也消耗了**别人**不少的眼泪和欢笑。(刘鑫民,1995)

b. **你**能去,**他**不能去。

c. **自行车**我能修,**摩托车**我不会修。

d. 他**在北京**读书，我**在上海**读书。(b. c. d. 引自陈昌来 2000:32)

在上文的几个例子中，加粗的部分都是焦点。在独白中的平行结构中，譬如 a 中，叙述者在表达之前已经有明确的表达目的，是要通过“自己”和“别人”对比，来表达一定的意义；而对话中的平行结构涉及交际双方，每个人都有自己的表达意图和兴趣点，说话人表达的重点未必是听话人关注的重点。譬如，在例(1)中，悠悠和美嘉本来商量好合伙开网店，可悠悠半途找着工作，放弃和美嘉合伙开网店，这让美嘉很生气。悠悠不能帮美嘉开网店、管账，不能出人力，但又为了安慰她，悠悠只能说在精神上支持美嘉。据此，可以推测出“在精神上”是相对于上下文语境推理可得的“在人力上”而言的，是具有一定对比意义的对比焦点。然而，美嘉并没有以悠悠的表达重心，即“在精神上”，为表达的切入点与之对应，而是依据自己的表达意图，选择了悠悠话语中的“支持”为切入点，以“鄙视”与之相对，表达自己的愤怒和对悠悠这种行为的不满。这样，在基础话语中并不是信息焦点的成分“支持”的突显度被提升，它和目标话语中的对比焦点“鄙视”一起构成焦点对，在此焦点对中只有“鄙视”是焦点，这不同于独白，在独白中，两个都是焦点。

当然这并不是说 SVO 平行结构的焦点对只包含一个焦点。SVO 平行结构焦点对的平行项可以都是焦点，如例(3)，两个都是自然焦点。总之，SVO 平行结构的焦点对可以包含两个焦点也可以是一个，但至少目标话语的平行项是焦点。那为何必须是目标话语中的平行项是焦点呢，为何不是基础话语中的平行项呢？在话语流中，SVO 平行结构的基础话语代表先前语言使用事件，目标话语代表当前语言使用事件。先前语言使用事件作为被处理过的焦点信息，成为已知信息，储存于记忆框架，为理解当前语言使用事件提供概念基础。目标话语代表的当前语言使用事件是新信息之所在，也是注意力之所在。因此，目标话语反映了平行结构意义的扩展，换言之，相对于基础话语，目标话语在意义的建构过程中起着更重要的作用。

4.2.2　焦点对的功能

上文已经界定焦点对是 SVO 平行结构中目标话语的平行项是焦点的平行对，而焦点在语义上是表达的重心，在语用上是说话人最想让听话人注意而被突显的部分，这决定了焦点对所具有的语义、语用功能，同时，焦点对在 SVO 平行结构意义建构中的重要意义决定了其认知功能。下文将从语义、语用和认知三个方面讨论焦点对的功能。

语义上，焦点对体现了意义的扩展，是语义重心之所在。在同一个图式的两个不同的实例即实例 1 和实例 2 中,实例 2 是对实例 1 的扩展(Taylor 2002:124-126;Langacker 2008:221-226)。第 3 章已经论述过在 SVO 平行结构中,基础话语和目标话语是同一个 SVO 句法图式的两个实例,目标话语是对基础话语在意义上的扩展。如果该 SVO 平行结构有焦点对,那么,这一扩展主要体现在焦点对上(Du Bois et al. 2014)。在焦点对中,目标话语中的平行项在目标话语中是焦点,换言之,焦点对是当前说话人的语义重心之所在。如在例(1)中,美嘉的目标话语"我在精神上鄙视你"和基础话语"我在精神上支持你"是关于 SVO 结构图式的两个实例。前者是对后者意义的扩展,它主要体现在焦点对"支持"和"鄙视"上,"鄙视"是目标话语的表述焦点,是语义重心。悠悠自己找着工作,便放弃和美嘉合作开网店,这让美嘉很生气。悠悠不能在美嘉开网店这件事情上提供管账这种人力上的支持,但她为了安慰美嘉,只能说在精神上支持美嘉,美嘉以"鄙视"与"支持"相对立,表达自己的愤怒和对悠悠这种行为的不满。

(4) [A(女)和 B(男)与 B 的儿子在路上碰见。A 发现 B 的儿子个子长得很快。]

A:哇,长这么高,他快赶上你了。

B:是他快赶上你了。

A:哈哈哈,赶上我容易啊。

(私人聊天)

表 4-4 扩展类映射结构(宾语/受事类)

他	快	赶上	**你(B)**	了
他	快	赶上	**你(A)**	了

语用上,焦点对是新信息或信息聚焦之所在,是体现话语功能之所在。会话交际过程中,基础话语作为已加工过的焦点信息成为已知信息,储存记忆框架。随着交际的进行,听话人以说话人的基础话语为出发点,在基础话语中选择一个已知概念作为出发点,也是当下正在被建构内容的切入点,引进新的信息,使其处于聚焦状态,这是信息聚焦(Langacker 2015:207),即目标话语的焦点。焦点对是在 SVO 平行结构中目标话语的平行项是焦点的平行对。因此,焦点对是新信息之所在。听话人在目标话语中引入新信息表达一定的话语功能,如补充说明、认同支持、反驳否定等。如在例(4)中,在会话交际过程中,A 的基础话语"他快赶上你(B)了"被加工后成为已知信息,储存记忆框架。随着话语流的向前进展,B 以 A 的基础话语为出发点,在"他快赶上你了"中选择一个已知概念即赶上的对象"你(B)"作为出发点,引进新的信息"你(A)",使其处于聚焦状态,"你(A)"是信息聚焦,也是目

标话语“他快赶上你(A)了”的焦点。“你(B)”和“你(A)”构成焦点对,换言之,该焦点对包含了新信息“你(A)”,焦点对“你(B)”和“你(A)”形成了关于A和B身高的高低对比关系。B以儿子不是很快赶上自己而是很快赶上A来表达A比较矮,B利用对A话语的否定表达对A的调侃之意,实现一定的诙谐效果。

(5)(大家一块儿八卦他们的顶头上司——王茂。)

李大宝:听说老大喜欢黄依然。

麦琪:他就喜欢傻白甜。

李大宝:可不是吗,那姑娘就是傻乎乎的。

(《北上广依然相信爱情》)

表4-5 扩展类映射结构(宾语/感事类)

老大		喜欢	**黄依然**
他	就	喜欢	**傻白甜**

认知上,焦点对体现了交际双方对同一事件中某一概念结构不同识解的联合调试,是实现意义协同的核心。基础话语激活了对应的语义图式亦即事件图式S′。基础话语和目标话语可以看作该抽象事件图式的两个事件实例。听话人理解了说话人的话语意义,在事件图式S′内,以某一概念结构(焦点对的基础话语中的平行项)为切入点,依据表达意图,在该事件图式内论述表达的焦点(焦点对的目标话语中的平行项),实现对同一事件图式中该概念结构不同识解的联合调试,在此基础上实现意义协同。如在例(5)中,基础话语“老大喜欢黄依然”激活了对应的语义图式,亦即事件图式“老大(他)喜欢X”。基础话语“老大喜欢黄依然”和目标话语“他就喜欢傻白甜”可以看作其的两个事件实例。李大宝的基础话语表达了他听说的一则消息,即王茂喜欢黄依然,开启了交际的话题。听话人麦琪理解了李大宝的话语意义,以李大宝的话语提供的事件实例的概念结构,即喜欢对象“黄依然”(焦点对的基础话语中的平行项)为切入点,在事件图式“老大(他)喜欢X”内论述表达的焦点(焦点对的目标话语中的平行项)“傻白甜”,实现就该事件图式中概念结构即王茂喜欢的对象的不同的识解,达成联合调试。在焦点对“傻白甜”和“黄依然”中,“傻白甜”是形容词转名词(贺宁2013),是个转类词(周领顺、李速立2006;邓云华等2009;白解红、王勇2013),指具有“傻”“白”“甜”特征的人,即单纯可爱,长相甜美的女孩。“傻白甜”和“黄依然”在概念上是类和例的关系。从类到例、从具体实例到抽象特征,麦琪表达了对李大宝话语内容的补充——王茂喜欢像黄依然这样具有“傻”“白”“甜”特征的人。因此,在焦点对“傻白甜”和“黄依然”的意义对比的基础上该平行结构意义协同得以实现。

总之,焦点对在语义上体现了意义的扩展,是语义重心之所在;在语用上是新信息或信息聚焦之所在,是体现话语功能之所在;在认知上体现了交际双方对同一事件中某一概念结构不同识解的联合调试,是实现意义协同的核心。焦点对的这些功能决定了它作为 SVO 平行结构分类依据的地位和在协同分析过程中的核心作用。

4.3 扩展类的分类和特征

依据 SVO 平行结构中基础话语和目标话语的范畴化关系,即扩展和阐释,本书将 SVO 平行结构分为**扩展类和阐释类**。当基础话语和目标话语之间是扩展关系时,该 SVO 平行结构是扩展类 SVO 平行结构;当基础话语和目标话语之间是阐释关系时,该 SVO 平行结构是阐释类 SVO 平行结构。

(6) (李老师在微信群里发了一个开会的通知,大家迅速回复收到。)
李老师:谢谢各位老师的神速回复。
老师 A:这是传说中的秒回。
老师 B:这是传说中的效率。

(私人聊天)

(7) (妈妈跟大儿子余快抱怨儿媳绒绒。)
余快:嗯,妈,是她的不对! 您放心,我教育她。
妈妈:她教育你吧,我还不知道你啊……

(《媳妇的美好宣言》)

(8) (关谷邀请会读心术的毛利大师来公寓表演。)
毛利大师:今天你邀我来,究竟要我干什么?
关谷:你猜? 我知道你已经知道了。
毛利大师:你怎么知道我已经知道了。我都不知道我应该知道什么?

(《爱情公寓》)

如在例(6)中,基础话语"这是传说中的秒回"和目标话语"这是传说中的效率"的部分特征相容,它们具有一定程度的相似性,即拥有相同的 SVO 句法图式"这是传说中的 X",二者的范畴化关系是扩展。因此,二者所在的 SVO 平行结构是扩展类 SVO 平行结构。又如在例(7)中,基础话语"我教育她"和目标话语"她教育你吧"的部分特征相容,它们具有一定程度的相似性,即拥有相同的 SVO 句法图式"X 教育 Y",二者的范畴化关系是扩展。因此,二者所在的 SVO 平行结构是扩展类 SVO 平行结构。如在例(8)中,基础话语"我知道你已经知道了"和目标话语“你怎么知道我已经知道了”的特征完全相容,基础话语“我知道你已经知道了”和 SVO 句法图式合二为一,基础话语和目标话语的范畴化关系是阐释。因此,二者所在 SVO 平行结构被称作阐释类 SVO 平行结构。下文先讨论扩展类 SVO 平行结构。

在扩展类 SVO 平行结构中,依据平行结构产生的具体方式不同可分为单个成分类和句法关系类。单个成分类是指,说话人通过替换掉基础话语的某个成分而形成的平行结构,如例(6)是单个成分类,它是老师 B 通过替换掉基础话语的宾语“秒回”而生成的。句法关系类是指,通过转换基础话语中某些成分的句法功能而形成的 SVO 平行结构,如例(7)是句法关系类,它是余快的妈妈通过转换基础话语中“我(余快)”和“她”的句法功能而实现的。下文先讨论扩展类的单个成分类。

4.3.1　单个成分类

单个成分类 SVO 平行结构含有一个焦点对。焦点对的语义、语用和认知功能决定其作为分类标准,对单个成分类的 SVO 平行结构进行分类。依据焦点对平行项在句子中充当的句法功能的不同,**单个成分类可分七大类:主语类、谓语动词类、宾语类、定语类、状语类、补语类和谓语(VP 短语)类**。下文依据此分类方法对收集的用例进行分类,在分类的同时,描述其形式、语义和语用特征。

4.3.1.1　主语类

主语类是焦点对平行项做主语的单个成分类 SVO 平行结构,其中,主语的语义成分依据该平行结构所含动词性质的不同而不同,若谓语动词是动作动词,则其主语的语义成分是施事;若谓语动词是心理动词,则其语义成分是经事;若谓语动词是关系动词,则其语义成分是起事。本书依据 SVO 平行结构中主语的语义成分将主语类 SVO 平行结构分为施事类、经事类和起事类,下文分别描述这三类 SVO 平行结构的特征。

4.3.1.1.1　施事类

在施事类 SVO 平行结构中,所含动作动词决定其所在 SVO 结构的语义结构是“施事+动作行为+受事”,表达的语义是施事发出某个动作施加于受事;焦点对平行项担任的句法功能是主语,语义成分是施事。

(9)(唐仁没有杀人,却被警察当作杀人凶手追缉;他自己被弄得一头雾水。)

秦风:警察为什么抓你啊?

唐仁:他们说我杀人了。

秦风：你杀了谁啊？
唐仁：我杀了谁啊？
秦风：你说你杀了谁啊。
唐仁：你说我杀了谁啊。
秦风：我怎么知道你杀了谁啊。
唐仁：我怎么知道我杀了谁啊。

（《唐人街探案》）

表 4-6　扩展类映射结构（主语/施事类）

主语	谓语动词	宾语	结语
你(唐仁)	说	你杀了谁	啊
你(秦风)	说	我杀了谁	啊
施事	动作行为“说”	受事	结束

例(9)的 SVO 平行结构中，如表 4-6 所示，第二人称代词“你(唐仁)”和“你(秦风)”是焦点对，担任的句法功能是主语。SVO 结构中的谓语动词是表示动作行为的动作动词“说”，这决定了其所在的 SVO 结构的语义结构是“施事+动作行为(说)+受事”，表达的语义是施事(唐仁/秦风)说出某事。焦点对“你(唐仁)”和“你(秦风)”是施事，即“说”这一行为的发出者，也是交际双方。例(9)平行结构话语之间是语义对立的关系。目标话语是对基础话语的否定即唐仁不知道自己杀了谁，让秦风来告诉自己。

4.3.1.1.2　经事类

在经事类 SVO 平行结构中，所含动作动词决定其所在 SVO 结构的语义结构是“经事+心理活动+感事”，表达的语义是心理活动的主体感受某种心理活动；焦点对平行项担任的句法功能是主语，语义成分是经事。

(10)（美嘉在医院看病，看上帅气的医生，大犯花痴。）

美嘉：你叫什么名字，多大了，喜欢什么？
医生：我叫欧阳健，31 岁。我平时喜欢看电影。
美嘉：我平时也喜欢看电影。

（《爱情公寓》）

表 4-7　扩展类映射结构（主语/经事类）

主语	状语	谓语动词	宾语
我	平时	喜欢	看电影
我	平时也	喜欢	看电影
经事	限制	心理活动“喜欢”	感事

例(10)的SVO平行结构中,如表4-7所示,第一人称代词“我(医生)”和“我(美嘉)”是焦点对,担任的句法功能是主语。SVO结构中的谓语动词是表示心理活动的心理动词“喜欢”,这决定了其所在的SVO结构的语义结构是“经事(医生/美嘉)+心理活动(喜欢)+感事(看电影)”,表达的语义是经事即心理活动的主体(医生/美嘉)喜欢看电影这件事。焦点对“我(医生)”和“我(美嘉)”是经事即“喜欢”这一心理活动的主体、感受者或经验者,也是交际双方。例(10)平行结构话语之间是语义补充的关系,亦即美嘉对医生观点的补充说明。

4.3.1.1.3　起事类

在起事类SVO平行结构中,所含动作动词决定其所在SVO结构的语义结构是“起事+关系+止事”,表达的语义是起事与止事之间的某种关系;焦点对平行项担任的句法功能是主语,语义成分是起事。

(11)(为了找到线索,秦风要求和唐仁一块儿再演一遍案发当晚的情景。)

秦风:我是凶手。

唐仁:你是凶手?

秦风:我演的是凶手。

(《唐人街探案》)

表4-8　扩展类映射结构(主语/起事类)

主语	谓语动词	宾语
你	是	凶手
我演的	是	凶手
起事	等同关系	止事

(12)(羽墨把车借给张伟,结果两天开了三张罚单。)

羽墨:我好心把车借给他开,这家伙倒好,两天帮我开了三张罚单,而且三张罚单都是在同一个路口,同一个警察开的,连违章的原因都一样——超出停车线。

子乔:你的刹车有问题?

羽墨:他的眼睛有问题。

(《爱情公寓》)

表4-9　扩展类映射结构(主语/起事类)

主语	谓语动词	宾语
你的刹车	有	问题
他的眼睛	有	问题
起事	领有关系	止事

在例(11)SVO 平行结构中,如表 4-8 所示,焦点对是主语“你”和“我演的”,“你”是第二人称代词,“我演的”是“的”字短语。如表 4-9 所示,例(12)的 SVO 平行结构的焦点对是偏正名词短语,即“你的刹车”和“他的眼睛”。“你的刹车”由物主代词“你的”和名词中心词“刹车”构成,“他的眼睛”由物主代词“他的”和名词中心词“眼睛”构成。例(11)中 SVO 结构的谓语动词是表示等同关系的“是”,换言之,该 SVO 结构是“是”字句。它的语义结构是“起事+关系(是)+止事”,表达的语义是起事与止事之间的等同关系。例(11)的焦点对“你”和“我演的”是主语也是语义结构中的起事。起事在特定语境下可以隐含一些语义成分(李临定 1986:259;张斌 2010:600)。在例(11)的平行结构中,担任起事的“的”字短语“我演的”隐含了一些语义成分。“的”是名词化的标记,其语法功能是放在谓词性短语 VP 后,形成一个名词性的短语“VP 的”;语义上具有自指和转指两种功能(朱德熙 1978,1983),具有转指功能的“的”字结构可以单独在句子中充当主语和宾语(袁毓林 2003),转指是指“的”字结构转指谓词性短语后所缺的成分(朱德熙 1978,1983;袁毓林 2003)。换言之,“的”字结构“我演的”语义上指“我演的角色”,它隐含了语义成分“角色”。“我演的是凶手”指我演的角色是凶手。例(11)中目标话语与基础话语之间是相对立的关系,即不是“我“是凶手,而是“我”演的角色是凶手;秦风以此表达对唐仁的反驳和否定。例(12)的谓语动词是表示领有的关系动词“有”,这决定其所在的 SVO 结构的语义结构是“起事+领有关系(有)+止事”,表达的语义是一事物即起事和另一事物即止事之间的领有关系。其中焦点对“你的刹车”和“他的眼睛”是“有”字句的主语,也是语义结构中的起事,领有关系的起方即领有者。例(12)中目标话语与基础话语之间是相对立的关系,即是张伟的眼睛有问题而不是“我”的刹车有问题。羽墨在反驳和否定子乔的同时,表达了对张伟这一行为的不满。

4.3.1.2 谓语动词类

在焦点对是谓语动词的单个成分类 SVO 平行结构中,依据动词的类型,可分为动作动词类、心理动词类、关系动词类和混合跨类动词类。

4.3.1.2.1 动作动词类

动作动词类是平行结构中基础话语和目标话语的谓语动词为动作动词的谓语动词类 SVO 平行结构。在动作动词充当谓语动词的句子中,其语义结构是“施事+动作行为+受事”,表达的语义是施事发出某个动作施加于受事。在此 SVO 平行结构中,焦点对平行项担任的句法功能是谓语动词,典型的语义成分是动作行为。

(13) (A 买了一部手机准备送给女朋友,拿出来给朋友 B 看。)

B:哇,挺漂亮的,换手机啊。

A:不是。

B:哦,你送人的。

A:我迎人的。

(《私人聊天》)

表 4-10　扩展类映射结构(动作动词类)

主语	**谓语动词**	宾语	结语
你	**送**	人	的
我	**迎**	人	的
施事	**动作行为**	受事	结束

(14) (关谷和悠悠亲热,旁若无人。)

美嘉:他们真看不到我们。

小贤:他们还听不到我们。

(《爱情公寓》)

表 4-11　扩展类映射结构(动作动词类)

主语	状语	**谓语动词**	补语	宾语
他们	真	**看**	不到	我们
他们	还	**听**	不到	我们
施事	限制	**动作行为**	否定	受事

在例(13)-(14)中,如表 4-10、4-11 所示,焦点对的句法功能都是谓语动词,而且都是表示动作行为的动作动词,即"送"和"迎"、"看"和"听"。这决定了其所在的 SVO 结构的语义结构是"施事+动作行为+受事",表达的语义是施事发出某个动作施加于受事。在焦点对"送"和"迎"中,A 以"迎人"和"送人"的"送某人"之意相对,表达语义的对立关系,即送某人和迎某人相对立。A 借此表达一定的隐含意义,即送给女朋友手机是想赢得她的心而不是将她送走。A 以此表达一定的巧妙、诙谐之意。动作动词"看"和"听"表示意义上相互补充的动作行为,因此,其所在的 SVO 平行结构的话语间是语义补充的关系,小贤以此表达对美嘉观点的补充。

4.3.1.2.2　心理动词类

心理动词类是平行结构中基础话语和目标话语的谓语动词为心理动词的谓语动词类 SVO 平行结构。心理动词充当谓语动词的句子的语义结构是"经事+心理活动+感事",表达的语义是心理活动的主体感受某种心理活动。在此 SVO 平行结构中,焦点对平行项担任的句法功能是谓语动词,语义成分是心理活动。

(15) (美嘉给子乔爆料。)

美嘉:我发现一菲喜欢曾老师。

子乔:怎么可能,一菲很烦他啊,整天叫他贱人曾。

美嘉:那都是假象。

(《爱情公寓》)

表 4-12 扩展类映射结构(心理动词类)

主语	状语	**谓语动词**	宾语
一菲		**喜欢**	曾老师
一菲	很	**烦**	他
经事	程度	**心理活动**	感事

在例(15)中,如表 4-12 所示,焦点对分别是双音节动词"喜欢"和单音节动词"烦",是表示心理活动的心理动词,而且是所在 SVO 结构的谓语动词。因此,"喜欢"和"烦"所在的 SVO 结构的语义结构是"经事+心理活动(喜欢/烦)+感事",表达的语义是经事即心理活动的主体感受喜欢或讨厌的心理活动。焦点对平行成分"喜欢"和"烦"在语义上相对立,它们所在 SVO 平行结构话语间是语义对立的关系,子乔以此表达对美嘉观点的否定和反驳。

4.3.1.2.3 关系动词类

关系动词类是平行结构中基础话语和目标话语的谓语动词为关系动词的谓语动词类 SVO 平行结构。关系动词充当谓语动词的 SVO 结构的语义结构是"起事+关系+止事",表达的语义是起事与止事之间的某种关系。在此 SVO 平行结构中,焦点对平行项担任的句法功能是谓语动词,语义成分是关系判定。

(16) (张伟是个守财奴,大家故意逗他。)

一菲:今天张伟请客,他有钱。

张伟:我没钱,你看我就这点。

(《爱情公寓》)

表 4-13 扩展类映射结构(关系动词类)

主语	**谓语动词**	宾语
他	**有**	钱
我	**没**	钱
经事	**领有关系**	感事

在例(16)中,如表 4-13 所示,焦点对是表示关系的关系动词"有"和"没",它们是所在 SVO 结构的谓语动词。这决定了其所在的 SVO 结构的语义结构是"起

事+领有关系(有/没)+止事”,表达的语义是一事物(起事)和另一事物(止事)的领有关系。关系动词“有”和“没”是一对反义词,其语义对立。在这个例子中,表达起事“张伟”对止事“钱”的领有和非领有关系。因此,例(16)的 SVO 平行结构的话语间是语义对立的关系,张伟以此表达对一菲话语的否定和反驳。

4.3.1.2.4　混合跨类动词类

混合跨类动词类是平行结构中基础话语和目标话语的谓语动词分属不同类型的谓语动词类 SVO 平行结构。在此 SVO 平行结构中,焦点对平行项担任的句法功能是谓语动词,语义成分不定。

(17)(诺南喜欢小贤,给他献殷勤,送他盆栽,像是追他。朋友们追问小贤。)

子乔:她喜欢你?

美嘉:她追你?

(《爱情公寓》)

表 4-14　扩展类映射结构(混合跨类动词类)

主语	**谓语动词**	宾语
她	**喜欢**	你
经事	**心理活动“喜欢”**	感事
她	**追**	你
施事	**动作行为“追”**	受事

在例(17)中,如表 4-14 所示,焦点对平行项“喜欢”和“追”是所在 SVO 结构的谓语动词,而且它们不属于同一类型的动词,“喜欢”是表示心理活动的心理动词而“追”是表示动作行为的动作动词。心理动词“喜欢”是谓语动词,这决定其所在 SVO 结构的语义结构是“经事+心理活动(喜欢)+感事”,表达的语义是经事即心理活动的主体感受喜欢这一心理活动。动作动词“追”是谓语动词,这决定其所在 SVO 结构的语义结构是“施事+动作行为(追)+受事”,表达的语义是施事发出追的动作施加于受事。“喜欢”是一种心理活动或是一种感受,而“追”是表达对某人喜欢之情的动作行为。这两种表达方式都是依据诺南给小贤送盆栽这件事做出的猜测,在语义上是相似关系。因此,该 SVO 平行结构的话语间是语义相似的关系。美嘉以此表达对子乔观点的认同和附和。

4.3.1.3　宾语类

宾语类是焦点对平行项做宾语的单个成分类 SVO 平行结构,此类用例较多,占所有单个成分类的 55.5%。在此类平行结构中,宾语焦点对平行项可以是体词类,也可以是谓词类。体词类指宾语由名词、代词或者名词短语充当;谓词类指宾语由动词、动词短语、形容词、形容词短语充当。在此类平行结构中，宾语的语义成分依据该平行结构所含动词性质的不同而不同。若谓语动词是动作动词，则其宾语的语义成分是受事或任事；若谓语动词是心理动词，则其语义成分是感事；若谓语动词是关系动词，则其语义成分是止事。本书依据 SVO 平行结构中宾语的语义成分将宾语类 SVO 平行结构分为受事类、任事类、感事类和止事类，下文分别描述这三类 SVO 平行结构的特征。

4.3.1.3.1　受事类

在受事类 SVO 平行结构中，所含动作动词决定其所在 SVO 结构的语义结构是"施事+动作行为+受事"，表达的语义是施事发出某个动作施加于受事；焦点对平行项担任的句法功能是宾语，语义成分是受事。

(18)（展博要去非洲工作，一菲心里不舍，不愿意。展博安慰她。）

展博：我就是换个工作。

一菲：你是换人设。

（《爱情公寓》）

表 4-15　扩展类映射结构（宾语/受事类）

主语	状语	谓语动词	**宾语**
我	就是	换	**个工作**
你	是	换	**人设**
施事	强调	动作行为"换"	**受事**

(19)（子乔钓鱼回来浑身脏兮兮的，还散发着鱼腥味。他过来把钓的鱼放小贤的冰箱里。小贤正在打扫屋子，等着上司来跟他谈工作呢。）

小贤：你赶紧放，走人，我还约了人呢。

子乔：你约了美女吧，带我一个啊。

小贤：她可是我的顶头上司，金牌制作人，我能不能上电视，就看今天了。

子乔：那上司我更要看看是不是美女了，你放心，我好好发挥一下，帮你搞定她。

小贤：发挥？你还是把你身上的味道好好挥发一下吧。

（《爱情公寓》）

表 4-16　扩展类映射结构（宾语/受事类）

主语	状语	谓语动词	**宾语**	结语
我	还	约了	**人**	呢
你		约了	**美女**	吧
施事	补充	动作行为"约"	**受事**	结束

(20)（关谷和悠悠是一对即将结婚的情侣，手里有十几万存款，这够付一套房子的首付或买辆车。关谷想买房，悠悠想买车。）

关谷：……老是这样租房子不是长远之计，我要买房子。

悠悠：你要买麻烦，先就说选房吧，现在的房源大多离市区远，去哪儿哪儿都不方便……

（《爱情公寓》）

表 4-17　扩展类映射结构（宾语/受事类）

主语	状语	谓语动词	宾语
我	要①	买	**房子**
你	要	买	**麻烦**
施事	愿望	动作行为“买”	**受事**

例（18）-（20）的对话实例中的 SVO 平行结构中基础话语和目标话语的谓语动词都是动作动词，如“换”“约”“买”。焦点对“工作”和“人设”、“人”和“美女”、“房子”和“麻烦”都是名词，在句子中充当宾语。动作动词换/约/买充当的谓语动词决定其所在的 SVO 结构的语义结构是“施事+动作行为（换/约/买）+受事”，表达的语义是施事发出某个动作施加于受事。焦点对中平行项的语义成分都是受事，它们的区别是焦点对平行项之间的语义关系。在焦点对平行项“工作”和“人设”、“人”和“美女”中，目标成分“人设”和“美女”是对基础成分“工作”和“人”的补充。“房子”和“麻烦”是一种隐喻关系，表达了二者之间的相似关系。因此，例（18）、（19）SVO 平行结构的目标话语是对基础话语的补充说明。例（20）SVO 平行结构的目标话语和基础话语之间是语义相似关系，买房子就像买麻烦，悠悠借此表达对关谷观点的反驳和否定，即不要买房子。

(21)（子乔和美嘉在晓峰的大房子里，吃饭、玩耍，俨然一对夫妻。）

子乔：突然发现，其实家里有个女人也没有那么可怕。

美嘉：有个女人还得有个男人啊，不然一个人多无聊。

子乔：有个女人我就不用天天吃泡面了。

美嘉：有个男人我就不怕拧不开汽水瓶盖了。

子乔：那以后我负责拧瓶盖。

美嘉：我负责做饭。

（《爱情公寓》）

① 在这里“要”是能愿动词。能愿动词的主要功能是在句子中充当状语，表示某种模态意义（张斌 2010：104）。

表 4-18　扩展类映射结构(宾语/受事类)

主语	谓语动词	**宾语**
我	负责	**拧瓶盖**
你	负责	**做饭**
施事	动作行为“负责”	**受事**

在例(21)中,如表 4-18 所示,焦点对平行项“拧瓶盖”和“做饭”在 SVO 结构中担任宾语,而且它们是动词性短语即述宾短语。沈家煊(2012,2016:124-126,2011:65-96,2017)提出“名动包含”,名词具有指称性,动词也具有指称性,动词指称活动或事件。那么动词短语“拧瓶盖”和“做饭”指拧瓶盖和做饭这两个事件。SVO 结构中谓语动词是动作动词“负责”,这决定了其所在 SVO 结构的语义结构是“施事+动作行为(负责)+受事”,表达的语义是施事发出某个动作施加于受事。焦点对平行项的语义成分都是受事,即负责的对象。换言之,子乔负责拧瓶盖这件事,美嘉负责做饭这件事,这对应上文中男女双方自身难以解决或不能解决但对方可以相对轻易解决的问题。

4.3.1.3.2　任事类

在任事类 SVO 平行结构中,所含动作动词决定其所在 SVO 结构的语义结构是“施事+动作行为+任事”,表达的语义是施事充任某种角色;焦点对平行项担任的句法功能是宾语,语义成分是任事。

(22) (宛瑜打算找工作。展博建议小贤让宛瑜去给他做电话编辑。)

展博:对了,你可以让宛瑜去做你的编辑。她人又聪明又能干。

宛瑜:坐着上班,离家近,不用抛头露面,还有上司是个笨蛋。

小贤:谢谢你啊,展博!真是个好主意!她那个超级有钱的老爹要是知道她在为我打工,一怒之下把我们电台买下来,改造成博物馆,我做馆长啊。

一菲:你最多做标本。

(《爱情公寓》)

表 4-19　扩展类映射结构(宾语/任事类)

主语	状语	谓语动词	**宾语**	结语
我		做	**馆长**	啊
你	最多	做	**标本**	
施事	限制	动作行为“做”	**任事**	结束

在例(22)中,其所含 SVO 平行结构中基础话语和目标话语的谓语动词都是动作动词“做”。焦点对“馆长”和“标本”都是名词,在句子中充当宾语。动作动词

“做”充当的谓语动词决定其所在的 SVO 结构的语义结构是“施事+动作行为(做)+任事”,表达的语义是施事充任某种角色。焦点对中平行项的语义成分都是任事,“馆长”是管理者,“标本”是被管理者,它们之间是语义对立的关系。由此,目标话语和基础话语之间是语义对立的关系,一菲借此表达对小贤观点的反驳和否定。

4.3.1.3.3　感事类

在感事类 SVO 平行结构中,所含动作动词决定其所在 SVO 结构的语义结构是“经事+心理活动+感事”,表达的语义是心理活动的主体感受某种心理活动;焦点对平行项担任的句法功能是宾语,语义成分是感事。

(23)(胡一菲给子乔介绍她的同学小波,小波是一个单亲妈妈,孩子都 6 个月大了。但一菲并没有告诉子乔小波有孩子,子乔知道后很生气。)

子乔:胡一菲,你为什么没有告诉我小波已经是 6 个月大的孩子的妈妈。

一菲:很有关系吗? 你鄙视单亲妈妈?

子乔:我鄙视你! 你为什么瞒着我?

一菲:我什么时候瞒着你了,你也没问啊?

(《爱情公寓》)

表 4-20　扩展类映射结构(宾语/感事类)

主语	谓语动词	**宾语**
你	鄙视	**单亲妈妈**
我	鄙视	**你**
经事	心理活动“鄙视”	**感事**

(24)(一菲在公司例会上宣读了自己的慈善方案,公司领导很生气,还将赞同她的方案的一个男同事给解雇了。一菲回家和美嘉讲述这件事。)

一菲:他(被解雇的男同事)一定恨死老板了。

美嘉:他一定恨死你吧。

(《爱情公寓》)

表 4-21　扩展类映射结构(宾语/感事类)

主语	状语	谓语动词	补语	**宾语**	结语
他	一定	恨	死	**老板**	了
他	一定	恨	死	**你**	吧
经事	猜测	心理活动“恨”	程度	**感事**	结束

例(23)、(24)的对话实例中的 SVO 平行结构中基础话语和目标话语的谓语动

词是心理活动"鄙视"和"恨"。焦点对"单亲妈妈"和"你"、"老板"和"你",在句子中充当宾语,而且是体词性成分——代词、名词或者名词短语。体词在语义上突显人或者事物,在这两例中体词均突显人。心理动词"鄙视"和"恨"充当的谓语动词决定其所在的SVO结构的语义结构是"经事+心理活动(鄙视/恨)+感事",表达的语义是心理活动主体感受对某个人的"鄙视"和"恨"的心理活动。焦点对平行的语义成分都是感事,感受体验的对象——某个人。焦点对平行项"单亲妈妈"和"你"、"老板"和"你"是一种语义对立的关系。借此,SVO平行结构目标话语实现一种反驳否定的话语功能。

(25)(夫妻二人准备去外面吃饭。)

A:我想吃点带汤的。

B:你就喜欢喝汤。

A:啊,我知道你喜欢吃肉。行,咱找个炖菜馆,又有肉又有汤,咱各取所好,皆大欢喜。

B:我看行。

(私人聊天)

表4-22 扩展类映射结构(宾语/感事类)

主语	状语	谓语动词	**宾语**
你	就	喜欢	**喝汤**
你		喜欢	**吃肉**
经事	加强肯定	心理活动"喜欢"	**感事**

在例(25)中,两句的谓语动词是表示心理活动的"喜欢"。焦点对平行项"喝汤"和"吃肉"分别在平行结构的两句中担任宾语,而且它们均是述宾短语。述宾短语指称某一事件,换言之,"喝汤"和"吃肉"指喝汤和吃肉两个事件。SVO结构中谓语动词是心理活动"喜欢",这决定了其所在SVO结构的语义结构是"经事+心理活动(喜欢)+感事",表达的语义是心理活动的主体A或B喜欢喝汤或吃肉这两个事件。焦点对平行项的语义成分是感事即喜欢的对象——某件事。焦点对平行项"喝汤"和"吃肉"是一种语义对立的关系。

4.3.1.3.4 止事类

在止事类SVO平行结构中,所含动作动词决定其所在SVO结构的语义结构是"起事+关系+止事",表达的语义是起事与止事之间的某种关系;焦点对平行项担任的句法功能是宾语,语义成分是止事。

(26)(张伟最近追一个叫薇薇的女孩。正好薇薇也是个律师。)

薇薇：我代理了豪大大房产的案子。

张伟：我是他们的法律顾问。

薇薇：我是诉讼方。

张伟：我就是被告方。咱共的也太多了吧，连案子也是同一桩。

（《爱情公寓》）

表 4-23 映射结构（宾语/止事类）

主语	状语	谓语动词	宾语
我		是	**诉讼方**
我	就	是	**被告方**
起事	加强肯定	等同关系	**止事**

（27）（美嘉未婚怀孕，悠悠建议让美嘉告诉孩子的爸爸，说这事对孩子爸爸来说绝对是惊喜。悠悠还拿自己的男友关谷做实验，故意告诉他自己怀孕了，看他的反应，用以证实自己的说法。关谷大惊失色，手里的杯子差点落在地上。）

美嘉：这是惊喜？

悠悠：这是惊吓。

（《爱情公寓》）

表 4-24 扩展类映射结构（宾语/止事类）

主语	谓语动词	宾语
这	是	**惊喜**
这	是	**惊吓**
起事	解释、说明关系	**止事**

（28）（一菲和美嘉当关谷和子乔的面在他两人当中挑情人节约会的备胎。）

关谷：我们是白菜吗？可以随便挑来挑去。

一菲：当然不是，你们是萝卜。

（《爱情公寓》）

表 4-25 扩展类映射结构（宾语/止事类）

主语	谓语动词	宾语	结语
我们	是	**白菜**	**吗**
你们	是	**萝卜**	
起事	相似、对等关系	**止事**	**结束**

例(26)-(28)的 SVO 平行结构中基础话语和目标话语的谓语动词是关系动词“是”。焦点对“诉讼方”和“被告方”、“惊喜”和“惊吓”、“白菜”和“萝卜”，在其

所在 SVO 结构中充当宾语,它们均是名词。不仅如此,焦点对“惊喜”和“惊吓”在结构形式上具有相似性,都具有相同的形式结构“惊 X”,结构形式上相似能加强其意义间的关联。SVO 结构中谓语动词是关系动词“是”,这决定了其所在 SVO 结构的语义结构是“起事+关系(是)+止事”,表达的语义是起事与止事之间的一种判断关系。焦点对平行项的语义成分都是止事。但是,具体来说,它们包含的“是”字句具体表达起事和止事之间的何种语义关系?焦点对平行项之间具体又是何种语义关联?在焦点对平行项“诉讼方”和“被告方”、“惊喜”和“惊吓”中,“被告方”“惊吓”与“诉讼方”“惊喜”是语义对立的关系。在特定语境下,起事和止事可以隐含一些语义成分,如例(26)中的基础话语“我是诉讼方”的语义,依据上下文语境,应该是“我是诉讼方的代理律师”。同理,目标话语表达的语义也应该是“我是被告方的法律顾问”。此时,起事和止事所指的对象是同一人,它们之间是等同的语义关系。例(27)的起事是代词“这”,指代关谷听说悠悠怀孕后的种种反应。在该例的两句中,止事是对起事即关谷反应的说明和解释。例(28)的焦点对平行项“白菜”和“萝卜”是相似或对等的语义关系。而且该例的两句都是隐喻表达,起事和止事之间是比喻的语义关系,起事是本体,止事是喻体。例(26)、(27)的 SVO 平行结构利用焦点对之间的对立关系表达对基础话语的反驳和否定;例(28)利用焦点对之间的意义相似表达某种认同,具有幽默、搞笑的效果。

(29)(大家在一块讨论让关谷和悠悠搬一块儿去住和一菲如何当老师的事情。)

子乔:你们今晚体验一下新同居时代。

悠悠:哎哟,你怎么又说这个了。

子乔:悠悠,没关系,你是害羞,习惯了就好了。

小贤:对!一菲就不一样了,她是害怕。好好先生镇不住场,麻辣老师又杀气太重。她现在是方寸大乱。

(《爱情公寓》)

表 4-26　扩展类映射结构(宾语/止事类)

主语	谓语动词	宾语
你	是	**害羞**
她	是	**害怕**
起事	解释、说明关系	**止事**

在例(29)中,两句的谓语动词都是关系动词“是”。焦点对平行项“害羞”和“害怕”分别在平行结构的两句中担任宾语,而且它们均是形容词短语,形容词短

语在语义上突显事件或事物的某种性质及属性。“是”字句表达起事和止事之间的某种关系。该例的两句的起事和止事隐含了一定的语义成分,根据上下文语境,它们表达止事对起事的解释和说明,即悠悠的这种反应是她害羞的表现,而一菲的反应是她害怕的表现。焦点对平行项“害羞”和“害怕”反映了二者语义对立关系,而且二者结构形式上的相似即共有结构形式“惊 X”,加强了这种语义对立关系。借此,小贤表达与基础话语在某个方面的不同和对比。

4.3.1.4　定语类

该类的平行结构的焦点对平行项充当的句法功能是定语。定语是“名词性偏正词组里的修饰语”(陆俭明 1983:24),在句法上与其中心语构成直接句法成分。定语的语义一般指向后面的中心语,对后面的中心语起着限制和修饰(简称限饰)作用。据此,定语可分为限制性定语和修饰性定语(黄伯荣、廖序东 2007:63-64;杨淑芳 2003:3;吴伟芬 2009)。限制性定语对中心语所指的事物的范围进行限制,一般回答哪一种或哪一类;修饰性定语对中心语所指事物加以描写或形容,一般回答怎么样(黄伯荣、廖序东 2007:64)。在 SVO 结构中,定语一般修饰宾语,构成“S+V+A+O”(A 是定语)格式;定语也可以修饰主语,构成“A+S+V+O”格式。据此,可以将焦点对平行项是定语的平行结构分为限饰宾语的,即宾内定语类和限饰主语的,即主内定语类(吴伟芬 2009)。

4.3.1.4.1　宾内定语类

(30)(小贤明明知道劳拉已经有 6 个男朋友和 2 个前夫,居然还愿意跟她在一起,这让朋友们很不解。)

小贤:我们可以聊天、约会、happy,但最关键的是不用负责任,这是每个男人的梦想。

美嘉:未必吧,展博,这是你的梦想吗?

展博:当然不是。

小贤:展博的梦想是去纳尼亚。

(《爱情公寓》)

表 4-27　扩展类映射结构(宾内定语类)

主语	谓语动词	宾语
这	是	(**每个男人**)的梦想
这	是	(**你**)的梦想吗
起事	等同关系	止事

例(30)的焦点对“每个男人”和“你”，在句子中充当定语，限饰宾语的中心语“梦想”。其中，焦点对平行项“你”是人称代词，“每个男人”是名词短语。焦点对平行项“每个男人”和“你”对中心语“梦想”的范围进行限制，表达谁的梦想，它属于限制性定语。例(30)的SVO平行结构中基础话语和目标话语的谓语动词都是关系动词“是”。因此，该例中两句的语义结构是“起事+等同关系(是)+止事”，是对起事和止事之间关系的判断，两句表达一种等同的语义关系。焦点对平行项和其对应的中心词一起充当的语义成分是止事。焦点对平行项“每个男人”和“你”之间看似是一种包含关系，实际上，目标话语表达了与基础话语的语义对立关系。根据上下文，小贤认为同女人聊天、约会、happy，还不用负责任，是每个男人的梦想。作为对小贤这一观点的回应，美嘉举出展博这个男人中的反例，以此说明这不是每个男人的梦想，直接反驳了小贤的观点。

4.3.1.4.2　主内定语类

(31)(张伟兴冲冲地跟大家说他要和新交的女朋友默默结婚，他说她漂亮、知性，而且最大的优点是她从来不跟他唱反调。)

悠悠：结婚是件大事，光看优点可不行。

张伟：默默最大的缺点是她总是能让我回想起初恋的感觉。

子乔：你不是说你的初恋是小丽吗？这个默默也长着一张逃婚的脸？(小丽和张伟恋爱、结婚，结果在结婚现场逃婚了。)

张伟：胡说，我的初恋是沈佳宜(沈佳宜是电影《那些年，我们一起追的女孩》中的女主角)。

美嘉：多稀罕啊，所有男人的初恋都是沈佳宜。

(《爱情公寓》)

表4-28　扩展类映射结构(主内定语类)

主语	状语	谓语动词	宾语
(我)的初恋		是	沈佳宜
(所有男人)的初恋	都	是	沈佳宜
起事	范围	等同关系	止事

例(31)的焦点对“我”和“所有男人”，在句子中充当定语，限饰主语的中心语“初恋”。在此焦点对中，“我”是人称代词，“所有男人”是名词短语。在语义上，“我”和“所有男人”在句中作定语，对中心语“初恋”的范围进行限制，表达谁的初恋，属于限制性宾语。例(31)的SVO平行结构中基础话语和目标话语的谓语动词都是关系动词“是”。因此，该例中两句的语义结构是“起事+等同关系(是)+止

事”,表达对起事和止事之间等同关系的判断。焦点对平行项和对应的中心语的语义成分是起事。焦点对平行项之间表达一种对立的关系,即不是你的初恋是沈佳宜,是所有男人的初恋都是沈佳宜,美嘉以此表达对张伟观点的反驳和否定。

4.3.1.5　状语类

该类的平行结构的焦点对平行项在其所在的 SVO 结构中充当状语。状语是“谓词性偏正词组的修饰语”(陆俭明 1983:24),对其中心语有限定和修饰作用。据此,状语可分为限制性状语和修饰性状语(黄伯荣、廖序东 2007:67-68;刘菲露 2008)。限制性状语用来表示时间、处所、方式、范围等;修饰性状语从性质和状态两个方面对中心语所指事物进行描写或形容(黄伯荣、廖序东 2007:67-68)。状语可以位于句中也可以位于句首。位于句首的状语是标记性话题(袁毓林 1996,潘国英 2010),为述题提供范围和事件背景(ibid.)。这种话题一般具有语义对比作用,是听话人注意的中心(ibid.)。也就是说,状语可依据其在句中的位置分为句中状语和句首状语,句中状语限饰句子所含行为(动作行为、心理活动、关系判断等);句首状语限饰句子所含事件。如果焦点对平行项担任的状语是句中状语,则其所在的 SVO 平行结构是句中状语类;如果焦点对平行项担任的状语是句首状语,则其所在的 SVO 平行结构是句首状语类。下文对这两类平行结构的特征进行分析。

(32) (悠悠、美嘉和一菲到海南旅游。美嘉和悠悠发现一菲带了满满一箱子的书。)

悠悠:你打算在沙滩上看书?

一菲:没有啊,我打算在房间里看书。

美嘉:那和在家里有什么区别。

(《爱情公寓》)

表 4-29　扩展类映射结构(句中状语类)

主语	状语 1	**状语 2**	谓语动词	宾语
你	打算	**在沙滩上**	看	书
我	打算	**在房间里**	看	书
施事	将来情态	**地点限制**	动作行为“看”	受事

(33) (展博和同事赵无量喜欢相互攀比。听说赵无量有女朋友了,展博很担忧,因为,这样一来,他就成公司里唯一一位没有女朋友的了。为了不被人歧视,展博决定找个人冒充自己的女朋友。一菲自告奋勇,毛遂自荐。)

一菲:…… 论气质、论长相,我绝对甩掉赵无量女朋友八条大马路。

小贤：论年龄，你绝对甩掉她八条大马路。

（《爱情公寓》）

表 4-30　扩展类映射结构(句首状语类)

句首状语	主语	状语	谓语动词	宾语	补语
论气质、论长相	我	绝对	甩掉	赵无量女朋友	八条大马路
论年龄	你	绝对	甩掉	她	八条大马路
范围	施事	一定	动作行为“甩掉”	受事	程度

例(32)、(33)的焦点对平行项“在沙滩上”和“在房间里”、“论气质、论长相”和“论年龄”都是介词短语，在句子中充当状语，限饰谓语动词。例(32)是句中状语类平行结构，其焦点对是句中状语；例(33)是句首状语类平行结构，其焦点对是句首状语。在语义上，例(32)的焦点对平行项表示地点，即谓语动词动作发生的地点。该焦点对所在 SVO 结构的谓语动词“看”是动作动词，这决定了两句的语义结构是“施事(一菲)+动作行为(看)+受事(书)”，表达的语义是一菲对书发出了“看”的动作。焦点对平行项是限制性状语，对“看”这一动作发生的地点进行限制。焦点对平行项之间是语义对立的关系。换言之，一菲打算在房间里看书而不是沙滩上。一菲借此否定和反驳了悠悠的推测。例(33)中两句的谓语动词“甩掉”是动作动词，这决定两句的语义结构是“施事+动作行为(甩掉)+她(赵无量女朋友)+八条大马路”，表达的语义是一菲对赵无量的女朋友发出“甩掉”的动作，并且这种“甩掉”的程度达到“八条大马路”。该例的焦点对平行项“论气质、论长相”和“论年龄”是介词短语作状语，是限制性状语，限制动作“甩掉“发生的范围。同时，该状语位于句首，位于句首的介词短语是以介词“论”为标记的标记性话题，为述题“我(你)绝对甩掉赵无量女朋友(她)八条大马路”提供范围和事件背景。而且作为话题的焦点对“论气质、论长相”和“论年龄”具有语义对比作用，是交际双方注意的中心，二者表达语义对立的关系，换言之，小贤认为一菲不是在气质和长相上而是在年龄上远超赵无量的女朋友，借此表达对一菲观点的否定和嘲讽。

4.3.1.6　补语类

从内涵上说，补语是“动词或形容词后面的补充说明成分”(丁声树 1979:56)。从外延上说，“句子中的补语几乎囊括了谓语动词、形容词或其他谓语中心语后面除了宾语以外的其他所有附加成分”(邵菁、金立鑫 2011:53)，即回答“V 得怎么样”的问题。补语的种类很多，包括结果补语、情态补语、程度补语、趋向补语、数量补语等，分别表达动作结果、动作状态、程度、趋向、动作次数和时量等。补语一般位于宾语之前,也有一些位于宾语之后的(黄伯荣、廖序东 2007:74)。因此,SVO结构也有两种补语的存在格式,即 S+V+C+O(C 是补语)和 S+V+O+C。

(34) (张伟迷恋一个叫薇薇的女孩。子乔假扮薇薇申请了个钓鱼账号,作弄张伟。张伟上套,发信息大搞暧昧。子乔跟小贤和美嘉讲这件事情。)

子乔:他(张伟)现在为了找共同话题,已经毫无底线了。我只能满足他一下啦。

小贤:你已经满足他一整天啦。

(《爱情公寓》)

表 4-31 扩展类映射结构(补语类)

主语	状语	谓语动词	宾语	补语	结语
我	只能	满足	他	**一下**	啦
你	已经	满足	他	**一整天**	啦
致事	限制	致使动词"满足"	使事	**数量**	结束

在例(34)焦点对平行项"一下"和"一整天"中,"一下"是动量短语,"一整天"是时量短语。它们在句子中充当补语,而且位于宾语"他"之后,形成"主语(子乔)+谓语动词(满足)+宾语(他)+数量补语"(S+V+O+C)的句法形式。在语义上,数量补语是表示动作的次数和时间。动量短语"一下"表示动作"满足"的次数,时量短语"一整天"表示动作"满足"持续的时间量。它们都在数量上对动作"满足"进行补充说明。"一下"强调数量少;"一整天"强调数量多。因此,焦点对平行项"一下"和"一整天"是语义对立关系。该平行结构中两句的谓语动词"满足"属于致使动词,这决定了两句的语义结构是"致事(子乔)+致使动词(满足)+使事+数量",表达的语义是致事子乔发出致使动作使致使动作的对象(张伟)产生一种满足的状态。小贤利用焦点对平行项之间的数量对比关系,表达对子乔的反驳和否定,即子乔不是满足张伟一下而是满足张伟一整天了。

4.3.1.7 谓语(VP 短语)类

汉语是句末焦点语言(方梅 1995;张伯江、方梅 1996:73;刘丹青、徐烈炯 1998),在 SVO 结构中的表现是这一焦点可能是宾语成分也可能是主语后的谓语成分,即谓语动词和宾语构成的 VP 短语。如果在单个成分类 SVO 平行结构中,平行对中目标话语的平行项是谓语焦点,那么,该平行结构属于谓语类 SVO 平行结构,下文将分析此类平行结构的特征。

(35) (关谷的刮胡刀坏了,美嘉给他拿了一把很大的动物剃刀要给他刮胡子。关谷吓得直往后退。)

关谷：你要干什么？

美嘉：我给你刮胡子啊。

关谷：你是给我割脖子啊。

（《爱情公寓》）

表 4-32　扩展类映射结构（谓语类）

主语	状语 1	状语 2	动词	宾语	结语
我		给你	**刮**	**胡子**	啊
你	是	给我	**割**	**脖子**	啊
施事	强调	引进动作对象	**动作**	**受事**	结束

（36）（一会儿去参加一个同事的婚礼，A 和朋友 B 去买红包装礼金。）

B：我最烦买红包。

A：你最爱收红包。

B：你说的不错，谁不爱呢。

（《爱情公寓》）

表 4-33　扩展类映射结构（谓语类）

主语	状语	动词	宾语
我	最	**烦**	**买红包**
你	最	**爱**	**收红包**
经事	强调	**心理活动**	**感事**

在例（35）、（36）中，焦点对“刮胡子”和“割脖子”、“烦买红包”和“爱收红包”都是动宾短语，在句子中充当谓语。例（35）的谓语动词即动作动词“刮”和“割”决定了其所在的 SVO 结构的语义结构是“施事+动作行为（刮/割）+受事”，表达的语义是施事发出动作“刮”或“割”施加于受事。焦点对的语义成分是动作“刮”或“割”施加于受事。例（36）的谓语动词即心理动词“烦”和“爱”决定了其所在的 SVO 结构的语义结构是“经事+心理活动（烦/爱）+感事”，表达的语义是心理活动的主体体验对某个事件的“烦”或“爱”的心理活动。焦点对“烦买红包”和“爱收红包”是动宾短语，而且该动宾短语的宾语又由动宾短语“买红包”和“收红包”充当。焦点对平行项的语义成分是体验某种心理活动。例（35）、（36）中，焦点对“刮胡子”和“割脖子”、“烦买红包”和“爱收红包”之间是一种语义对立的关系，听话人（关谷和 A）以此实现对基础话语的否定和反驳。

下文以表格的方式对单个成分类 SVO 平行结构的分布及特征进行总结。如表 4-34 所示，单个成分类的平行结构包括主语类、谓语动词类、宾语类、定语类、状语类、补语类和谓语类。它们的焦点对平行项分别充当主语、谓语动词、宾语、定语、状语、补语和谓语。主语类有 20 个,其焦点对的平行项一般是名词性短语包括人称代词、名词或名词短语,担任相应的语义成分是主事①成分包括起事、施事、经事等而且焦点对的平行项可以是会话交际双方;谓语动词类有 32 个,其焦点对的平行项一般是表示动作行为的动作动词和表示心理活动的心理动词;宾语类占绝大多数,有 96 个,占总数的 55.5%,这符合汉语是句末焦点语言的说法(方梅 1995;张伯江、方梅 1996:73;刘丹青、徐烈炯 1998),该类平行结构焦点对的平行项一般是名词性短语包括人称代词、名词、名词短语等,担任的语义成分可以是客事成分②包括受事、任事、止事、感事等;定语类 8 个,它可分为宾内定语和主内定语,其焦点对的平行项一般是名词性短语包括代词、名词、名词短语等,表达的语义是对宾语或主语中心词的修饰和限制;状语类 10 个,其焦点对的平行项一般是介词短语,表达的语义是对谓语动词的修饰和限制;补语类 1 个,其焦点对的平行项一般是数量短语,表达的语义是对谓语在数量上的补充说明;谓语类 6 个,其焦点对的平行项一般是动宾短语,表达对某一对象实施某种动作行为或是对某一对象的某种心理体验。对于焦点对平行项之间的语义关系,总的来说,是添补、相似、对立等,表达的话语功能主要是补充说明、认同支持和反驳否定等。

表 4-34　单个成分类的类型分布③及特征

SVO 平行结构类型	焦点对句法功能	焦点对组成成分	焦点对语义成分	平行结构话语间语义关系	话语功能
主语类	主语(20)	主要是名词性短语(16)	主事成分	添补 相似 对立	补充说明 认同支持 反驳否定
谓语动词类	谓语动词(32)	主要是动作动词(15)和心理动词(12)	主要是关系和动作行为		
宾语类	宾语(96)	主要是名词性短语(83)	客事成分		
定语类	定语(8)	主要是名词性短语(6)	宾语或主语中心词的修饰和限制成分		

① 主事指动词所表示的动作行为、性质、状态、关系等的主体,包括施事、经事、起事等。(张斌 2010:1002)

② 客事是主事作用于谓核后谓核所支配的客体,包括受事、感事、止事等。(张斌 2010:1009)

③ 在所有 237 个 SVO 平行结构中,单个成分类有 173 个,表中括号中的数字指各类在其中的数量。

续表

SVO 平行结构类型	焦点对句法功能	焦点对组成成分	焦点对语义成分	平行结构话语间语义关系	话语功能
状语类	状语(10)	介词短语(8)	对谓语动词的修饰和限制成分	添补	补充说明
补语类	补语(1)	数量短语(1)	对谓语在数量上的补充说明成分	相似	认同支持
谓语类	谓语(6)	动宾短语(4)	动作+受事;心理活动+感事	对立	反驳否定

4.3.2　句法关系类

上文已经论述,句法关系类 SVO 平行结构指说话人通过转换基础话语中某些成分的句法功能而形成的 SVO 平行结构。在句法关系类 SVO 平行结构中,说话人通过转换基础话语中某些成分的句法功能实现施受关系的转变。下文的几个例子是说话人将基础话语中的主语变成目标话语的宾语,将基础话语的宾语变成目标话语的主语而形成的 SVO 平行结构。

(37)(东方柏一边哼小曲一边准备开车,麦琪突然趴在他的车窗外做鬼脸。东方柏吓得大叫起来,东方柏这一叫反倒把麦琪吓得大叫。)

东方柏:你要吓死我啊。

麦琪:看你叫得,你要吓死我。

(《北上广依然相信爱情》)

表 4-35　扩展类映射结构(句法关系类)

主语	状语	动词	补语	宾语	结语
你(麦琪)	要	吓	死	**我(东方柏)**	啊
你(东方柏)	要	吓	死	**我(麦琪)**	
施事	情态	动作“吓”	程度	**受事**	结束

基础话语中的主语“你”和目标话语中的宾语“我”是同指,基础话语中的宾语“我”和目标话语中的主语“你”是同指。目标话语重复使用了基础话语的词语,并将基础话语的主语和宾语互换。换言之,目标话语转换了基础话语中你(麦琪)和我(东方柏)的句法功能,你(麦琪)由主语变宾语,我(东方柏)由宾语变主语。换言之,目标话语在原有句法形式“X 吓 Y”的基础上进行了主语-宾语的句法重组。

而且,“你”和“我”指会话交际双方。在语义方面,动作动词“吓”决定了其所在的SVO 结构的语义结构是“施事(交际的一方)+动作行为(吓)+受事(交际的另一方)”,表达的语义是交际的一方向另一方施加了“吓”的动作。目标话语中的“你(东方柏)”和基础话语中的“你(麦琪)”一样是主语,是施事;目标话语中的“我(麦琪)”和基础话语中的“我(东方柏)”一样是宾语,是受事。目标话语通过对基础话语的词语进行句法重组实现了两句意义上施事和受事的重新联结,表达了一种相对立的语义关系,即不是“我”要吓死“你”,而是“你”要吓死“我”啊,麦琪借此表达对东方柏观点的否定和反驳。

(38) (小贤跟朋友们抱怨一菲最近莫名其妙地耍了他两次。)

美嘉:你惹她了?

小贤:是她惹我的,好不好?

(《爱情公寓》)

表 4-36　扩展类映射结构(句法关系类)

	主语	动词	**宾语**	结语
	你(小贤)	惹	**她**	了
是……的	**她**	惹	**我(小贤)**	(的)①
强调	**施事**	动作“惹”	**受事**	结束

基础话语中的主语“你”和目标话语中的宾语“我”是同指,基础话语中的宾语“她”和目标话语中的主语“她”是同词同指。目标话语重复使用了基础话语的词语,并将基础话语的主语和宾语互换。在语义方面,动作动词“惹”决定了其所在的 SVO 结构的语义结构是“施事+动作行为(惹)+受事”,表达的语义是施事发出“惹”的动作强加给受事。目标话语中的“她”和基础话语中的“你(小贤)”一样是主语,是施事;目标话语中的“我(小贤)”和基础话语中的“她”一样是宾语,是受事。目标话语通过转变基础话语的成分的句法功能实现了意义上施受关系的转变,即不是“我”惹她了而是她惹“我”了,表达了一种相对立的语义关系,小贤借此表达对美嘉猜测的否定和反驳。

(39) (小贤为了迎接上司 Lisa 的到来,正在认真地打扫屋子。这时,子乔走了进来。)

小贤:你干什么了,身上的味道这么臭啊?

子乔:我钓鱼了。

① “的”本来的位置虽在句末,但不表示结束之意,而是和“是”一块儿构成“是……的”结构,表示强调。因此将它提前和“是”一块儿处理。

（小贤仔细地打量了他，他浑身是水和泥，脏兮兮的。）

小贤：看你这样子，鱼钓了你吧。

（《爱情公寓》）

表 4-37 扩展类映射结构（句法关系类）

主语	动词	宾语	结语
我（子乔）	钓	**鱼**	了
鱼	钓了	**你（子乔）**	吧
施事	动作"钓"	**受事**	结束

基础话语中的主语"我（子乔）"和目标话语中的宾语"你（子乔）"是同指，基础话语中的宾语"鱼"和目标话语中的主语"鱼"是同词同指。目标话语重复使用了基础话语的词语，并将基础话语的主语和宾语互换。换言之，目标话语转换了基础话语中"我（子乔）"和"鱼"的句法功能，实现了主语-宾语的句法重组。在语义方面，动作动词"钓"决定了其所在的 SVO 结构的语义结构是"施事+动作行为（钓）+受事"，表达的语义是施事发出"钓"的动作强加给受事。目标话语中的"鱼"和基础话语中的"我"一样是主语，是施事；目标话语中的"你"和基础话语中的"鱼"一样是宾语，是受事。目标话语"鱼钓了你吧"通过转变基础话语中"我（子乔）"和"鱼"的句法功能实现了字面意义上施受关系的转变，即"不是你钓鱼了而是鱼钓你了"，表面上表达了一种相对立的语义关系。结合上下文语境，小贤的基础话语表达了一定的隐含意义，即子乔的模样像是被钓上来的鱼一样。该 SVO 平行结构话语间建立起相似关联，即子乔和被钓上的鱼形象上的相似关联。小贤以此表达对子乔的戏弄、厌烦与嘲讽。

4.4 阐释类的分类和特征

上文讨论了扩展类 SVO 平行结构的分类及特征，下文将讨论阐释类 SVO 平行结构。阐释类指基础话语和目标话语是阐释关系的 SVO 平行结构。**依据有无焦点对阐释类分为有焦点对类和无焦点对类。**

4.4.1 有焦点对类

对于有焦点对类 SVO 平行结构，**本书依据目标话语与基础话语显性语言表达形式的异同，将其分为问答类和重复类。**问答类指基础话语是问句，目标话语是对基础话语的回答，是答句。重复类指目标话语对基础话语语言形式进行重复的 SVO 平行结构。

4.4.1.1　问答类

在 WH-问答句中,WH-问句(基础话语)提供了一个相对抽象的句法结构图式,答句(目标话语)阐释/例示该图式,产生相同的句法结构,实现形式协同。在 WH-问句中,疑问词是焦点;在 WH-答句中,疑问词的应答部分是焦点。由疑问词和其应答部分构成的平行对是焦点对,焦点对平行项之间是问答关系。答句(目标话语)中的应答部分是对问句中疑问词内容的回答和信息的填补。在此类平行结构中,焦点对平行项的语义成分依据其所在 SVO 结构中动词性质的不同而不同,若谓语动词是动作动词,则其语义成分是受事;若谓语动词是心理动词,则其语义成分是感事;若谓语动词是关系动词,则其语义成分是止事。本书依据 SVO 平行结构中焦点对平行项的语义成分**将问答类 SVO 平行结构分为受事类、感事类、止事类和与事类(歧义)**,下文分别描述这四类 SVO 平行结构的特征。

4.4.1.1.1　受事类

在受事类 SVO 平行结构中,所含动作动词决定其所在 SVO 结构的语义结构是“施事+动作行为+受事”,表达的语义是施事发出某个动作施加于受事;焦点对平行项担任的句法功能是宾语,语义成分是受事,焦点对平行项之间是问答关系。

(40)(小贤刚在电台里讲完一个男生和他的隔壁邻居相爱并结婚的浪漫爱情故事,就接到一位热心听众的来电。)

听众:我刚才听了你讲的故事,我就想知道我隔壁住的是不是我的另一半。

小贤:很好啊,勇敢地迈出第一步,你就会有意想不到的收获。

听众:所以啊,我刚才在那面墙上打了一个洞,你猜<u>我看到了谁</u>?

小贤:<u>你看到了你的另一半</u>?

听众:我看到了物业和保安。

(《爱情公寓》)

表 4-38　阐释类映射结构(受事类)

主语	谓语动词	**宾语**
我	看到了	**谁**
你	看到了	**你的另一半**
施事	动作行为“看到”	**受事**

例(40)平行结构的两句的谓语动词是动作行为“看到”,其句法结构是“主语+看到+宾语”,其语义结构是“施事+看到+受事”,表达的语义是施事向受事施加了

"看到"的动作。该平行结构的焦点对"谁"和"你的另一半"句法上是宾语,语义上是受事。平行项"你的另一半"是对"谁"内容的回答,即小贤给出的搞笑的猜测性回答,具有一定的隐含意义。

(41) (一菲最近学成了书呆子。悠悠、美嘉和一菲到达海南,美嘉问一菲借泳衣,一菲说没带。)

美嘉:你带了这么一个大箱子,没带泳衣,那你带了什么啊?

一菲:我带了书啊。

(《爱情公寓》)

表 4-39　阐释类映射结构(受事类)

主语	动词	**宾语**	结语
你	带了	**什么**	啊
我	带了	**书**	啊
施事	动作行为"带"	**受事**	结束

例(41)平行结构的两句的谓语动词是动作行为"带",其句法结构是"主语+带+宾语",其语义结构是"施事(我)+动作动词(带)+受事",表达的语义是施事"我"带了某物。该平行结构的焦点对"什么"和"书"在句法上是宾语,语义上是受事,平行项"书"是对"什么"的回答。

4.4.1.1.2　感事类

在感事类 SVO 平行结构中,所含动作动词决定其所在 SVO 结构的语义结构是"经事+心理活动+感事",表达的语义是心理活动的主体感受某种心理活动;焦点对平行项担任的句法功能是宾语,语义成分是感事,焦点对平行项之间是问答关系。

(42) (两个朋友聊天。)

A:你弟有女朋友了吗?

B:有,还不止一个。

A:什么意思?

B:现在有俩女孩都喜欢他。

A:他喜欢谁?

B:他喜欢他自己!

A:何意?

B:我问他到底喜欢谁,赶紧定下来,免得耽误人家。他说,一个温柔恬静,一个活泼可爱,两个他都喜欢。还说目前感觉挺好的,不用急着定下来。

A:真贪!

(私人聊天)

表 4-40　阐释类映射结构(感事类)

主语	谓语动词	**宾语**
他	喜欢	**谁**
他	喜欢	**他自已**
经事	心理活动“喜欢”	**感事**

例(42)平行结构的两句的谓语动词是心理活动“喜欢”,其句法结构是“主语+喜欢+宾语”,其语义结构是“经事(他)+心理活动(喜欢)+感事”,表达的语义是经事“他”体验一种喜欢某人的心理活动。该平行结构的焦点对“谁”和“他自已”句法上是宾语,语义上是受事,平行项“他自已”是对“谁”内容的回应。

4.4.1.1.3　止事类

在止事类 SVO 平行结构中,所含动作动词决定其所在 SVO 结构的语义结构是“起事+关系+止事”,表达的语义是起事与止事之间的某种关系;焦点对平行项担任的句法功能是宾语,语义成分是止事,焦点对平行项之间是问答关系。

(43) (一菲在酒吧遇到小波,俩人高兴得大叫起来。)

子乔:这个小波是谁啊?

展博:她是我姐的同学。

(《爱情公寓》)

表 4-41　阐释类映射结构(止事类)

主语	动词	**宾语**	结语
这个小波	是	**谁**	啊
她	是	**我姐的同学**	
起事	关系	**止事**	结束

(44) (宛瑜和展博初次见面。宛瑜离家出走,他爸爸手下很多人出来找她。他们身着黑衣,看着不像好人。她刚上汽车,那些人又来找她了。她急得躲在展博的位置下面。那些人没发现她就下车了。)

展博:刚才那些坏人是谁?

宛瑜:他们是很坏很坏的人。

(《爱情公寓》)

表 4-42　阐释类映射结构(止事类)

状语	主语	动词	**宾语**
刚才	那些坏人	是	**谁**
	他们	是	**很坏很坏的人**
时间	起事	关系	**止事**

例(43)、(44)SVO 平行结构中两句的谓语动词都是关系动词“是”,因此他们的句法结构是“主语+是+宾语”,语义结构是“起事+是+止事”,表达了起事和止事之间的某种关系。这些平行结构中的焦点对在相应的句子中充当宾语,担任止事。例(43)是典型的问答型平行结构,焦点对中平行项“我姐的同学”直接为平行项“谁”提供了所需的具体信息。在例(44)中焦点对中应答部分“很坏很坏的人”看似回答了疑问词“谁”,却没有提供任何实质性的新信息。因为在基础话语中“那些坏人是谁”已经提到了这些人“坏”的特征,“坏”的特征已经是旧信息。宛瑜的“很坏很坏的人”只是对“坏”这一特征的重复,并没有真正回答展博的问题,宛瑜通过这种回答表达了一定的会话含意。

4.4.1.1.4　与事类(歧义)

在与事类 SVO 平行结构中,焦点对平行项担任的句法功能是宾语,语义成分是与事,焦点对平行项之间是问答关系。SVO 结构的语义结构可以是“受事+动作行为+与事”,也可以是“施事+动作行为+与事”,这两种不同的语义结构带来了理解的歧义现象,如下。

(45)(小龙人欺骗美嘉感情,子乔去找小龙人为美嘉出气。)

子乔:美嘉真是年轻无极限,碰到你这么个混蛋。

小龙人:混蛋骂谁?

子乔:混蛋骂你!(突然意识到也骂到自己了)没事,我也是混蛋,但你得搞清楚,现在是一个英俊的混蛋在骂一个猥琐的混蛋。

(《爱情公寓》)

表 4-43　阐释类映射结构(与事类)

主语	动词	**宾语**
混蛋	骂	**谁**
混蛋	骂	**你**
受事	动作“骂”	**与事**
施事	动作“骂”	**与事**

（46）（子乔和美嘉为了房租的事吵了起来。）

子乔：泼妇你想敲诈，是不是？

美嘉：泼妇骂谁？

子乔：泼妇骂你！

美嘉：知道自己是泼妇就好。

（《爱情公寓》）

表 4-44　阐释类映射结构（与事类）

主语	动词	**宾语**
泼妇	骂	**谁**
泼妇	骂	**你**
受事	动作“骂”	**与事**
施事	动作“骂”	**与事**

在例（45）、（46）中，谓语动词“骂”是表称类或称呼类双宾动词（马庆株 1992：111；陈昌来 2000：205；张斌 2010：627）。一般来说，“骂”带双宾的句法结构是“主语+骂+宾语$_1$+宾语$_2$”，宾语$_1$ 是对象宾语，宾语$_2$ 是表称宾语。语义结构是“施事+骂+与事+受事”。施事是发出“骂”这一动作的人，与事指表称的对象，受事指对对象的表称。该结构表达的语义是施事在言谈中对与事进行表称。在例（45）、（46）的平行结构中的句子涉及的句法结构都是“主语+骂+宾语”。但是语义结构却有两种，即“受事+动作‘骂’+与事”和“施事+动作‘骂’+与事”。如果理解成“受事+动作‘骂’+与事”，“混蛋（泼妇）骂你”语义上就等同于“骂你混蛋（泼妇）”。如果理解成“施事+动作‘骂’+与事”，在“混蛋（泼妇）骂你”中，“混蛋（泼妇）骂你”的表称省略了。在两个平行结构中，焦点对的平行项“谁”和“你”句法上是宾语，语义上是与事，“你”是对“谁”的直接回答，因此句子的歧义基本与它们无关。句子意义上的歧义来自于主语“混蛋”和“泼妇”的语义成分的变化，既可以看作受事（对对象的表征）也可以看作施事（动作的发出者）。

4.4.1.2　重复类

重复类 SVO 平行结构中，在显性语言表达形式上，目标话语是对基础话语的重复。听话人依据表达的需要重读基础话语中的某个成分，表达话语焦点，产出目标话语。

（47）（儿子在学校学会了烘焙。）

儿子：妈妈，我会烤饼干了！

妈妈：哦，你会烤饼干了！太棒了！

（私人聊天）

表 4-45 阐释类映射结构(重复类)

主语	状语	谓语动词	宾语	结语
我	会	烤	饼干	了
你	会	烤	饼干	了
施事	情态	动作行为“烤”	受事	结束

在例(47)的平行结构中,在显性语言表达形式上,目标话语是对基础话语的重复。妈妈重读基础话语中的“你”,产出目标话语。在目标话语中“你”是表述焦点。在两话语中,谓语动词是表示动作行为的动作动词“烤”,这决定了其所在的SVO结构的语义结构是“施事(儿子)+动作行为(烤)+受事(饼干)”,表达的语义是施事(儿子)发出“烤”的动作施加于受事(饼干),换言之,儿子学会了烤饼干。基础话语儿子以一种激动骄傲的心情向妈妈报告,目标话语中妈妈重读“你”,表达对儿子的认可和赞赏。

4.4.2 无焦点对类

在无焦点对类SVO平行结构中,目标话语的焦点在基础话语中没有显性的平行项,因此无法形成焦点对;目标话语由听话人在基础话语的基础上添加其他句法成分而产生。下文依据添加句法成分的类别将无焦点对类分为定语类、状语类和补语类。添加的成分在句法上充当一定的句法功能,如定语、状语和补语;在语义上添加的要素是表述的焦点,是对基础话语表征事件的看法和态度,如质疑、惊讶、强调、推断、想象、假设等,或是表示事体特征的次要元素,如时间、地点、方式、结果、时量、情状等。

4.4.2.1 定语类

(48) (两位女同事聊天。)

同事A:昨天我跟我老公说:“明天我改卷,你带娃啊。”你猜他怎么说。

同事B:怎么说?

同事A:他让我请假在家带娃。我没办法,晚上跟我妈打电话。我妈说:“行,你放心改卷去吧,我来带娃。”你看,我妈多好啊。

同事B:嗯,妈妈是好妈妈。

同事A:自己的妈妈是好妈妈。

同事B:是,是,要是他妈就不行了,哈哈……

同事A:哈哈……

(私人聊天)

表 4-46　阐释类映射结构(定语类)

主语	谓语动词	宾语
妈妈	是	好妈妈
(自己的)妈妈	是	好妈妈
起事	归类关系	止事

在例(48)的 SVO 平行结构中,目标话语在基础话语的基础上添加了人称代词“自己”,在句子中充当主内定语。在语义上,关系动词“是”决定了两句的语义结构是“起事+归类关系+止事(好妈妈)”,表达的语义是起事(某某的妈妈)与好妈妈之间的归类关系。目标话语中添加的人称代词“自己”对“妈妈是好妈妈”中的主语“妈妈”的领属进行限定,短语“自己的妈妈”的语义成分是起事。

4.4.2.2　状语类

(49) (美嘉被甩,一个人哭泣,被子乔看到。)

子乔:你又被甩了? 同一个人,同一个原因,同一个地点?

美嘉:你管我。

子乔:我就管你。你也太幼稚了吧?

(《爱情公寓》)

表 4-47　阐释类映射结构(状语类)

主语	**状语**	谓语动词	宾语
你		管	我
我	**就**	管	你
施事	**加强肯定**	动作行为“管”	受事

在例(49)的 SVO 平行结构中,目标话语仅仅在基础话语的基础上添加了副词“就”。在语义上,动作动词“管”决定了两句的语义结构是“施事(子乔)+动作行为(管)+受事(美嘉)”,表达的语义是施事子乔向受事美嘉施加了“管”的动作,即子乔管束、教育美嘉。目标话语添加的副词“就”在句中充当状语,对“我(子乔)管你(美嘉)”这件事加强肯定。

(50) (两个朋友聊天。)

A:这一段儿开封天气都不太好,不知道南京咋样,我得查查。

B:你要去南京?

A:嗯,你不知道啊。我这周末要去南京,那儿有个会。

(私人聊天)

表 4-48 阐释类映射结构(状语类)

主语	**状语 1**	状语 2	谓语动词	宾语
你		要	去	南京
我	**这周末**	要	去	南京
施事	**时间**	将要	动作行为“去”	位事

在例(50)的 SVO 平行结构中,目标话语在基础话语的基础上添加了名词短语“这周末”,在句子中句法功能是状语。在语义上,动作动词即趋向动词“去”决定了平行结构中两句的语义结构是“施事(我)+动作行为(去)+位事(南京)”,这里位事是事物位移运动的终点,表达的语义是施事“我”将要去南京。目标话语中添加的“这周末”表示去南京的具体时间。

(51)(子君的妈妈——薛甄珠去找唐晶,让她成全贺涵和子君。她回来跟子君说这事儿。)

子君妈妈:我去找唐晶了。

子君:你找她干什么?

子君妈妈:我去求她。

子君:<u>你求她</u>?

子君妈妈:<u>我为你求她</u>,我求她成全你们……

(《我的前半生》)

表 4-49 阐释类映射结构(状语类)

主语	**状语**	谓语动词	宾语
你		求	她
我	**为你**	求	她
施事	**表目的**	动作行为“求”	受事

在例(51)的 SVO 平行结构中,目标话语在基础话语的基础上添加了介词短语“为你”,在句子中充当状语。在语义上,动词“求”决定了两句的语义结构是“施事(子君妈妈)+动作行为(求)+受事(唐晶)”,表达的语义是施事(子君妈妈)对唐晶发出“求”的动作行为。目标话语中添加的介词短语“为你”表达了发出“求”这一动作行为的目的。

(52)(家里买了一只烧鸡。餐桌上妈妈给大家分鸡吃。)

妈妈:儿子吃鸡腿;我吃鸡翅;老公,<u>你吃鸡头</u>。

爸爸:<u>我为什么吃鸡头</u>?

妈妈:头,是领导的意思啊,你是咱家的领导,当然吃鸡头了。

爸爸:这时候承认我是领导了。

(私人聊天)

表 4-50　阐释类映射结构(状语类)

主语	**状语**	谓语动词	宾语
你		吃	鸡头
我	**为什么**	吃	鸡头
施事	**原因发问**	动作行为“吃”	受事

在例(52)的 SVO 平行结构中,目标话语在基础话语的基础上添加了特殊疑问词“为什么”,在句子中充当状语。在语义上,动作动词“吃”决定了两句的语义结构是“施事(爸爸)+动作行为(吃)+受事(鸡头)”,表达的语义是施事(爸爸)发出“吃”的动作施加于受事(鸡头)。目标话语中添加的特殊疑问词“为什么”是对爸爸吃鸡头这一事件的原因进行发问。

4.4.2.3　补语类

(53)(A 跟同事 B 抱怨自己 12 岁的儿子。)

A:我跟你说啊,这孩子啊,到了青春期得烦死你!这不,又跟我赌气了,在同学家待着不回来。

B:你打他了吧?

A:我打了他一下。

B:一下也不能打!青春期逆反很正常,父母越打越逆反。

(私人聊天)

表 4-51　阐释类映射结构(补语类)

主语	谓语动词	宾语	**补语**	结语
你	打	他		了吧
我	打了	他	**一下**	
施事	动作行为“打”	受事	**动量**	结束+疑问

在例(53)的 SVO 平行结构中,目标话语在基础话语的基础上添加了动量短语“一下”,在句子中充当补语。在语义上,动作动词“打”决定了两句的语义结构是“施事(A)+动作行为(打)+受事(他)”,表达的语义是施事(A)发出“打”的动作施加于受事(他)。目标话语中添加的动量短语“一下”表示动作“打”的次数,目标话语以此表达对基础话语意义上的补充。

本章对收集的 SVO 平行结构的语料进行分类,并对其特征进行描述。首先,依据 SVO 平行结构中基础话语和目标话语的范畴化关系将 SVO 平行结构分为扩展类和阐释类;接着,依据平行结构具体实现方式的不同将扩展类分为单个成分类和句法关系类,其中,单个成分类依据焦点对平行项在句子中充当的句法功能的不同可分七大类:主语类、谓语动词类、宾语类、定语类、状语类、补语类和谓语(VP 短语)类;阐释类依据平行结构有无焦点对将其分为有焦点对类和无焦点对类,对于有焦点对类,本书依据目标话语与基础话语显性语言表达形式的异同,将其分为问答类和重复类。

上述每一类 SVO 平行结构在形式、语义和语用特征上均存在区别性特征。在形式上,扩展类中单个成分类在句法上拥有某一句法成分的焦点对,如主语、谓语动词、宾语、定语、状语、补语和谓语(VP 短语);句法关系类的目标话语是对基础话语的句法重组。阐释类中,有焦点对类的基础话语和目标话语是问答关系或重复关系,问答类中焦点对是疑问词和应答部分,重复类中,在显性语言表达形式上,目标话语是对基础话语的重复;无焦点对类的基础话语和目标话语没有焦点对,目标话语在基础话语的基础上添加定状补成分。在语义上,扩展类的单个成分类利用焦点对的语义关联表达话语间添补、相似、对立的语义关系,扩展类的句法关系类主要是表达话语间相对立的语义关系,阐释类的目标话语是对基础话语一定程度上的添补。语用上,单个成分类实现的话语功能是补充、说明、认同、支持、反驳、否定等,句法关系类实现反驳否定的话语功能,阐释类实现回答、补充、疑问、强调等话语功能。

本章对 SVO 平行结构进行了分类,第 5 章和第 6 章将依据这一分类分别论述不同类别的 SVO 平行结构的协同过程。

第 5 章　扩展类 SVO 平行结构的协同分析

第 4 章依据 SVO 平行结构的基础话语和目标话语之间的范畴化关系将 SVO 平行结构分为扩展类和阐释类。两类的形式、语义、语用特征不同,其协同过程也不尽相同。据此,本书将用两章分别论述两类平行结构的协同过程。本章采用第 3 章建构的协同分析模型详述扩展类 SVO 平行结构的协同过程,扩展类 SVO 平行结构包括单个成分类和句法关系类,下文将具体论述这两类 SVO 平行结构的协同过程。

5.1　单个成分类协同分析

第 3 章已经论述扩展类的形式协同机制是实例-图式-实例,这也是其子结构单个成分类和句法关系类的形式协同机制。本节先论述单个成分类 SVO 平行结构的协同过程。本章承接第 4 章对该类的分类方式,依据焦点对平行项充当的句法功能将其分为主语类、谓语动词类、宾语类、定语类、状语类、补语类和谓语类。尽管它们同属于单个成分类,但它们的协同过程并不完全一样。在形式协同上,它们的区别体现在基础话语激活的句法图式的抽象句法成分不同,如在主语类中基础话语激活的句法图式的抽象句法成分是主语,宾语类则是宾语,谓语类是谓语,等等;在意义协同上,虽然单个成分类都是对同一事件中某一概念结构不同识解的联合调试,但是每一类实现联合调试的概念结构则不相同,如主语类是在对施事、经事、起事等主事成分进行不同识解的基础上达成的联合调试,宾语类则是对受事、感事、止事等客事成分的不同识解的联合调试,等等。

5.1.1　主语类

主语类是焦点对平行项做主语的单个成分类 SVO 平行结构,本章依据 SVO 平行结构中主语的语义成分将主语类 SVO 平行结构分为施事类、经事类和起事类。这三类在形式协同时基础话语激活的句法图式的抽象句法成分都是主语,在意义协同时,虽然都是对事件图式的主事成分的不同识解的联合调试,但是每一类实现联合调试的具体概念结构并不相同：施事类实现联合调试的概念结构是施事，经事类是经事，起事类是起事。下文分别例释这三类的协同过程。

5.1.1.1　施事类

(1)（唐仁没有杀人，却被警察当作杀人凶手追缉；他自己被弄得一头雾水。）

秦风：警察为什么抓你啊？

唐仁：他们说我杀人了。

秦风：你杀了谁啊？

唐仁：我杀了谁啊？

秦风：<u>你说你杀了谁啊</u>。

唐仁：<u>你说我杀了谁啊</u>。

秦风：我怎么知道你杀了谁啊。

唐仁：我怎么知道我杀了谁啊。

（《唐人街探案》）

在一个由基础话语和目标话语合成的语言使用事件模型中，处在言语情境(G)中的交际双方（秦风 S 和唐仁 H）共同参与对同一事件的概念化(c_1)。在例(1)中，秦风产出基础话语“你说你杀了谁啊”，该话语激活了唐仁大脑中存储的关于该话语的 SVO 句法图式，亦即“X 说你（我）杀了谁”，其中，抽象句法成分 X 是主语。唐仁以此为结构模板，使用替代的方式，用“你（秦风）”替换掉基础话语中的“你（唐仁）”，例示句法图式“X 说你（我）杀了谁”的抽象主语 X，建构该图式的不同实例，即目标话语“你说我杀了谁啊”，基础话语和目标话语是扩展的关系。这样，该目标话语与基础话语实现形式上的协同，如图 5-1。

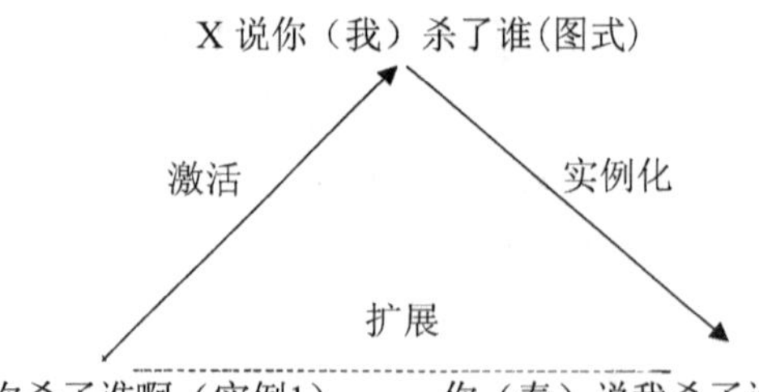

图 5-1　扩展类形式协同（主语/施事类）

目标话语“你（秦风）说我杀了谁啊”与基础话语“你（唐仁）说你杀了谁啊”形成关于句法结构“X 说你（我）杀了谁”的平行结构，话语的平行排列产生了从目标话语到基础话语的映射。话语间的这种映射关系激活了 SVO 句法框架，亦即“X

说你(我)杀了谁”的框架共振(frame resonance)和焦点对“你(唐仁)”和“你(秦风)”的焦点共振。表 5-1 的映射结构反映了这种平行、映射和共振成分之间的对应关系。

表 5-1　扩展类映射结构(主语/施事类)

主语	谓语动词	宾语	结语
你	说	你杀了谁	啊
你	说	我杀了谁	啊
施事	动作行为“说”	受事	结束

如表 5-1 所示,焦点对平行项“你(唐仁)”和“你(秦风)”的句法功能是主语,语义成分是施事,即说话者。依据对话句法理论,句法结构“X 说你(我)杀了谁”的句法共振促使焦点对平行项“你(唐仁)”和“你(秦风)”产生意义关联。具体认知机制如下:如图 5-2,在交际过程中,基础话语“你(唐仁)说你杀了谁”激活了句法结构“X 说你(我)杀了谁”的同时也激活了相应的某人说某事的语义图式,即事件图式 S′。动作动词“说”决定了这个半抽象事件图式的基本要素是抽象的施事(说话者“X”)、受事(“说”的对象)和动作行为“说”。基础话语“你(唐仁)说你杀了谁”(对应视窗表示为 i-1)和目标话语“你说我杀了谁啊”(对应视窗表示为 i)通过例示事件图式,即“X 说你(我)杀了谁”的抽象施事“X”,对其进行具体化,可以看作该半抽象事件图式的两个具体实例(实例 1 和实例 2)。在实例 1 中,“你(唐仁)”是射体(tr),“唐仁杀了谁这件事”是界标(lm),“说”是动作行为。在实例 2 中,“你(秦风)”是射体(tr),“唐仁杀了谁这件事”是界标(lm),“说”是动作行为。其中,焦点对“你(唐仁)”和“你(秦风)”是射体(tr)也是施事,即说话者(图 5-2 中以加粗体表示)。

警察因唐仁杀人而追捕他,与他同行的秦风问他杀了谁。唐仁没有杀人,自己也不知道怎么回事,就反问道“我杀了谁啊”。秦风认为既然唐仁杀了人,那他就知道自己杀了谁。说话人秦风产出“你说你杀了谁啊”,让唐仁自己说他到底杀了谁。将本来处在台下言语情境中隐含的听话人唐仁直接置于台上,成为客观场景的一部分变为概念化对象(图中表示为粗虚线)。听话人唐仁理解了秦风的话语意义,以秦风的基础话语提供的事件实例的概念结构[说话者“你(唐仁)”]为切入点 A,在事件图式 S′内论述目标话语表达的焦点 F“你(秦风)”,产出目标话语“你(秦风)说我杀了谁啊”。在焦点对“你(唐仁)”和“你(秦风)”中,秦风将说话者识解成“你(唐仁)”,唐仁将说话者识解成“你(秦风)”,两种识解形成比较关系。秦风将本来处在台下言语情境中隐含的听话人唐仁直接置于台上,成为客观场景的一部分,变为概念化对象(图中表示为粗虚线)。唐仁又将秦风直接置于台上,成为客观场景的一部分,变为概念化对象(图中表示为粗虚线)。因为唐仁知道自己没有杀过人,警察却因为他杀人而追捕他,他自己都不知道到底是怎么回事。唐仁的意思是他不知道自己杀了谁,让秦风告诉他,他到底杀了谁,从而表达了一种语义的对立关系,以此表达他对秦风话语的否定。交际双方被对方从台下的言语情境置于台上,成为客观场景中的一部分,变成概念化的对象,即某人说某事这一事件图式的说话者。因此,交际双方在互动(I)中就概念结构,即说话者,达成联合调试,实现平行结构话语间的意义关联,达成意义协同(c_2)。

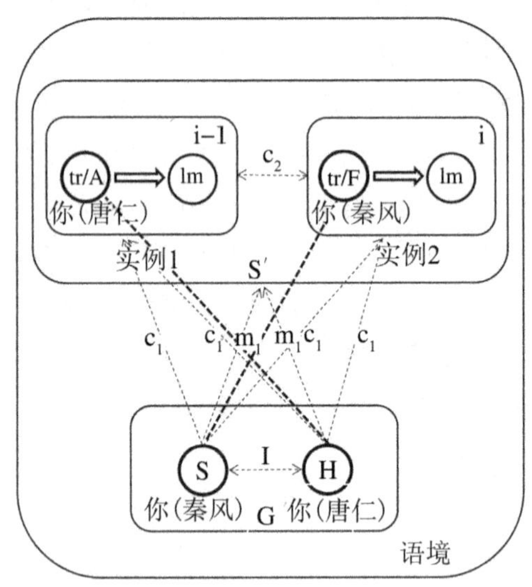

图 5-2　扩展类意义协同(主语/施事类)

5.1.1.2　经事类

(2)(美嘉说子乔不会钓鱼。子乔跟美嘉打赌,去淀山湖钓了两条鱼。他钓鱼回来浑身脏兮兮的,还散发着鱼腥味。他过来把钓的鱼放小贤的冰箱里。小贤正在打扫屋子,等着上司来跟他谈工作。)

子乔:我钓了一晚上鱼了,美嘉也该服我了。

小贤:你怎么臭到这种程度啊,全世界都该服你了。走开!

(《爱情公寓》)

在一个由基础话语和目标话语合成的语言使用事件模型中,处在言语情境(G)中的交际双方(子乔 S 和小贤 H)共同参与对同一事件的概念化(c_1)。在例(2)中,子乔产出基础话语“美嘉也该服我了”,该话语激活了听话人小贤大脑中存储的关于该话语的 SVO 句法图式,即“X 该服我了”,其中,抽象句法成分 X 是主语。小贤以此为结构模板,使用替代的方式,用“全世界”替换掉基础话语中的“美嘉”,例示句法图式“X 也该服我(你)了”的抽象主语 X,建构该图式的不同实例,即目标话语“全世界都该服你了”,基础话语和目标话语是扩展的关系。这样,该目标话语与基础话语实现形式上的协同,如图 5-3。

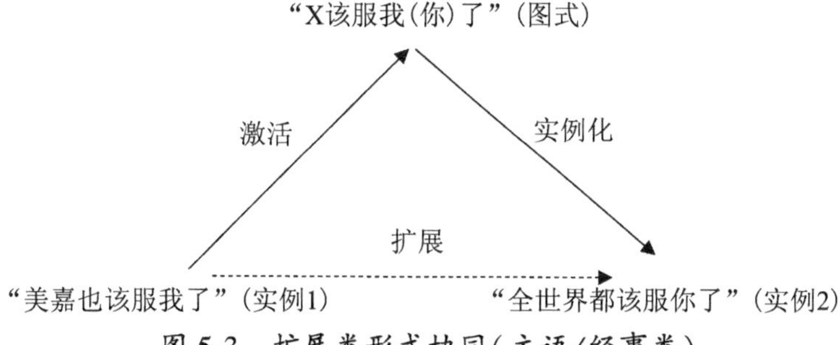

图 5-3　扩展类形式协同(主语/经事类)

目标话语“全世界都该服你了”与基础话语“美嘉也该服我了”形成关于句法结构“X 也该服我了”的平行结构。话语的平行排列产生了从目标话语到基础话语的映射。该映射关系激活了 SVO 句法框架,亦即“X 也该服我了”的框架共振和焦点对“美嘉”和“全世界”的焦点共振。表 5-2 的映射结构反映了这种平行、映射和共振成分之间的对应关系。

表 5-2　扩展类映射结构(主语/经事类)

主语	状语	谓语动词	宾语	结语
美嘉	也该	服	我	了
全世界	都该	服	你	了
经事	限制	心理活动“服”	感事	结束

如表 5-2 所示,焦点对平行项“美嘉”和“全世界”的句法功能是主语,语义成分是经事,即佩服者。依据对话句法理论,句法结构“X 也该服我了”的句法共振促使焦点对平行项“美嘉”和“全世界”产生意义关联。具体认知机制如下:如图 5-4,在交际过程中,基础话语“美嘉也该服我了”激活了句法结构“X 该服我了”的同时也激活(m_1)了相应的某人佩服子乔的事件图式 S′。心理动词“服”决定了该事件图式的基本要素是抽象的经事(体验佩服这种心理活动的佩服者“X”)、感事(佩服的对象“子乔”)以及佩服者体验佩服子乔的心理活动。基础话语“美嘉也该服我了”(对应视窗表示为 i-1)和目标话语“全世界都该服你了”(对应视窗表示为 i)通过例示事件图式“X 该服了我(你)”的抽象经事“X”,对其进行具体化,可以看作该半抽象事件图式的两个具体实例(实例 1 和实例 2)。在实例 1 中,“美嘉”是射体(tr),“子乔”是界标(lm),“佩服”是心理活动。在实例 2 中,“全世界”是射体

(tr),“子乔”是界标(lm),“佩服”是心理活动。其中,焦点对“美嘉”和“全世界”是射体(tr)也是经事,即佩服者,“全世界”是信息聚焦(图 5-4 中以加粗体表示)。

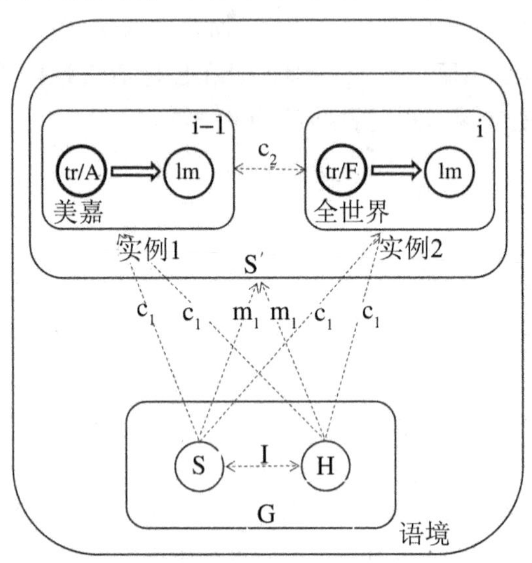

图 5-4 扩展类意义协同(主语/经事类)

美嘉说子乔不会钓鱼,子乔跟美嘉打赌,去淀山湖钓了一夜,钓上两条鱼。子乔认为对于钓鱼这件事美嘉应该会佩服他了,故产出基础话语“美嘉也该服我了”。小贤理解了子乔的话语意义,以子乔的基础话语提供的事件实例的概念结构(佩服者“美嘉”)为切入点 A,在事件图式 S′内论述目标话语表述的焦点 F“全世界”,产出目标话语“全世界都该服你了”。子乔将佩服者识解成“美嘉”,小贤将之识解成“全世界”,“全世界”指全世界的人,两种识解产生一种比较关系。依据常规推理,不可能全世界的人都佩服子乔,小贤的这种说法是一种夸张的表达方式。焦点对平行项“美嘉”和“全世界”之间基于形式的语义和语用的平行映射关系为两种识解的比较提供认知背景,“美嘉”是一个人,数量少;“全世界”是无数的人,数量多。佩服者在数量上一少一多,二者构成意义上的对立关系。结合语境上下文信息中小贤的话语“你怎么臭到这种程度啊”,小贤的意思是子乔臭的程度很重,不是美嘉该佩服他而是全世界的人都该佩服他。依据情景语境中的百科知识,我们佩服某人的原因一般都是美好积极的,而这里“臭”是很恶心的东西,我们不会因为某人很臭而佩服他,因此,小贤的“全世界都该服你了”不仅是夸张而且是反语。语用上,小贤以该话语作为对子乔话语“美嘉也该服我了”的回应,表达了对他的否定、讽刺和嘲弄。交际双方在互动(I)中就某人佩服子乔这一事件图式中的概念结构,即佩服者,进行不同的识解,达成一种联合调试,实现两句在意义上的关联与协同(c_2)。

5.1.1.3　起事类

(3) (羽墨把车借给张伟,结果两天开了三张罚单。)

羽墨:我好心把车借给他开。这家伙倒好,两天帮我开了三张罚单;而且三张罚单都是在同一个路口,同一个警察开的,连违章的原因都一样——超出停车线。

子乔:你的刹车有问题?

羽墨:他的眼睛有问题。

(《爱情公寓》)

在一个由基础话语和目标话语合成的语言使用事件模型中,处在言语情境(G)中的交际双方(子乔 S 和羽墨 H)共同参与对同一事件的概念化(c_1)。在例(3)中,子乔产出基础话语"你的刹车有问题",该话语激活了羽墨大脑中存储的关于该话语的 SVO 句法图式,即"X 有问题",其中,抽象句法成分 X 是主语。羽墨以此为结构模板,使用替代的方式,用"他的眼睛"替换掉基础话语中的"你的刹车",例示句法图式"X 有问题"的抽象主语 X,建构该图式的不同实例,即目标话语"他的眼睛有问题",基础话语和目标话语是扩展的关系。这样,该目标话语与基础话语实现形式上的协同,如图 5-5。

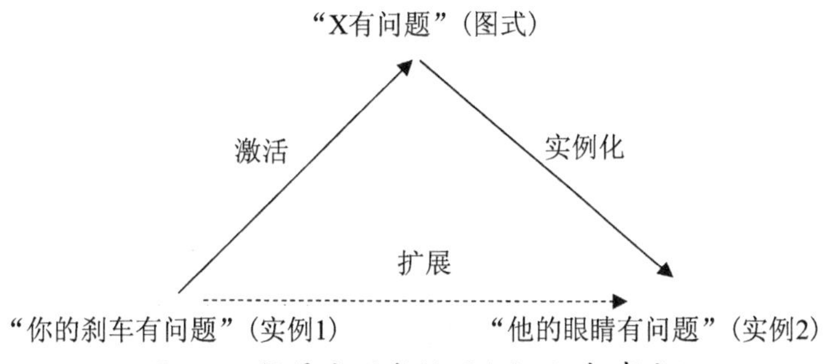

图 5-5　扩展类形式协同(主语/起事类)

目标话语"他的眼睛有问题"与基础话语"你的刹车有问题"形成关于句法结构"X 有问题"的平行结构。话语的平行排列产生了从目标话语到基础话语的映射,该映射关系激活了 SVO 句法框架,亦即"X 有问题"的框架共振和焦点对"你的刹车"和"他的眼睛"的焦点共振。表 5-3 的映射结构反映了这种平行、映射和共振成分之间的对应关系。

表 5-3　扩展类映射结构(主语/起事类)

主语	谓语动词	宾语
你的刹车	有	问题
他的眼睛	有	问题
起事	领属关系	止事

如表 5-3 所示,焦点对平行项“你的刹车”和“他的眼睛”的句法功能是主语,语义成分是起事,即问题的领有者。依据对话句法理论,句法结构“X 有问题”的句法共振促使焦点对平行项“你的刹车”和“他的眼睛”产生意义关联。具体认知机制如下:如图 5-6,在交际过程中,基础话语“你的刹车有问题”激活了句法结构“X 有问题”同时也激活(m_1)了相应的某人或某物领有某种问题(毛病)的事件图式 S′。关系动词“有”决定了该图式的基本要素是抽象的起事(问题的领有者“X”)、止事(领有的对象“问题”)以及 X 和问题之间的领有关系。基础话语“你的刹车有问题”(对应视窗表示为 i-1)和目标话语“他的眼睛有问题”(对应视窗表示为 i)通过例示事件图式“X 有问题”的抽象起事“X”,对其进行具体化,可以看作半抽象事件图式的两个具体实例(实例 1 和实例 2)。在实例 1 中,“羽墨的刹车”是射体(tr),“问题”是界标(lm),“是”是领有关系。在实例 2 中,“张伟的眼睛”是射体(tr),“问题”是界标(lm),“是”是领有关系。其中,焦点对“你的刹车”和“他的眼睛”是射体(tr)也是起事,即问题的领有者(图 5-6 中以加粗体表示)。

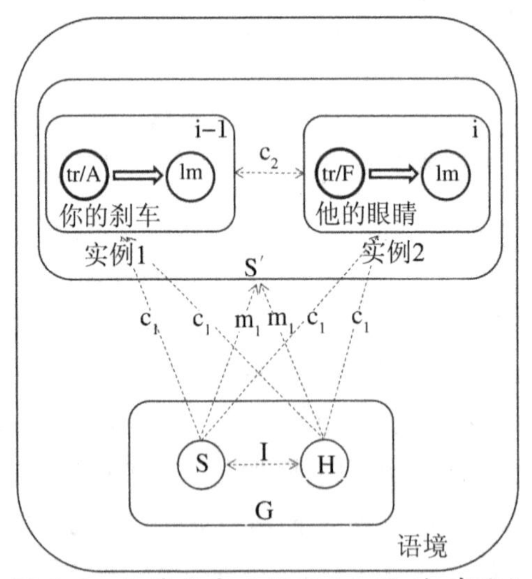

图 5-6　扩展类意义协同(主语/起事类)

子乔听完羽墨的抱怨后对张伟开车犯规被罚款一事的原因进行猜测,产出基础话语“你的刹车有问题”,意思是张伟开羽墨的车连续三次超出停车线被罚款,会不会是刹车出现了故障呢。羽墨理解了子乔的话语意义,以子乔的基础话语提供的事件实例的概念结构(问题的领有者“你的刹车”)为切入点 A,在事件图式 S′内论述目标话语表达的焦点 F“他的眼睛”,产出目标话语“他的眼睛有问题”。子乔将问题的领有者识解成“你的刹车”,羽墨将之识解成“他的眼睛”,两种识解产生比较关系。从“你的刹车”到“他的眼睛”,从车本身到开车的人,问题的领有者发生了转变。羽墨以“他的眼睛有问题”作为对子乔猜测“你的刹车有问题”的回应,表达对这一猜测的否定,即不是因为“我”的刹车有毛病而是因为开车的人(张伟)的眼睛有毛病,即他总是看不清停车线,屡次超出停车线,才被罚款。羽墨否定了子乔关于张伟停车犯规原因的猜测,直接给出了自己的答案,同时也表达了羽墨对张伟的不满情绪。交际双方在互动(I)中就某人或某物领有某个问题这一事件图式中的概念结构,即问题的领有者,进行不同的识解,进而达成一种联合调试,实现了两句在意义上的关联与协同(c_2)。

5.1.2　谓语动词类

谓语动词类是焦点对平行项是谓语动词的单个成分类 SVO 平行结构。该类平行结构形式协同时基础话语激活的句法图式的抽象句法成分是谓语动词,意义协同时实现联合调试的概念结构是某种行为(action),如动作行为、心理活动、关系判断等。

(4)(一菲每次的牌都是满手红桃。朋友们说这是征兆,她要桃花泛滥了。)

悠悠:老天在暗示你呢,一菲,看来你脱单的日子指日可待了。

美嘉:这么明显,老天是在明示她啊。

(《爱情公寓》)

在一个由基础话语和目标话语合成的语言使用事件模型中,处在言语情境(G)中的交际双方(悠悠 S 和美嘉 H)共同参与对同一事件的概念化(c_1)。在例(4)中,悠悠产出基础话语“老天在暗示你呢”,该话语激活了美嘉大脑中存储的关于该话语的 SVO 句法图式,即“老天 X 你(她)”,其中,抽象句法成分 X 是谓语动词。美嘉以此为结构模板,使用替代的方式,用“明示”替换掉基础话语中的“暗示”,例示句法图式“老天 X 你(她)”的抽象谓语动词 X,建构该图式的不同实例,即目标话语“老天是在明示她啊”,基础话语和目标话语是扩展的关系。这样,该目标话语与基础话语实现形式上的协同,如图 5-7。

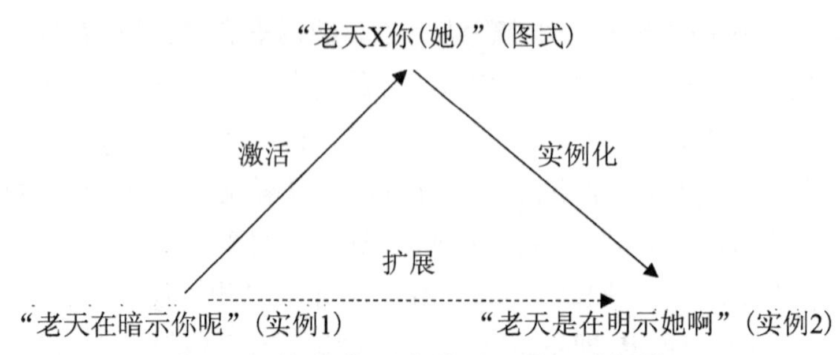

图 5-7　扩展类形式协同(谓语动词类)

目标话语“老天是在明示她啊”与基础话语“老天在暗示你呢”形成关于句法结构“老天 X 你(她)”的平行结构。话语的平行排列产生了从目标话语到基础话语的映射。话语间的这种映射关系激活了 SVO 句法框架,亦即“老天 X 你(她)”的框架共振和焦点对“明示”和“暗示”的焦点共振。表 5-4 的映射结构反映了这种平行、映射和共振成分之间的对应关系。

表 5-4　扩展类映射结构(谓语动词类)

主语	状语	**谓语动词**	宾语	结语
老天	在	**暗示**	你	呢
老天	是在	**明示**	她	啊
施事	限制	**动作行为**	受事	结束

如表 5-4 所示,焦点对平行项“明示”和“暗示”的句法功能是谓语动词,语义成分是老天向一菲发出的某种动作行为。依据对话句法理论,句法结构“老天 X 你(她)”的句法共振促使焦点对平行项“明示”和“暗示”产生意义关联。具体认知机制如下:如图 5-8,在交际过程中,基础话语“老天是在明示她啊”激活(m_1)了句法结构“老天 X 你(她)”同时也激活了对应的老天向一菲发出了某种动作行为的语义图式或事件图式 S′。这个半抽象事件图式的基本要素是施事(动作者老天)、受事(动作的对象一菲)以及老天向一菲发出的某种抽象动作行为 X。基础话语“老天在暗示你呢”(对应视窗表示为 i-1)和目标话语“老天是在明示她啊”(对应视窗表示为 i)例示事件图式“老天 X 你(她)”的抽象动作行为“X”,对其进行具体化,可以看作该半抽象事件图式的两个具体事件实例(实例 1 和实例 2)。在实例 1 中,“老天”是射体(tr),“你(一菲)”是界标(lm),“暗示”是动作行为。在实例 2 中,“老天”是射体(tr),“她(一菲)”是界标(lm),“明示”是动作行为。其中,焦点对“明示”和“暗示”是动作行为,即射体(tr)向界标(lm)发出的动作行为(图 5-8 中以加粗体表示)。

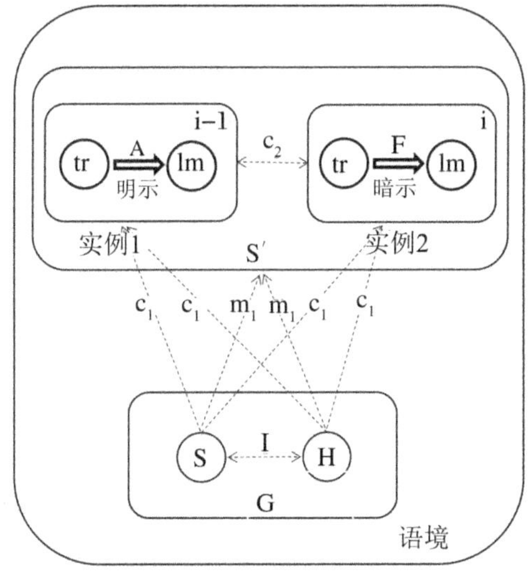

图 5-8　扩展类意义协同(谓语动词类)

一菲每次的牌都是满手红桃。悠悠以基础话语"老天在暗示你呢"表达这是老天用这种不明说的隐含方式来暗示一菲未来要桃花泛滥,要脱单了。美嘉理解了悠悠的话语意义,以悠悠的基础话语提供的事件实例的概念结构(动作行为"明示")为切入点 A,在事件图式 S′内论述目标话语表述的焦点 F"暗示",产出目标话语"老天是在明示她啊"。至此交际双方对事件图式 S′的老天向一菲发出的某种动作行为这一概念结构实现不同的识解,二者产生一种比较关系,悠悠将老天向一菲发出的动作行为识解为"暗示",美嘉将之识解为"明示",一明显一隐含,二者表达相反的意思。美嘉以"明示"回应"暗示"、直接否定悠悠的观点。美嘉觉得一菲打几次牌,每次都是满手红桃,老天这不是用隐含的方式而是用很明显的方式告诉一菲要桃花泛滥,要脱单了。悠悠和美嘉在互动(I)中对老天向一菲发出的某种动作行为这一概念结构采用了相反的识解,实现了联合调试,建立了语义关联,达成了意义协同(c_2)。

5.1.3　宾语类

宾语类是焦点对平行项做宾语的单个成分类 SVO 平行结构,本书依据 SVO 平行结构中宾语的语义成分将宾语类 SVO 平行结构分为受事类、任事类、感事类和止事类。这四类在形式协同时基础话语激活的句法图式的抽象句法成分都是宾语,在意义协同时,虽然都是对事件图式的客事成分的不同识解的联合调试,但是每一类实现联合调试的具体概念结构并不相同:受事类实现联合调试的概念结构是受事,任事类是任事,感事类是感事,止事类是止事。下文分别例释这四类的协同过程。

5.1.3.1 受事类

(5)(关谷和悠悠是一对即将结婚的情侣,手里有十几万存款,这够付一套房子的首付或买辆车。关谷想买房,悠悠想买车。)

关谷:……老是这样租房子不是长远之计,我要买房子。

悠悠:你要买麻烦,先就说选房吧,现在的房源大多离市区都远,去哪儿哪儿都不方便……

(《爱情公寓》)

在一个由基础话语和目标话语合成的语言使用事件模型中,处在言语情境(G)中的交际双方(关谷 S 和悠悠 H)共同参与对同一事件的概念化(图上表示为虚线箭头 c_1)。在例(5)中,关谷产出基础话语"我要买房子",激活了悠悠大脑中存储的关于该话语的 SVO 句法图式,亦即"我(你)要买 X",其中,抽象句法成分 X 是宾语。悠悠以此为结构模板,使用替代的方式,用"麻烦"替换掉基础话语中的"房子",例示句法图式"我(你)要买 X"的抽象宾语 X,建构该图式的不同实例,即目标话语"你要买麻烦",基础话语和目标话语是扩展的关系。这样,该目标话语与基础话语实现形式上的协同,如图 5-9。

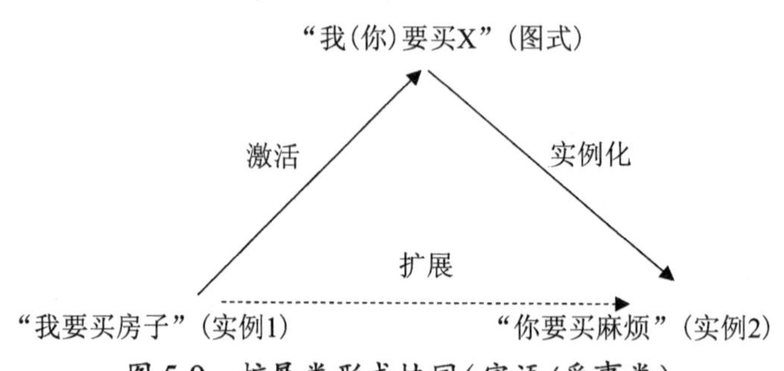

图 5-9 扩展类形式协同(宾语/受事类)

目标话语"你要买麻烦"与基础话语"我要买房子"形成关于句法结构"我(你)要买 X"的平行结构。话语的平行排列产生了从目标话语到基础话语的映射。话语间的这种映射关系激活了 SVO 句法框架,亦即"我(你)要买 X"的框架共振和焦点对"房子"和"麻烦"的焦点共振。表 5-5 的映射结构反映了这种平行、映射和共振成分之间的对应关系。

表 5-5 扩展类映射结构(宾语/受事类)

主语	状语	谓语动词	**宾语**
我	要	买	**房子**
你	要	买	**麻烦**
施事	愿望	动作行为“买”	**受事**

如表 5-5 所示,焦点对平行项“房子”和“麻烦”的句法功能是宾语,语义成分是受事,即购买的对象。依据对话句法理论,句法结构“我(你)要买 X”的句法共振促使焦点对平行项“房子”和“麻烦”产生意义关联。具体认知机制如下:如图 5-10,在交际过程中,基础话语“我要买房子”激活了句法结构“我(你)要买 X”的同时也激活(m_1)了相应的抽象事件图式 S′,即关谷想要购买某物。动作动词“买”决定了该抽象图式的基本要素是具体的施事关谷、抽象的受事 X 以及关谷对 X 的购买行为。基础话语“我要买房子”(对应视窗表示为 i-1)和目标话语“你要买麻烦”(对应视窗表示为 i)通过例示事件图式“我(你)要买 X”的抽象受事“X”,对其进行具体化,可以看作该半抽象事件图式的两个具体实例(实例 1 和实例 2)。在实例 1 中,“我(关谷)”是射体(tr),“房子”是界标(lm),“买”是动作行为。在实例 2 中,“你(关谷)”是射体(tr),“麻烦”是界标(lm),“买”是动作行为。其中,焦点对“房子”和“麻烦”是界标(lm)也是受事,即关谷购买的对象(图 5-10 中以加粗体表示)。

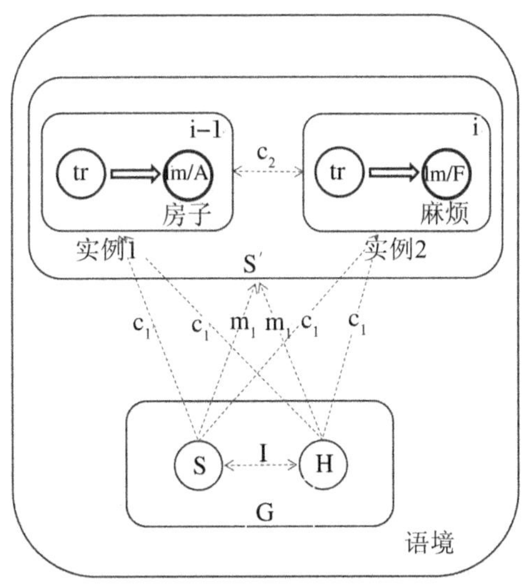

图 5-10 扩展类意义协同(宾语/受事类)

关谷和悠悠一块儿讨论买房事。关谷认为他们结婚后不能总租房得有自己的房子，故产出基础话语“我要买房子”，表达了自己的买房意愿。悠悠理解了关谷的话语意义，以关谷的基础话语提供的事件实例的概念结构（购买的对象“房子”）为切入点 A，在事件图式 S′内论述目标话语表述的焦点 F“麻烦”，产出目标话语“你要买麻烦”。关谷将概念结构，购买的对象，识解成“房子”，悠悠将之识解成“麻烦”，“房子”和“麻烦”之间是隐喻关系。组合语境中的句际关系，即话语间的形式平行映射关系和以其为基础的语义和语用的平行映射关系为两种识解的关联提供认知背景，尤其是焦点对平行项“房子”和“麻烦”之间基于形式的语义、语用的平行映射关系促使“房子”和“麻烦”具有某种关联，即麻烦是与买房相关的麻烦。换言之，话语间平行映射关系促使“麻烦”与“房子”建立起相似性，即买房子涉及选房、交房贷、装修等一系列费时、费力、费神的麻烦事。悠悠以“麻烦”与“房子”相对，意在说明如果关谷买房子就会遇上选房、交房贷、装修等一系列麻烦事。语用上，悠悠以“麻烦”回应“房子”，反驳和否定了关谷的想法，即买房子太麻烦就不要买房子了。关谷和悠悠在互动（I）中就关谷想要购买某物中的概念结构（购买对象）进行不同的识解，达成一种联合调试，实现两句在意义上的协同（c_2）。

5.1.3.2 任事类

(6)（宛瑜打算找工作。展博建议小贤让宛瑜去给他做电话编辑。）

展博：对了，你可以让宛瑜去做你的编辑。她人又聪明又能干。

宛瑜：坐着上班，离家近，不用抛头露面，还有上司是个笨蛋。

小贤：谢谢你啊，展博！真是个好主意！她那个超级有钱的老爹要是知道她在为我打工，一怒之下把我们电台买下来，改造成博物馆，<u>我做馆长啊</u>。

一菲：<u>你最多做标本</u>。

（《爱情公寓》）

在一个由基础话语和目标话语合成的语言使用事件模型中，处在言语情境（G）中的交际双方（小贤 S 和一菲 H）共同参与对同一事件的概念化（c_1）。在例（6）中，小贤产出基础话语“我做馆长啊”。该话语激活了听话人大脑中存储的关于该话语的 SVO 句法图式，具体来说，结构图式“我（你）做 X”。一菲以此为结构模板，使用替换的方式，用“标本”替换掉基础话语的宾语“馆长”，例示句法图式“我（你）做 X”，建构该图式的不同的实例，即目标话语“你最多做标本”，也就是扩展式，从而实现了形式上的协同，如图 5-11。

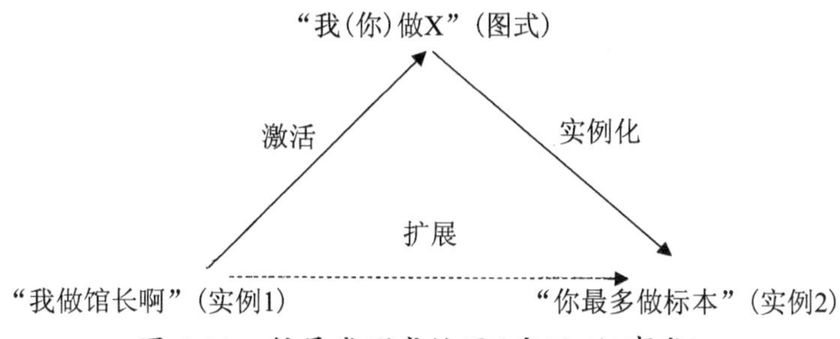

图 5-11　扩展类形式协同(宾语/任事类)

目标话语“你最多做标本”与基础话语“我做馆长啊”形成关于句法结构“我(你)做 X”的平行结构。目标话语“你最多做标本”与基础话语“我做馆长啊”的平行排列产生了从目标话语到基础话语的映射。话语间的这种映射关系激活了 SVO 句法框架,亦即“我(你)做 X”的句法框架共振和焦点对“馆长”和“标本”的焦点共振。表 5-6 的映射结构反映了这种平行、映射和共振成分之间的对应关系。

表 5-6　扩展类映射结构(宾语/任事类)

主语	状语	谓语动词	**宾语**	结语
我		做	**馆长**	啊
你	最多	做	**标本**	
施事	限制	动作行为“做”	**任事**	结束

如表 5-6 所示,焦点对平行项“馆长”和“标本”的句法功能是宾语,语义成分是任事,即小贤担任的角色。依据对话句法理论,句法结构“我(你)做 X”的句法共振促使焦点对平行项“馆长”和“标本”产生意义关联。具体共振机制如下:如图 5-12,在交际过程中,基础话语“我做馆长啊”激活了句法图式“我(你)做 X”的同时也激活(m_1)了相应的语义图式,即事件图式 S′,即小贤在博物馆里担任某职。这个半抽象事件图式的基本要素是施事“我(你)”、抽象的任事“X”和施事“我(你)”与任事“X”之间的担任关系。基础话语(对应视窗表示为 i-1)“我做馆长啊”和目标话语(对应视窗表示为 i)“你最多做标本”通过例示语义图式“我(你)做 X”的抽象任事“X”,对之进行具体化,可以看作该半抽象语义图式的两个具体实例(实例 1 和实例 2)。在实例 1 中,“我(小贤)”是射体(tr),“馆长”是界标(lm),“做”是动作行为。在实例 2 中,“你(小贤)”是射体(tr),“标本”是界标(lm),“做”是动作行为。其中,焦点对“馆长”和“标本”是界标(lm)也是任事,即小贤担任的角色(图 5-12 中以加粗体表示)。

展博向小贤推荐宛瑜做他的电话编辑。小贤产出基础话语“我做馆长啊”,表达如果宛瑜那超级有钱的老爸知道她在给自己打工这事儿,一生气将自己工作的电台买下来改造成博物馆，自己做馆长吗。以此来表达展博的这一推荐不靠谱。听话人一非理解了小贤的话语意义。她以小贤的基础话语提供的事件实例的概念结构“馆长”为切入点 A，在事件图式 S′内论述目标话语表达的焦点 F“标本”。至此交际双方对事件图式 S′的小贤担任的角色这一概念结构实现不同的识解，小贤将其识解为“馆长”，一非则将其识解为“标本”，两种识解产生一种比较关系。组合语境中的句际关系，即话语间的形式平行映射关系和以其为基础的语义和语用的平行映射关系为两种识解的比较提供认知背景，“标本”的平行项“馆长”为其理解提供参照背景，依据语境中的百科知识，“馆长”和“标本”同属于博物馆里的事物，“馆长”是博物馆的领导、管理者，“标本”指被挑出来经过一定加工处理，供学习和研究之用的样品。二者处于一种基于句法的语义、语用的平行对应关系之中，语义上，二者均为小贤担任的角色；语用上，一非是对小贤话语的回应。这种平行映射关系促使“标本”被理解为被管理者，二者建立起管理者和被管理者的意义对比关系，一非借此表达，即使电台变成博物馆，小贤也不可能当博物馆的管理者，最多是个被管理者。语用上，一非以“标本”回应“馆长”，对小贤的话语进行反驳、否定和讽刺。简言之，交际双方在互动(I)中对小贤担任的角色这一概念结构的识解达成联合调试。据此，该 SVO 平行结构的话语间建立起意义的对立关系，话语间实现意义协同(c_2)。

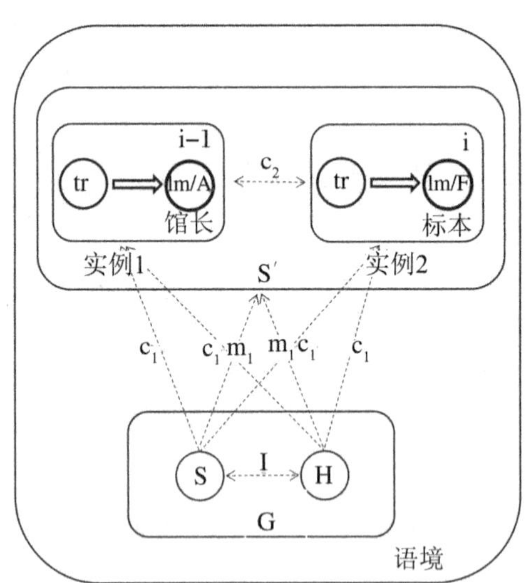

图 5-12　扩展类意义协同(宾语/任事类)

5.1.3.3 感事类

(7)（夫妻二人准备去外面吃饭。）

A：我想吃点带汤的。

B：你就喜欢喝汤。

A：啊，我知道你喜欢吃肉。行，咱找个炖菜馆，又有肉又有汤，咱各取所好，皆大欢喜。

B：我看行。

（私人聊天）

在一个由基础话语和目标话语合成的语言使用事件模型中，处在言语情境（G）中的交际双方（A 和 B）共同参与对同一事件的概念化（c_1）。在例（7）中，说话人 B 产出基础话语“你就喜欢喝汤”，该话语激活了听话人 A 大脑中存储的关于该话语的 SVO 句法图式，亦即“你喜欢 X”，其中抽象句法成分 X 是宾语。A 以此为结构模板，使用替代的方式，用动词短语“吃肉”替换掉基础话语中的“喝汤”，例示句法图式“你喜欢 X”的抽象宾语 X，建构该图式的不同实例，即目标话语“你喜欢吃肉”，基础话语和目标话语是扩展的关系。这样，该目标话语与基础话语实现形式上的协同，如图 5-13。

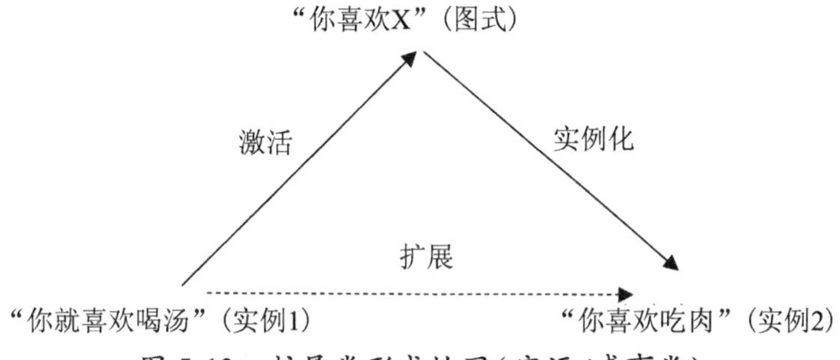

图 5-13 扩展类形式协同（宾语/感事类）

目标话语“你喜欢吃肉”与基础话语“你就喜欢喝汤”形成关于句法结构“你喜欢 X”的平行结构。话语的平行排列产生了从目标话语到基础话语的映射。话语间的这种映射关系激活了 SVO 句法框架，亦即“你喜欢 X”的框架共振和焦点对“喝汤”和“吃肉”的焦点共振。表 5-7 的映射结构反映了这种平行、映射和共振成分之间的对应关系。

表 5-7 扩展类映射结构(宾语/感事类)

主语	状语	谓语动词	**宾语**
你	就	喜欢	**喝汤**
你		喜欢	**吃肉**
经事	加强肯定	心理活动“喜欢”	**感事**

如表 5-7 所示,焦点对平行项“喝汤”和“吃肉”的句法功能是宾语,语义成分是感事,即喜欢的对象。前面例子中充当宾语的焦点对的平行项是名词或名词短语,它们表征实体概念。在此例中充当宾语的平行项“喝汤”和“吃肉”,它们指称“喝汤”和“吃肉”事件。依据对话句法理论,句法结构“你喜欢 X”的句法共振促使焦点对平行项“喝汤”和“吃肉”产生意义关联。具体认知机制如下:如图 5-14,在交际过程中,基础话语“你就喜欢喝汤”激活了句法结构“你喜欢 X”的同时也激活(m_1)了相应的某人喜欢干某事的事件图式 S′。心理活动“喜欢”决定该事件图式的基本要素是具体的经事(体验者 A 或 B)、抽象的感事(喜欢的对象 X)和 A 或 B 之于 X 的心理活动“喜欢”。基础话语“你就喜欢喝汤”(对应视窗表示为 i-1)和目标话语“你喜欢吃肉”(对应视窗表示为 i)通过例示事件图式“你喜欢 X”的抽象感事“X”,对其进行具体化,可以看作该半抽象事件图式的两个具体实例(实例 1 和实例 2)。在实例 1 中,“你(A)”是射体(tr),“喝汤”是界标(lm),“喜欢”是心理活动。在实例 2 中,“你(A)”是射体(tr),“吃肉”是界标(lm),“喜欢”是心理活动。其中,焦点对“喝汤”和“吃肉”是界标(lm)也是感事,即 A 或 B 喜欢的对象(图 5-14 中以加粗体表示)。

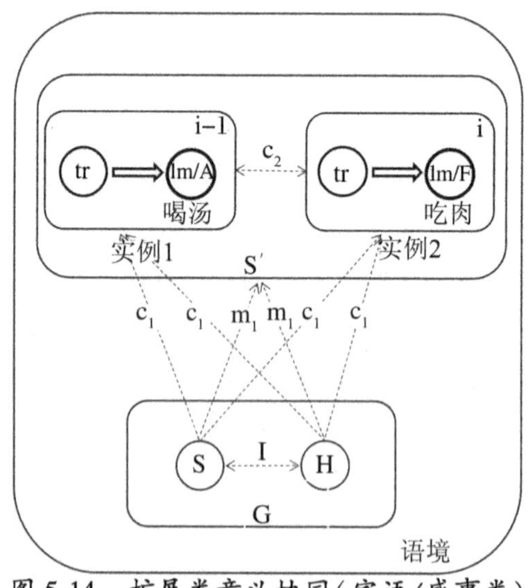

图 5-14 扩展类意义协同(宾语/感事类)

夫妻二人去外面吃饭,A 想吃点带汤的,B 产出基础话语“你就喜欢喝汤”。B 在强调了 A 喜欢喝汤这一事实的同时,含有一定程度的嗔怪之意。A 理解了 B 的话语意义,以 B 的基础话语提供的事件实例的概念结构(喜欢的对象“喝汤”)为切入点 A,在事件图式 S′内论述目标话语表达的焦点 F“吃肉”,产出目标话语“你喜欢吃肉”。B 将 A 喜欢的对象识解成“喝汤”,A 将 B 喜欢的对象识解成“吃肉”,两种识解产生比较关系。因为 A 听出了 B 对自己又想去喝汤的想法有些不满,为了照顾 B 的情绪,A 产出“我知道你喜欢吃肉”,目的是引出对 B 这一喜好的关照。“吃肉”和“喝汤”产生对比,反映了二人在饮食喜好上一定程度的对立。为了解决这种对立,也就是同时照顾 B 的喜好,A 推荐了有汤又有肉的炖菜,既满足了 B 又满足了自己。交际双方 A 和 B 在互动(I)中就某人喜欢干某事的事件图式中的概念结构(喜欢的对象)进行不同的识解,达成一种联合调试,实现了两句在意义上的关联与协同(c_2)。

5.1.3.4　止事类

(8)(张伟兴冲冲地跟大家说他要和新交的女朋友默默结婚,他说她漂亮、知性,而且最大的优点是她从来不跟他唱反调。)

悠悠:结婚是件大事,光看优点可不行。

张伟:默默最大的缺点是她总是能让我回想起初恋的感觉。

子乔:你不是说你的初恋是小丽吗? 这个默默也长着一张逃婚的脸?(小丽和张伟恋爱、结婚,结果在结婚现场逃婚了。)

张伟:胡说,我的初恋是沈佳宜(沈佳宜是电影《那些年,我们一起追的女孩》中的女主角)。

美嘉:多稀罕啊,所有男人的初恋都是沈佳宜。

(《爱情公寓》)

在一个由基础话语和目标话语合成的语言使用事件模型中,处在言语情境(G)中的交际双方(子乔 S 和张伟 H)共同参与对同一事件的概念化(c_1)。在例(8)中,说话人子乔产出基础话语“你的初恋是小丽”,该话语激活了听话人张伟大脑中存储的关于该话语的 SVO 句法图式,亦即“你(我)的初恋是 X”,其中抽象句法成分 X 是宾语,张伟以此为结构模板,使用替代的方式,用动词短语“沈佳宜”替换掉基础话语中的“小丽”,例示句法图式“你(我)的初恋是 X”的抽象宾语 X,建构该图式的不同实例,即目标话语“我的初恋是沈佳宜”,基础话语和目标话语是扩展的关系。这样,该目标话语与基础话语实现形式上的协同,如图 5-15。

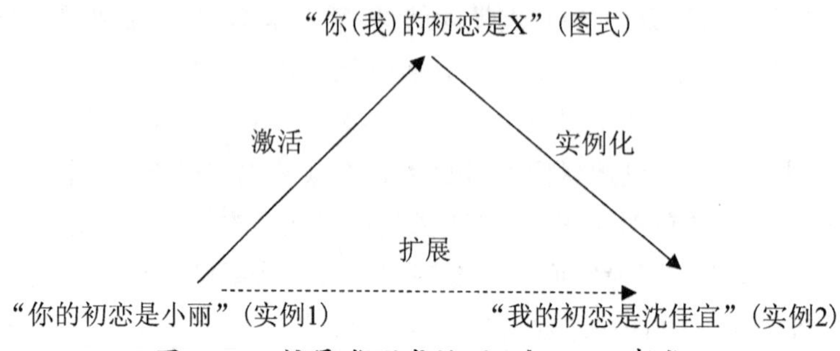

图 5-15　扩展类形式协同(宾语/止事类)

目标话语"我的初恋是沈佳宜"与基础话语"你的初恋是小丽"形成关于句法结构"你(我)的初恋是 X"的平行结构。话语的平行排列产生了从目标话语到基础话语的映射。话语间的这种映射关系激活了 SVO 句法框架,亦即"你(我)的初恋是 X"的框架共振和焦点对"小丽"和"沈佳宜"的焦点共振。表 5-8 的映射结构反映了这种平行、映射和共振成分之间的对应关系。

表 5-8　扩展类映射结构(宾语/止事类)

主语	谓语动词	**宾语**
你的初恋	是	**小丽**
我的初恋	是	**沈佳宜**
起事	等同关系	**止事**

如表 5-8 所示,焦点对平行项"小丽"和"沈佳宜"的句法功能是宾语,语义成分是止事,即张伟的初恋对象。依据对话句法理论,句法结构"你(我)的初恋是 X"的句法共振促使焦点对平行项"小丽"和"沈佳宜"产生意义关联。具体认知机制如下:如图 5-16,在交际过程中,基础话语"你的初恋是小丽"激活了句法结构"你(我)的初恋是 X"的同时也激活(m_1)了相应的张伟的初恋是某人的事件图式 S′。关系动词"是"决定了该半抽象事件图式的基本要素是具体的起事(张伟的初恋)、抽象的止事(初恋对象 X)以及张伟的初恋和 X 之间的等同关系。基础话语"你的初恋是小丽"(对应视窗表示为 i-1)和目标话语"我的初恋是沈佳宜"(对应视窗表示为 i)通过例示事件图式"你(我)的初恋是 X"的抽象止事 X,对其进行具体化,可以看作该半抽象事件图式的两个具体实例实例 1 和实例 2。在实例 1 中,"你的初恋"是射体(tr),"小丽"是界标(lm),"是"是等同关系。在实例 2 中,"我的初恋"是射体(tr),"沈佳宜"是界标(lm),"是"是等同关系。其中,焦点对"小丽"和"沈佳宜"是界标(lm)也是止事,即张伟的初恋对象(图 5-16 中以加粗体表示)。

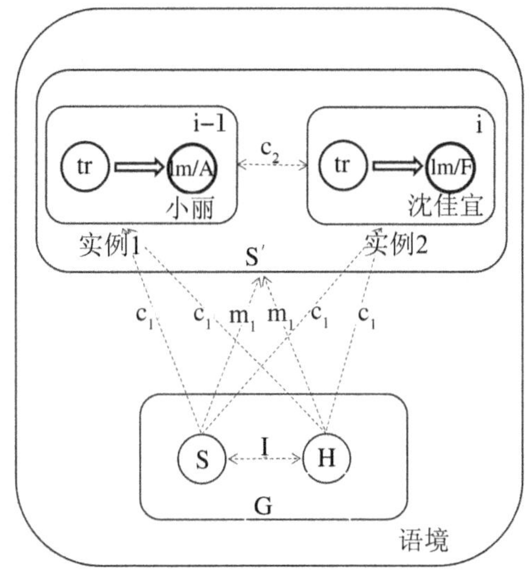

图 5-16　扩展类意义协同(宾语/止事类)

张伟说自己女朋友默默总让他想起初恋的感觉。这让子乔回忆起张伟说过自己的初恋是小丽,而且二人发展到结婚,在婚礼现场,小丽逃婚了。子乔产出“你不是说你的初恋是小丽吗”,其实是要借张伟逃婚的初恋小丽——这个并不美好的初恋形象来调侃他。听话人张伟听出了子乔的调侃之意,以子乔的基础话语提供的事件实例的概念结构(初恋对象“小丽”)为切入点 A,在事件图式 S′内论述目标话语表达的焦点 F“沈佳宜”,产出目标话语“我的初恋是沈佳宜”。交际双方对事件图式 S′的张伟的初恋对象这一概念结构实现不同的识解,子乔将张伟的初恋识解成“小丽”,而张伟将其识解为“沈佳宜”,这两种识解产生一种比较关系。“小丽”和“沈佳宜”之间基于形式的语义、语用的平行映射关系促使二者发生某种关联。“沈佳宜”是电影《那些年,我们一起追的女孩》中的女主角,是个很美好的女孩。“小丽”和“沈佳宜”,一个是不太美好的初恋形象,一个是美好的初恋形象,二者形成一种对立关系。张伟将自己的初恋对象识解成美好的沈佳宜,以此否定子乔的观点。语用上,张伟以“我的初恋是沈佳宜”回应子乔的调侃,表达对其观点的否定,从而给自己挽回点儿面子,这才出现了美嘉的回应“所有男人的初恋都是沈佳宜”。子乔和张伟在互动(I)中就事件图式中张伟的初恋对象这一概念结构进行不同的识解,形成意义上的对立关系,达成联合调试,实现了两句在意义上的协同(c_2)。

5.1.4　定语类

定语类是焦点对平行项是定语的 SVO 平行结构。该类平行结构形式协同时基础话语激活的句法图式的抽象句法成分是定语，意义协同时实现联合调试的概念结构是主事成分或客事成分的某一特征。如果焦点对平行项担任的定语限饰该句主语，那么该类平行结构属于主内定语类，如果焦点对平行项担任的定语限饰该句宾语，则属于宾内定语类平行结构。主内定语类在意义协同时实现联合调试的概念结构是主事成分的某一特征，宾内定语类在意义协同时实现联合调试的是客事成分的某一特征。

5.1.4.1 主内定语类

(9)（张伟兴冲冲地跟大家说他要和新交的女朋友默默结婚，他说她漂亮、知性，而且最大的优点是她从来不跟他唱反调。）

悠悠：结婚是件大事，光看优点可不行。

张伟：默默最大的缺点是她总是能让我回想起初恋的感觉。

子乔：你不是说你的初恋是小丽吗？这个默默也长着一张逃婚的脸？（小丽和张伟恋爱、结婚，结果在结婚现场逃婚了。）

张伟：胡说，我的初恋是沈佳宜（沈佳宜是电影《那些年，我们一起追的女孩》中的女主角）。

美嘉：多稀罕啊，所有男人的初恋都是沈佳宜。

（《爱情公寓》）

在一个由基础话语和目标话语合成的语言使用事件模型中，处在言语情境（G）中的交际双方（张伟 S 和美嘉 H）共同参与对同一事件的概念化（c_1）。在例（9）中，张伟产出基础话语“我的初恋是沈佳宜”，该话语激活了美嘉大脑中存储的关于该话语的 SVO 句法图式，亦即“X 的初恋是沈佳宜”，其中，X 的句法功能是主语中心词“初恋”的定语。美嘉以“X 的初恋是沈佳宜”为结构模板，使用替代的方式，用名词短语“所有男人”替换掉基础话语中的“我（张伟）”，例示句法图式“X 的初恋是沈佳宜”的抽象定语 X，建构该图式的不同实例，即目标话语“所有男人的初恋都是沈佳宜”，基础话语和目标话语是扩展的关系。这样，该目标话语与基础话语实现形式上的协同，如图 5-17。

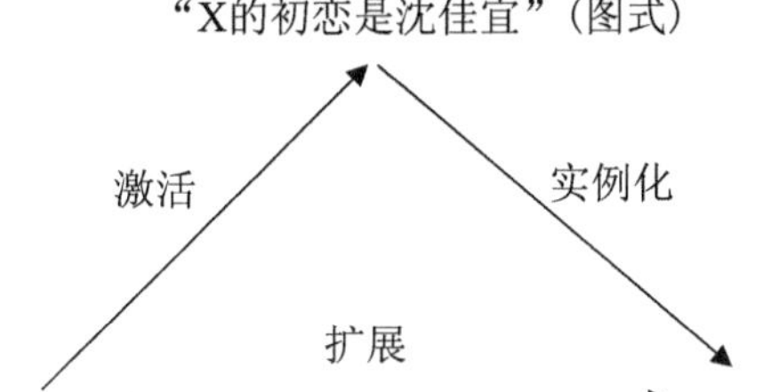

图 5-17　扩展类形式协同(主内定语类)

目标话语"所有男人的初恋都是沈佳宜"与基础话语"我的初恋是沈佳宜"形成关于句法结构"X 的初恋是沈佳宜"的平行结构。话语的平行排列产生了从目标话语到基础话语的映射。话语间的这种映射关系激活了 SVO 句法框架,亦即"X 的初恋是沈佳宜"的框架共振和焦点对"我(张伟)"和"所有男人"的焦点共振。表 5-9 的映射结构反映了这种平行、映射和共振成分之间的对应关系。

表 5-9　扩展类映射结构(主内定语类)

主语	状语	谓语动词	宾语
(我)的初恋		是	沈佳宜
(所有男人)的初恋	都	是	沈佳宜
起事	范围	等同关系	止事

如表 5-9 所示,焦点对平行项"我(张伟)"和"所有男人"的句法功能是定语,它和中心词"初恋"一起的语义成分是起事,即某人的初恋,焦点对平行项是初恋的领有者,界定初恋的领属特征。依据对话句法理论,句法结构"X 的初恋是沈佳宜"的句法共振促使焦点对平行项"我(张伟)"和"所有男人"产生意义关联。具体认知机制如下:如图 5-18,在交际过程中,基础话语"我的初恋是沈佳宜"不仅激活了句法结构"X 的初恋是沈佳宜"而且激活(m_1)了对应的某人的初恋是沈佳宜的事件图式 S′,关系动词"是"决定了该事件图式的基本要素是含有抽象成分的起事(某人的初恋)、具体的止事(初恋的对象沈佳宜)以及某人的初恋和沈佳宜之间的等同关系。某人是对初恋的限制和修饰,是对初恋领属特征的界定。基础话语"我的初恋是沈佳宜"(对应视窗表示为 i-1)和目标话语目标话语"所有男人的初恋都是沈佳宜"(对应视窗表示为 i)通过例示事件图式"X 的初恋是沈佳宜"中初恋的领属特征,对其进行具体化,可以看作该半抽象事件图式的两个具体实例(实例 1 和实例 2)。在实例 1 中,某人的初恋是射体(tr),"沈佳宜"是界标(lm),"是"是等同关系;属性特征"我(张伟)"限制射体(tr)初恋(图中以小方形表示)。在实例 2 中,某人的初恋是射体(tr),"沈佳宜"是界标(lm),"是"是等同关系;属性特征"所

有男人”限制射体(tr)初恋(图中以小方形表示)。其中,焦点对“我(张伟)”和“所有男人”是射体(tr)某人初恋的领属特征,即初恋的领有者(图 5-18 中以加粗体表示)。

例(8)和例(9)属于一个话段,例(8)的“我的初恋是沈佳宜”是张伟利用沈佳宜这一美好的初恋形象来回应子乔的调侃,即自己逃婚的不太美好的初恋小丽,给自己挽回点面子。同样作为听话人的美嘉理解了张伟的话语意义,她提升了基础话语提供的事件实例的概念结构[初恋的领有者“我(张伟)”]的突显度,以之为切入点 A,在基础话语激活的事件图式 S′内论述目标话语的表述焦点 F“所有男人”,产出目标话语“所有男人的初恋都是沈佳宜”。至此交际双方对事件图式 S′的初恋的领有者这一概念结构实现不同的识解,张伟将其识解为“我”,美嘉将其识解成“所有男人”,两种识解产生一种比较关系。“我”和“所有男人”之间基于形式的语义、语用的平行映射关系促使二者发生某种关联。初恋的领有者从张伟一个人变成所有男人,二者形成一种对比关系。因为美嘉觉得张伟说自己的初恋是沈佳宜,他觉得这样很稀奇、很特别。美嘉以“所有男人”与张伟一个人相对,表达不是张伟一个人的初恋是沈佳宜而是所有男人的初恋都是沈佳宜,因此,张伟的初恋是沈佳宜,这一点儿也不稀奇、不特别,与张伟话语形成意义上的对立关系。语用上,美嘉以此表达对张伟观点的反驳和否定。张伟和美嘉在互动(I)中就事件图式 S′中初恋的领有者这一概念结构进行不同的识解,达成联合调试,实现了两句在意义上的关联与协同(c_2)。

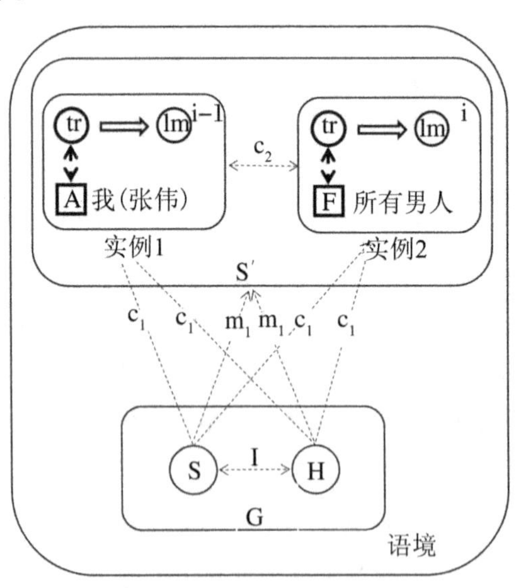

图 5-18　扩展类意义协同(主内定语类)

5.1.4.2　宾内定语类

(10)(小贤明明知道劳拉已经有6个男朋友和2个前夫,居然还愿意跟她在一起,这让朋友们很不解。)

小贤:我们可以聊天、约会、happy,但最关键的是不用负责任,这是每个男人的梦想。

美嘉:未必吧,展博,这是你的梦想吗?

展博:当然不是。

小贤:展博的梦想是去纳尼亚。

(《爱情公寓》)

在一个由基础话语和目标话语合成的语言使用事件模型中,处在言语情境(G)中的交际双方(小贤S和美嘉H)共同参与对同一事件的概念化(c_1)。在例(10)中,说话人小贤产出基础话语“这是每个男人的梦想”,该话语激活了听话人美嘉大脑中存储的关于该话语的SVO句法图式,即“这是X的梦想”,其中X的句法功能是宾语中心词“梦想”的定语。美嘉以“这是X的梦想”为结构模板,使用替代的方式,用人称代词“你(展博)”替换掉基础话语中的“每个男人”,例示句法图式“这是X的梦想”的抽象定语X,建构该图式的不同实例,即目标话语“这是你的梦想吗”,基础话语和目标话语是扩展的关系。这样,该目标话语与基础话语实现形式上的协同,如图5-19。

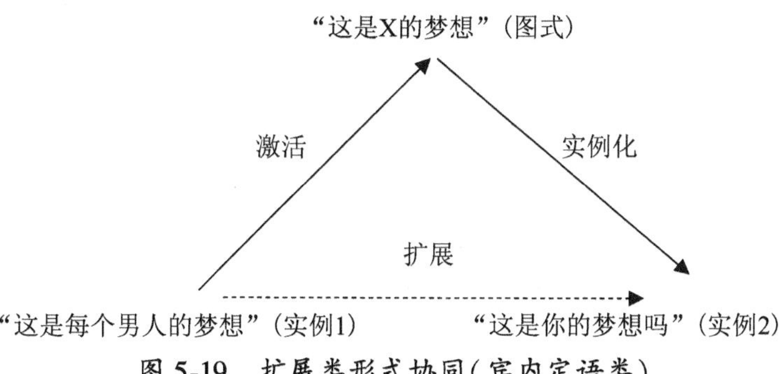

图5-19　扩展类形式协同(宾内定语类)

目标话语“这是你的梦想吗”与基础话语“这是每个男人的梦想”形成关于句法结构“这是X的梦想”的平行结构。话语的平行排列产生了从目标话语到基础话语的映射。话语间的这种映射关系激活了SVO句法框架,亦即“这是X的梦想”的框架共振和焦点对“每个男人”和“你(展博)”的焦点共振。表5-10的映射结构反映了这种平行、映射和共振成分之间的对应关系。

表 5-10 扩展类映射结构(宾内定语类)

主语	谓语动词	宾语
这	是	**(每个男人)**的梦想
这	是	**(你)**的梦想吗
起事	等同关系	止事

如表 5-10 所示,焦点对平行项“每个男人”和“你(展博)”的句法功能是定语,它和中心词“梦想”一起的语义成分是止事,即某人的梦想,焦点对平行项是梦想的领有者,界定梦想的领属特征。依据对话句法理论,句法结构“这是 X 的梦想”的句法共振促使焦点对平行项“每个男人”和“你(展博)”产生意义关联。具体认知机制如下:如图 5-20,在交际过程中,基础话语“这是每个男人的梦想”不仅激活了句法结构“这是 X 的梦想”而且激活(m_1)了对应的这是某人的梦想的事件图式 S′。关系动词“是”决定了该图式的基本要素有具体的起事“这”(小贤前面说到的像他和劳拉这样聊天、约会、happy 还不用负责任的关系)、含有抽象 X 的止事(某人的梦想)以及“这”和某人的梦想之间的等同关系。在某人的梦想中,某人限制梦想、界定梦想的领属特征。基础话语“这是每个男人的梦想”(对应视窗表示为 i-1)和目标话语“这是你的梦想吗”(对应视窗表示为 i)通过例示事件图式“这是 X 的梦想”中梦想的抽象领属特征 X,对其进行具体化,可以看作该半抽象事件图式的两个具体实例(实例 1 和实例 2)。在实例 1 中,“这”是射体(tr),某人的梦想是界标(lm),“是”是等同关系;属性特征“每个男人”限制界标(lm)某人的梦想(图中以小方形表示)。在实例 2 中,“这”是射体(tr),某人的梦想是界标(lm),“是”是等同关系;属性特征“你(展博)”限制界标(lm)某人的梦想(图中以小方形表示)。其中,焦点对“每个男人”和“你(展博)”是界标(lm)某人梦想的领属特征,即梦想的领有者(图 5-20 中以加粗体表示)。

朋友们对小贤明知道劳拉已经有 6 个男朋友和 2 个前夫,还继续跟她交往,大为不解。小贤以基础话语“这是每个男人的梦想”告诉他们像他跟劳拉这样聊天、约会、happy 还不用负责任的关系,是每个男人都梦寐以求的。美嘉理解了小贤的话语意义,提升了基础话语对应事件实例的概念结构(梦想的领有者“每个男人”)的突显度,以之为切入点 A,在基础话语激活的事件图式 S′内论述目标话语的表述焦点 F“你(展博)”,产出目标话语“这是你的梦想吗”。至此交际双方对事件图式 S′的梦想的领有者这一概念结构实现不同的识解,小贤将其识解为“每个男人”,美嘉则将其识解为“你(展博)”,两种识解产生一种比较关系。“每个男人”和“你(展博)”之间基于形式的语义、语用的平行映射关系促使二者发生某种关联。美嘉怀疑小贤的说法,到底是不是每个男人都梦想和女人聊天、约会、happy 还不用负责任？这需要验证。“每个男人”是类概念,“你(展博)”是例概念。类概念包含例概念,每个男人包含男人展博。美嘉运用展博这一个男人中的例来验证小贤的说法是否正确,结果这并不是展博的梦想,美嘉以此反驳否定了小贤的观点。小贤和美嘉在互动(I)中就事件图式中梦想的领有者这一概念结构进行不同的识解,达成联合调试,实现了两句在意义上的关联与协同(c_2)。

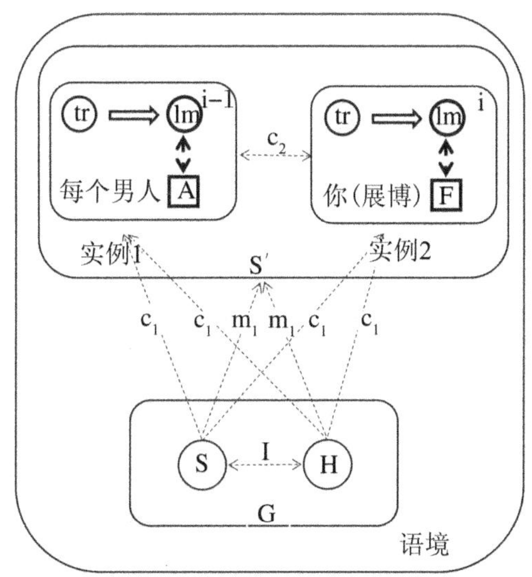

图 5-20　扩展类意义协同(宾内定语类)

5.1.5　状语类

状语类是焦点对平行项是状语的 SVO 平行结构。该类平行结构形式协同时基础话语激活的句法图式的抽象句法成分是状语,意义协同时实现联合调试的概念结构是句子所含行为(动作行为、心理活动、关系判断等)的某一特征或句子所含事件的某一特征。状语依据其在句中的位置可分为句中状语和句首状语。句中状语限饰句子所含行为,句首状语限饰句子所含事件。如果焦点对平行项担任的状语是句中状语,则其所在的 SVO 平行结构是句中状语类;如果焦点对平行项担任的状语是句首状语,则其所在的 SVO 平行结构是句首状语类。句中状语类在意义协同时实现联合调试的概念结构是句子所含行为的某一特征,句首状语类在意义协同时实现联合调试的概念结构是句子所含事件的某一特征。

5.1.5.1　句中状语

(11)（悠悠、美嘉和一菲到海南旅游。美嘉和悠悠发现一菲带了满满一箱子的书。）

悠悠：你打算在沙滩上看书？

一菲：没有啊，我打算在房间里看书。

美嘉：那和在家里有什么区别。

（《爱情公寓》）

在一个由基础话语和目标话语合成的语言使用事件模型中，处在言语情境（G）中的交际双方（悠悠 S 和一菲 H）共同参与对同一事件的概念化（c_1）。在例（11）中，说话人悠悠产出基础话语“你打算在沙滩上看书”，该话语激活了听话人一菲大脑中存储的关于该话语的 SVO 句法图式，即“你（我）打算 X 看书”，其中抽象句法成分 X 是句中状语。一菲以此为结构模板，使用替代的方式，用介词短语“在房间里”替换掉“在沙滩上”，例示句法图式“你（我）打算 X 看书”的抽象状语 X，建构该图式的不同实例，即目标话语“我打算在房间里看书”，基础话语和目标话语是扩展的关系。这样，该目标话语与基础话语实现形式上的协同，如图 5-21。

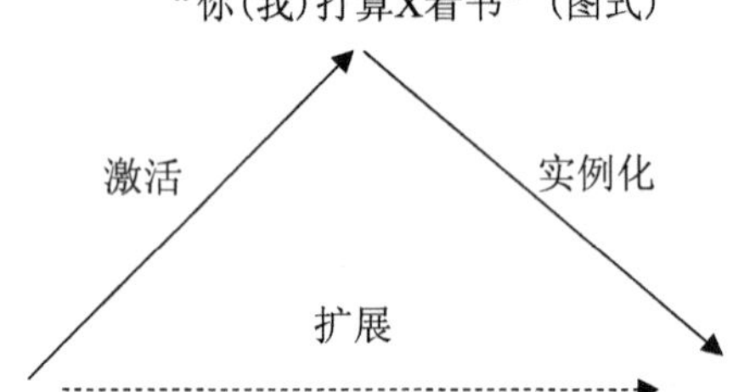

图 5-21　扩展类形式协同（句中状语类）

目标话语“我打算在房间里看书”与基础话语“你打算在沙滩上看书”形成关于句法结构“你（我）打算 X 看书”的平行结构。话语的平行排列产生了从目标话语到基础话语的映射。话语间的这种映射关系激活了 SVO 句法框架，亦即“你（我）打算 X 看书”的框架共振和焦点对“在沙滩上”和“在房间里”的焦点共振。表 5-11 的映射结构反映了这种平行、映射和共振成分之间的对应关系。

表 5-11　扩展类映射结构（句中状语类）

主语	状语 1	**状语 2**	谓语动词	宾语
你	打算	**在沙滩上**	看	书
我	打算	**在房间里**	看	书
施事	将来情态	**地点限制**	动作行为“看”	受事

如表5-11所示，焦点对平行项“在沙滩上”和“在房间里”的句法功能是状语，位于句中，限制动作行为“看”的地点。依据对话句法理论，句法结构“你(我)打算X看书”的句法共振促使焦点对平行项“在沙滩上”和“在房间里”产生意义关联。具体认知机制如下：如图5-22，在交际过程中，基础话语“你打算在沙滩上看书”不仅激活(m_1)了句法结构“你(我)打算X看书”而且激活了对应事件图式S′，即一菲打算在某处看书。动作动词“看”决定了该事件图式的基本要素是：具体的施事(看书人一菲)、具体的受事(被看的书)、一菲对书发出的看的动作行为以及动作行为看的某个方面的特征(看的地点)。基础话语“你打算在沙滩上看书”(对应视窗表示为i-1)和目标话语“我打算在房间里看书”(对应视窗表示为i)通过例示事件图式“你(我)打算X看书”的抽象特征X，对其进行具体化，可以看作该半抽象事件图式的两个具体实例(实例1和实例2)。在实例1中，一菲是射体(tr)，“书”是界标(lm)，“看”是动作行为；地点特征“在沙滩上”限制动作行为“看”(图中以小方形表示)。在实例2中，一菲是射体(tr)，“书”是界标(lm)，“看”是动作行为；地点特征“在房间里”限制动作行为“看”(图中以小方形表示)。其中，焦点对“在沙滩上”和“在房间里”是动作行为“看”在地点方面的特征。(图5-22中以加粗体表示)

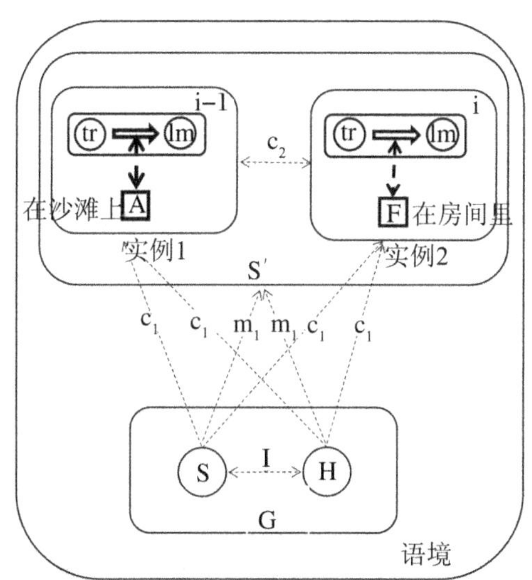

图5-22 扩展类意义协同(句中状语类)

悠悠、美嘉和一菲三人一起来海南旅游。在情景语境提供的百科知识中，到海南旅游就是吃吃海鲜、在海里游游泳、在沙滩上晒晒太阳等干一些休闲娱乐的事情。然而，悠悠见一菲带了满满一箱子的书，对之十分不解。她试探性地猜测：“你打算在沙滩上看书?"其中,悠悠的信息焦点是"看书"。听话人一菲产出"没有啊"否定了悠悠的这一猜测。常规情况下,悠悠的理解应该是一菲针对自己问句中的焦点,否定看书这件事。那么一菲的补充陈述就应该以不看书为前提。一菲提升了基础话语对应的事件实例的概念结构(看书行为的地点"在沙滩上")的突显度,以之为切入点 A,在基础话语激活的事件图式 S′内论述目标话语的表述焦点 F"在房间里",产出目标话语"我打算在房间里看书"。焦点对"在沙滩上"和"在房间里"为概念结构,即看书的地点,提供了两种不同的识解,这两种识解产生一种比较关系。两种识解,即"在沙滩上"和"在房间里",基于形式的语义、语用的平行映射关系促使二者发生某种关联。"在沙滩上"和"在房间里"提供两个完全不同的看书地点,它们的意义看似不同,但实则相似;因为来海南旅游,无论在沙滩上看书还是在房间里看书,都是看书、都一样无趣,和在家里看书没什么区别。语用上,"在沙滩上"和"在房间里"看似不同实则相似的意义关系超出了悠悠对其话语的常规预测和推理,因此,该陈述不仅能说明一菲的打算而且带有一定的幽默效果。所以,美嘉才会说"那和在家里有什么区别"。交际双方悠悠和一菲在互动(I)中就事件图式 S′中看书行为的地点这一概念结构进行不同的识解,达成联合调试,实现两句在意义上的关联与协同(c_2)。

5.1.5.2 句首状语

(12) (展博和同事赵无量喜欢相互攀比。听说赵无量有女朋友了,展博很担忧,因为,这样一来,他就成公司里唯一一位没有女朋友的了。为了不被人歧视,展博决定找个人冒充自己的女朋友。一菲自告奋勇,毛遂自荐。)

一菲:……论气质、论长相,我绝对甩掉赵无量女朋友八条大马路。

小贤:论年龄,你绝对甩掉她八条大马路。

(《爱情公寓》)

在一个由基础话语和目标话语合成的语言使用事件模型中,处在言语情境(G)中的交际双方(一菲 S 和小贤 H)共同参与对同一事件的概念化(c_1)。在例(12)中,说话人一菲产出基础话语"论气质、论长相,我绝对甩掉赵无量女朋友八条大马路",该话语激活了听话人小贤大脑中存储的关于该话语的 SVO 句法图式,即"X,我(你)绝对甩掉赵无量女朋友(她)八条大马路",其中抽象句法成分 X 是状语。小贤以此为结构模板,使用替代的方式,用介词短语"论年龄"替换掉"论气质、论长相",例示句法图式"X,我(你)绝对甩掉赵无量女朋友(她)八条大马路"的抽象状语"X",建构该图式的不同实例,即目标话语"论年龄,你绝对甩掉她八条大马路”,基础话语和目标话语是扩展的关系。这样,该目标话语与基础话语实现形式上的协同,如图 5-23。

目标话语“论年龄,你绝对甩掉她八条大马路”与基础话语“论气质、论长相,我绝对甩掉赵无量女朋友八条大马路”形成关于句法结构“X,我(你)绝对甩掉赵无量女朋友(她)八条大马路”的平行结构。话语的平行排列产生了从目标话语到基础话语的映射。话语间的这种映射关系激活了 SVO 句法框架,亦即“X,我(你)绝对甩掉赵无量女朋友(她)八条大马路”的框架共振和焦点对“论气质、论长相”与“论年龄”的焦点共振。表 5-12 的映射结构反映了这种平行、映射和共振成分之间的对应关系。

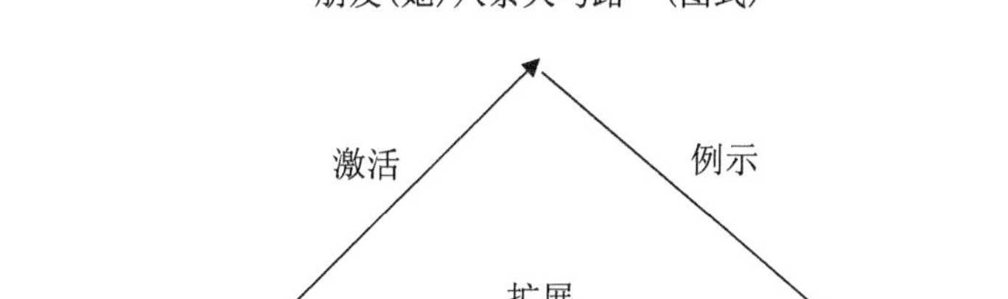

图 5-23　扩展类形式协同(句首状语类)

表 5-12　扩展类映射结构(句首状语类)

状语	主语	谓语动词	宾语	补语
论气质、论长相	我	(绝对)甩(掉)	赵无量女朋友	八条大马路
论年龄	你	(绝对)甩(掉)	她	八条大马路
范围	施事	动作行为“甩”	受事	程度

如表 5-12 所示,焦点对平行项“论气质、论长相”和“论年龄”的句法功能是状语,位于句首,限制“我(你)绝对甩掉赵无量女朋友(她)八条大马路”所表征事件的范围。依据对话句法理论,句法结构“X,我(你)绝对甩掉赵无量女朋友(她)八条大马路”的句法共振促使焦点对平行项“论气质、论长相”和“论年龄”产生意义关联。具体认知机制如下:如图 5-24,在交际过程中,基础话语“论气质、论长相,我绝对甩掉赵无量女朋友八条大马路”不仅激活了句法结构“X,我(你)绝对甩掉赵无量女朋友(她)八条大马路”而且激活(m_1)了相应的事件图式 S′,即在某方面一菲远远超越赵无量女朋友。动作动词“甩掉”决定了该事件图式的基本要素是具体的施事(动作者一菲)、受事(被超越的对象赵无量的女朋友)、一菲向赵无量女

朋友发出的超越行为、具体的超越程度以及抽象的范围(在某个方面一菲一定远远超越赵无量的女朋友)。抽象的X是对整个事件范围的限制。基础话语"论气质、论长相,我绝对甩掉赵无量女朋友八条大马路"(对应视窗表示为i-1)和目标话语"论年龄,你绝对甩掉她八条大马路"(对应视窗表示为i)通过例示事件图式"X,我(你)绝对甩掉赵无量女朋友(她)八条大马路"的抽象特征X,对其进行具体化,可以看作该半抽象事件图式的两个具体实例(实例1和实例2)。在实例1中,一菲是射体(tr),赵无量女朋友是界标(lm),"甩掉"是动作行为;范围特征"论气质、论长相"限制整个事件(图中以小方形表示)。在实例2中,一菲是射体(tr),赵无量女朋友是界标(lm),"甩掉"是动作行为;范围特征"论年龄"限制整个事件(图中以小方形表示)。其中,焦点对平行项"论气质、论长相"和"论年龄"限制整个事件的范围。(图5-24中以加粗体表示)

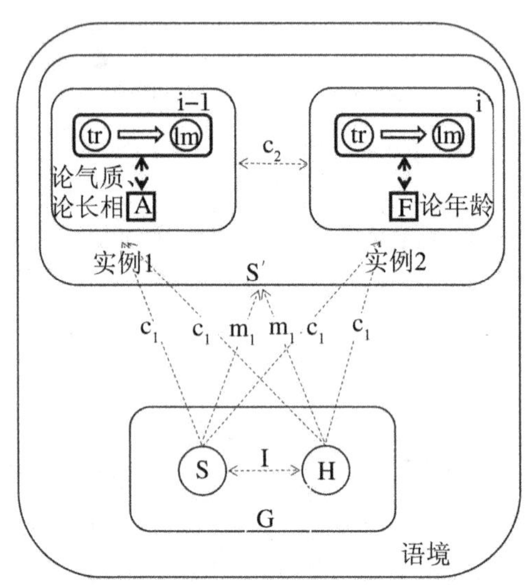

图5-24　扩展类意义协同(句首状语类)

一菲想假扮展博的女朋友去挑战赵无量的女朋友,而且她自信地认为自己在气质和长相方面一定完胜赵无量的女朋友,故扬言"论气质、论长相,我绝对甩掉赵无量女朋友八条大马路"。希望大家也认同她的观点,进而支持她去假扮展博的女朋友。小贤理解了一菲的话语意义,以一菲的基础话语提供的事件实例的概念结构,即事件的范围("论气质、论长相")为切入点A,在基础话语激活的事件图式S′内论述目标话语的表述焦点F"论年龄",产出目标话语"论年龄,你绝对甩掉她八条大马路"。一菲将概念结构(事件的范围)识解成"论气质、论长相",小贤将其识解成"论年龄",这两种识解产生比较关系。两者之间基于形式的语义、语用的平行映射关系促使二者发生某种关联。“气质”和“长相”是女人的美丽特征，而“年龄”是消灭美丽的杀手。二者构成语义上的对立关系，即小贤认为一菲不是在气质和长相上远超赵无量女朋友，而是在年龄上远超她。换言之，小贤认为一菲年龄太大，不适合扮演展博的女朋友。语用上，小贤以“论年龄”回应一菲的“论气质、论长相”，反驳和否定了由一菲去扮演展博女朋友的想法。同时，一菲觉得自己能在气质和长相上远远超越赵无量女朋友，说明一菲对自己的长相和气质很自信，而小贤将比较和超越的范围从气质和长相转移到年龄，意在表达一菲就算有气质、有长相也老了，使目标话语“论年龄，你绝对甩掉她八条大马路”同时具有了一定的戏谑、调侃的味道。交际双方一菲和小贤在互动(I)中就事件图式中整个事件的范围这一概念结构进行不同的识解，达成联合调试，实现了两句在意义上的关联与协同(c_2)。

5.1.6　补语类

补语类是焦点对平行项是补语的 SVO 平行结构。该类平行结构形式协同时，基础话语激活的句法图式的抽象句法成分都是补语，意义协同时实现联合调试的是句中动宾短语 V+NP 表征概念结构的某一特征。

(13)（张伟迷恋一个叫薇薇的女孩。子乔假扮薇薇申请了个钓鱼账号，作弄张伟。张伟上套，发信息大搞暧昧。子乔跟小贤和美嘉讲这件事情。）

子乔：他(张伟)现在为了找共同话题，已经毫无底线了。我只能满足他一下啦。

小贤：你已经满足他一整天啦。

美嘉：你太损了。

子乔：我也是为他好，要是真的薇薇，早把他拉黑了。

（《爱情公寓》）

在一个由基础话语和目标话语合成的语言使用事件模型中，处在言语情境(G)中的交际双方(子乔 S 和小贤 H)共同参与对同一事件的概念化(c_1)。在例(13)中，说话人子乔产出基础话语“我只能满足他一下啦”，该话语激活了听话人小贤大脑中存储的关于该话语的 SVO 句法图式，亦即“我(你)满足他 X”，其中抽象句法成分是补语。小贤以此为结构模板，使用替代的方式，用时量短语“一整天”替换掉基础话语中的“一下”，例示句法图式“我(你)满足他 X”的抽象补语 X，建构该图式的不同实例，即目标话语“你已经满足他一整天了”，基础话语和目标话语是扩展的关系。这样，该目标话语与基础话语实现形式上的协同，如图 5-25。

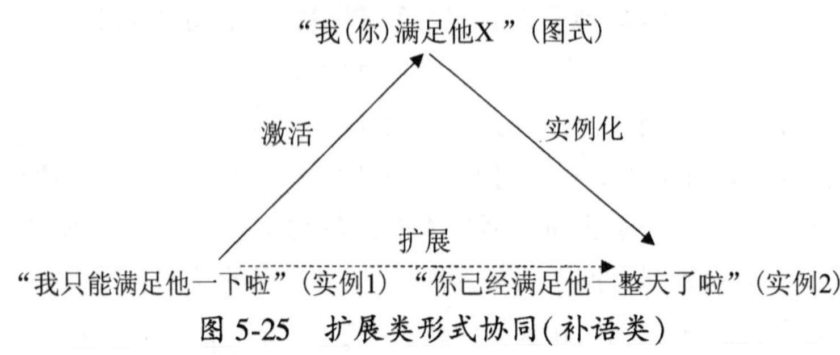

图 5-25　扩展类形式协同(补语类)

目标话语"你已经满足他一整天了啦"与基础话语"我只能满足他一下啦"形成关于句法结构"我(你)满足他 X"的平行结构。话语的平行排列产生了从目标话语到基础话语的映射。话语间的这种映射关系激活了 SVO 句法框架,亦即"我(你)满足他 X"的框架共振和焦点对"一下"和"一整天"的焦点共振。表 5-13 的映射结构反映了这种平行、映射和共振成分之间的对应关系。

表 5-13　扩展类映射结构(补语类)

主语	状语	谓语动词	宾语	**补语**	结语
我	只能	满足	他	**一下**	啦
你	已经	满足	他	**一整天**	啦
致事	限制	致使行为"满足"	使事	**数量**	结束

如表 5-13 所示,焦点对平行项"一下"和"一整天"的句法功能是补语,补充说明张伟处于满足状态的数量特征。依据对话句法理论,句法结构"我(你)满足他 X"的句法共振促使焦点对平行项"一下"和"一整天"产生意义关联。具体认知机制如下:如图 5-26,在交际过程中,基础话语"我只能满足他一下啦"不仅激活了句法结构"我(你)满足他 X"而且激活(m_1)了对应的子乔使张伟处于满足状态的事件图式 S′,致使动词"满足"决定了该事件图式的基本要素:致事子乔、使事张伟,致使行为"满足"、张伟处于满足状态的数量特征,即抽象的 X,补充说明动作行为"满足"。基础话语"我只能满足他一下啦"(对应视窗表示为 i-1)和目标话语"你已经满足他一整天了啦"(对应视窗表示为 i)通过例示事件图式"我(你)满足他 X"的抽象特征"X",对其进行具体化,可以看作该半抽象事件图式的两个具体实例(实例 1 和实例 2)。在实例 1 中,子乔是射体(tr),张伟是界标(lm),"满足"是致使行为;数量特征"一下"补充说明张伟处于满足状态的动作数量(图中以小方形表示)。在实例 2 中,子乔是射体(tr),张伟是界标(lm),"满足"是致使行为;数量特征"一整天"补充说明张伟处于满足状态的时间数量(图中以小方形表示)。其中,焦点对平行项"一下"和"一整天"补充说明张伟处于满足状态的数量特征(图 5-26 中以加粗体表示)。

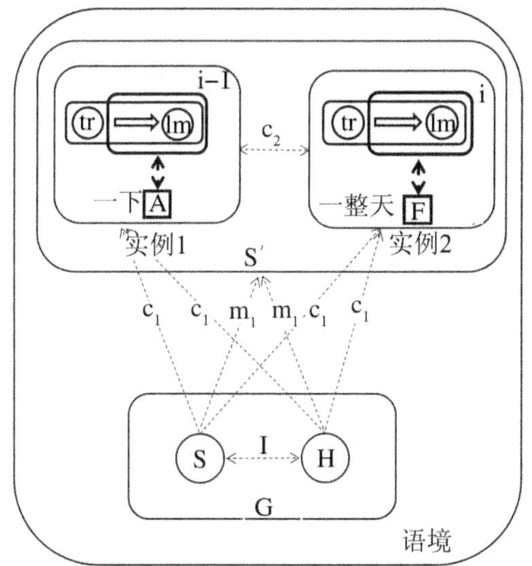

图5-26　扩展类意义协同(补语类)

子乔假扮张伟的迷恋对象薇薇申请个钓鱼账号故意作弄他,张伟分分钟上钩。在微博里配合假薇薇的话题,大搞暧昧。子乔觉得张伟为了跟薇薇有共同话题,已经毫无底线。他产出基础话语“我只能满足他一下啦”,表达自己没办法,也只有配合张伟满足他一下。听话人小贤理解了子乔的话语意义,以子乔的基础话语提供的事件实例的概念结构(张伟处于满足状态的数量特征)为切入点A,在基础话语激活的事件图式S′内论述目标话语的表述焦点F“一整天”,产出目标话语“你已经满足他一整天了啦”。至此交际双方对事件图式S′的张伟处于满足状态的数量特征这一概念结构实现不同的识解,子乔将其识解为“一下”,小贤则将其识解为“一整天”,两种识解产生一种比较关系,两者之间基于形式的语义、语用的平行映射关系促使二者发生某种关联。“一下”和“一整天”在数量特征上对张伟处于满足状态这一概念结构进行补充说明,“一下”强调数量少,“一整天”强调数量多。小贤通过二者数量上的对立表达子乔已经陪张伟聊了一天,使张伟处于此种满足状态也有一天,而不是一下,进而表达对子乔这种做法的不赞同。交际双方子乔和小贤在互动(I)中,在相同的事件图式,即子乔使张伟处于满足的状态中,就张伟处于满足状态的数量特征这一概念结构进行不同的识解,达成一种联合调试,实现了两句在意义上的关联与协同(c_2)。

5.1.7　谓语类(VP短语)

谓语类是焦点对平行项是谓语的SVO平行结构。该类平行结构形式协同时,基础话语激活的句法图式的抽象句法成分是谓语，意义协同时实现联合调试的概念结构是句中充当谓语的动宾短语表征的概念结构。

(14) (一会儿去参加一个同事的婚礼，A 和朋友 B 去买红包装礼金。)

B：我最烦买红包。

A：你最爱收红包。

B：你说的不错，谁不爱呢。

(私人聊天)

在一个由基础话语和目标话语合成的语言使用事件模型中，处在言语情境(G)中的交际双方(B 和 A)共同参与对同一事件的概念化(c_1)。在例(14)中，说话人 B 产出基础话语“我最烦买红包”，该话语激活了听话人 A 大脑中存储的关于该话语的 SVO 句法图式，亦即“我(你)最 X(VP)”，其中抽象句法成分 X 是谓语，A 以此为结构模板，使用替代的方式，用“爱收红包”替换掉基础话语中的“烦买红包”，例示句法图式“我(你)最 X(VP)”的抽象谓语 X，建构该图式的不同实例，即目标话语“你最爱收红包”，基础话语和目标话语是扩展的关系。这样，该目标话语与基础话语实现形式上的协同，如图 5-27。

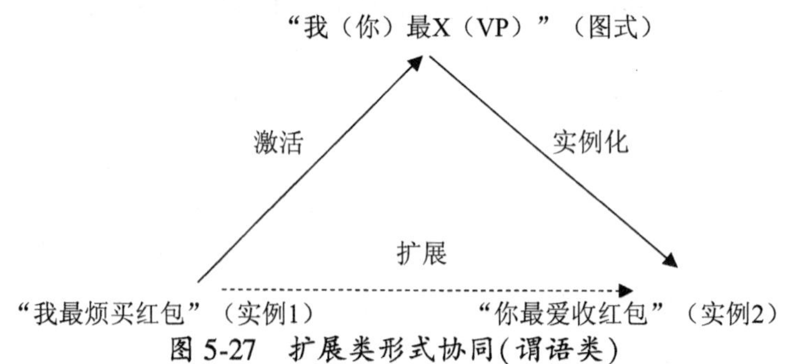

图 5-27 扩展类形式协同(谓语类)

目标话语“你最爱收红包”与基础话语“我最烦买红包”形成关于句法结构“我(你)最 X(VP)”的平行结构。话语的平行排列产生了从目标话语到基础话语的映射。话语间的这种映射关系激活了 SVO 句法框架，亦即“我(你)最 X(VP)”的框架共振和焦点对“烦买红包”和“爱收红包”的焦点共振。表 5-14 的映射结构反映了这种平行、映射和共振成分之间的对应关系。

表 5-14 扩展类映射结构(谓语类)

主语	状语	动词	宾语
我	最	烦	买红包
你	最	爱	收红包
经事	强调	心理活动	感事

如表 5-14 所示,焦点对平行项“烦买红包”和“爱收红包”的句法功能是谓语,表征体验厌烦“买红包”和喜欢“收红包”的心理活动。依据对话句法理论,句法结构“我(你)最 X(VP)”的句法共振促使焦点对平行项“烦买红包”和“爱收红包”产生意义关联。具体认知机制如下:如图 5-28,在交际过程中,基础话语“我最烦买红包”不仅激活了句法结构“我(你)最 X(VP)”而且激活(m_1)了对应的 B 体验做某事的某种心理活动的事件图式 S′。该事件图式的基本要素是具体的经事 B 和抽象的体验做某事的某种心理活动 X。基础话语“我最烦买红包”(对应视窗表示为 i-1)和目标话语“你最爱收红包”(对应视窗表示为 i)通过例示事件图式“我(你)最 X(VP)”的抽象 X,即体验做某事的某种心理活动,对其进行具体化,可以看作该半抽象事件图式的两个具体实例(实例 1 和实例 2)。在实例 1 中,B 是射体(tr),买红包这件事是界标(lm),“烦”是心理活动。在实例 2 中,B 是射体(tr),收红包这件事是界标(lm),“爱”是心理活动。其中,焦点对平行项“烦买红包”和“爱收红包”的语义是心理活动+感事,即体验厌烦买红包这件事和喜欢收红包这件事的心理活动(图 5-28 中以加粗体表示)。

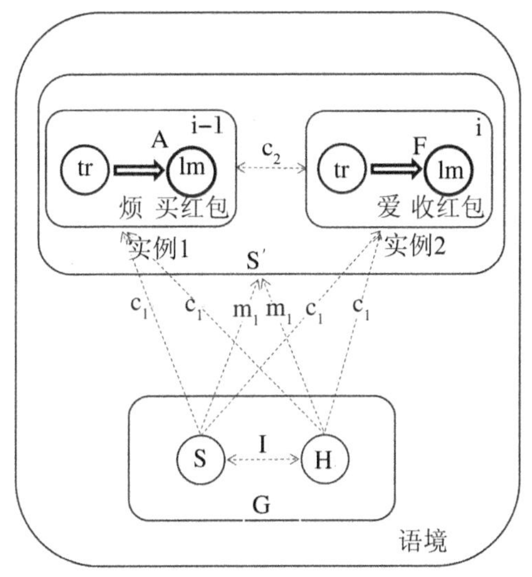

图 5-28　扩展类意义协同(谓语类)

A 和 B 一块儿去买红包装礼金用,B 产出基础话语“我最烦买红包”,表达自己体验对买红包这件事厌烦的心理活动。在我们的文化语境中,红包是装礼金用的,买红包就意味着要送礼金给别人,因此,B 烦的不是买红包,烦的是给别人送钱。A 理解了 B 的话语意义,以 B 的基础话语提供的事件实例的概念结构(烦买红包)为切入点 A,在基础话语激活的事件图式 S′内论述目标话语的表述焦点 F“爱收红包”,产出目标话语“你最爱收红包”。至此交际双方对事件图式 S′的体验做某事的某种心理活动这一概念结构实现不同的识解,B 将其识解为“烦买红包”,A 则将其识解为“爱收红包”,两种识解产生一种比较关系,两者之间基于形式的语义、语用的平行映射关系促使二者发生某种关联。在焦点对“烦买红包”和“爱收红包”中,“买红包”指把自己的钱送给别人,“收红包”指别人把钱送给自己,A 认为 B 厌烦把自己的钱送给别人,那她一定喜欢别人把钱送给自己。A 产出目标话语“你最爱收红包”,表达了和 B 基础话语相对立的意义,即 A 认为 B 喜欢别人给自己送钱。交际双方 B 和 A 在互动(I)中就 B 体验做某事的某种心理活动这一事件图式中的概念结构,即对体验做某事的某种心理活动进行不同的识解,达成一种联合调试,实现了两句在意义上的关联与协同(c_2)。

5.2　句法关系类协同分析

扩展类依据其具体实现方式不同可分为单个成分类和句法关系类,单个成分类的具体实现方式是替代,句法关系类是句法功能转换,即转换基础话语中某些成分的句法功能。句法关系类 SVO 平行结构形式协同时,基础话语激活的句法图式的抽象句法成分是主语和宾语,意义协同时实现联合调试的概念结构是某种关系如施受关系、前后成分之间的关系、相互体验某种心理活动的关系等,如,例(15)是对子乔和美嘉之间施受关系识解的联合调试,例(16)是对子乔和鱼施受关系识解的联合调试。

(15)(悠悠跟关谷爆料子乔和美嘉分手的事。)

悠悠:关谷,特大新闻,特大新闻,美嘉甩了子乔!

关谷:不会吧,子乔甩了美嘉吧,子乔可是个花心大萝卜。

(《爱情公寓》)

在一个由基础话语和目标话语合成的语言使用事件模型中,处在言语情境(G)中的交际双方(悠悠 S 和关谷 H)共同参与对同一事件的概念化(c_1)。在例(15)中,说话人悠悠产出基础话语“美嘉甩了子乔”。该话语激活了听话人大脑中存储的关于该话语的句法图式“X 甩了 Y”。关谷以此为结构模板,运用句法功能转换,将基础话语的“美嘉”和“子乔”调换了句法功能。“美嘉”从基础话语的主语变成了目标话语的宾语,“子乔”从基础话语的宾语变成了目标话语的主语。换言之,关谷以句法功能转换的方式实现了主语-宾语的重组(reorganization),以此重新例示句法结构“X 甩了 Y”,建构该图式的不同的实例——实例 2,即目标话语“子乔甩了美嘉吧”,也就是扩展式,从而实现了形式上的协同,如图 5-29。

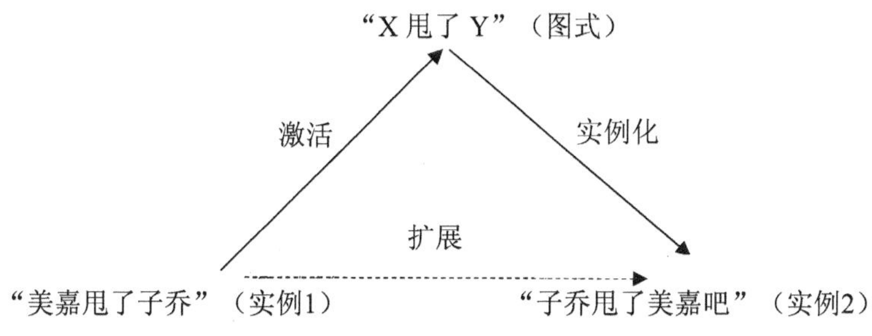

图 5-29　扩展类形式协同(句法关系类)

该目标话语"子乔甩了美嘉吧"与基础话语"美嘉甩了子乔"构成关于句法结构"X 甩了 Y"的平行结构。如表 5-15,基础话语"美嘉甩了子乔"和目标话语"子乔甩了美嘉吧"的平行排列产生了从目标话语到基础话语的映射。话语间的这种映射关系激活了 SVO 句法框架,即"X 甩了 Y"的句法框架共振。表 5-15 的映射结构反映了这种平行、映射和共振成分之间的对应关系。

表 5-15　扩展类映射结构(句法关系类)

主语	谓语动词	宾语	结语
美嘉	甩了	**子乔**	
子乔	甩了	**美嘉**	吧
施事	动作行为"甩"	**受事**	结束

依据对话句法理论,句法结构"X 甩了 Y"的句法共振促使话语间产生意义关联,具体认知机制如下:如图 5-30,在交际过程中,基础话语"美嘉甩了子乔"不仅激活了句法结构图式"X 甩了 Y"而且激活(m_1)了对应的恋人分手的事件图式 S′。动作动词"甩"决定了该事件图式的基本要素是抽象的施事 X 和受事 Y 以及 X 向 Y 发出的"甩"的动作行为。基础话语"美嘉甩了子乔"(对应视窗表示为 i-1)和目标话语"子乔甩了美嘉吧"(对应视窗表示为 i)通过例示事件图式"X 甩了 Y"的抽象施事"X"和抽象受事"Y",对其进行具体化,可以看作该半抽象事件图式的两个具体实例(实例 1 和实例 2)。在实例 1 中,"美嘉"是施事也是射体(tr),"子乔"是受事也是界标(lm),"甩"是动作行为。在实例 2 中,"子乔"是施事也是射体(tr),"美嘉"是受事也是界标(lm),"甩"是动作行为。实例 2 和实例 1 的不同体现在射体(tr)和界标(lm)的重新联结(tr-lm realignment),即交际双方对子乔和美嘉之间施受关系识解的变化(图 5-30 中以加粗体表示)。

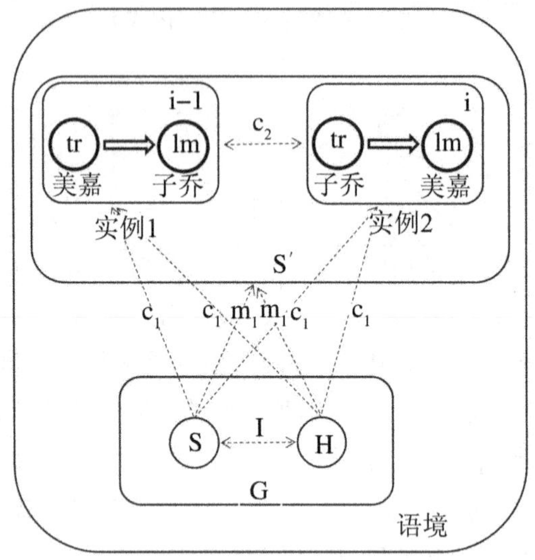

图 5-30 扩展类意义协同(句法关系类)

如图 5-30,在恋人分手的事件图式 S 中,关谷以基础话语提供的事件实例中施事(美嘉)和受事(子乔)之间的关系为切入点,将美嘉和子乔的关系重新识解,产出目标话语,实现射体(tr)和界标(lm)的重新联结。至此交际双方对事件图式 S′中子乔和美嘉之间施受关系的这一概念结构实现不同的识解,二者产生一种比较关系。组合语境中的句际关系,即话语间的形式平行映射关系和以其为基础的语义和语用的平行映射关系为两种识解的比较提供认知背景,促使两种识解建立起基于语境的意义关联。美嘉在句法上从主语到宾语的转变实现了认知上从射体(tr)到界标(lm)的转变,语义上,施事到受事的转变 ,即从主动抛弃到被甩,形成了意义上的对立关系;子乔从句法上的宾语到主语的转变实现了认知上从界标(lm)到射体(tr)的转变,语义上,受事到施事的转变 ,即从被甩到主动抛弃,形成了意义上的对立关系;语用上,作为对悠悠话语的回应,关谷提供一种语义上对立的关系对悠悠发布的信息,即美嘉主动抛弃了子乔,提出质疑。关谷依据对子乔的认识,即"子乔是个花心大萝卜",觉得应该是子乔另结新欢,主动抛弃了美嘉。这样,关谷通过对悠悠基础话语句法功能的转换实现了射体(tr)和界标(lm)的重新联结,建立了话语间意义的对立关联。交际双方在互动(I)中在事件图式 S′中谁甩了谁这一概念结构上实现了联合调试,达成意义协同(c_2)。

(16) (小贤为了迎接上司 Lisa 的到来,正在认真地打扫屋子。这时,子乔走了进来。)

小贤:你干什么了,身上的味道这么臭啊?

子乔:我钓鱼了。

(小贤仔细地打量了他,他浑身是水和泥,脏兮兮的。)

小贤:看你这样子,鱼钓了你吧。

(《爱情公寓》)

在一个由基础话语和目标话语合成的语言使用事件模型中,处在言语情境(G)中的交际双方(子乔 S 和小贤 H)共同参与对同一事件的概念化(c_1)。在例(16)中,说话人子乔产出基础话语“我钓鱼了”,该话语激活了听话人小贤大脑中存储的关于该话语的句法结构图式亦即“X 钓 Y”,其中,抽象的句法成分 X 是主语,Y 是宾语。听话人小贤以此为结构模板,改变基础话语“我”和“鱼”的句法功能,即“我”由主语变宾语、“鱼”由宾语变主语,实现句法重组,从而例示句法图式“X 钓 Y”的抽象主语 X 和宾语 Y,建构该图式的不同实例,即目标话语“鱼钓了你吧”,基础话语和目标话语是扩展的关系。这样,该目标话语与基础话语实现形式上的协同,如图 5-31。

目标话语“鱼钓了你吧”与基础话语“我钓鱼了”形成关于句法结构“X 钓 Y”的平行结构。话语的平行排列产生了从目标话语到基础话语的映射。话语间的这种映射关系激活了 SVO 句法框架,亦即“X 钓 Y”的框架共振。表 5-16 的映射结构反映了这种平行、映射和共振成分之间的对应关系。

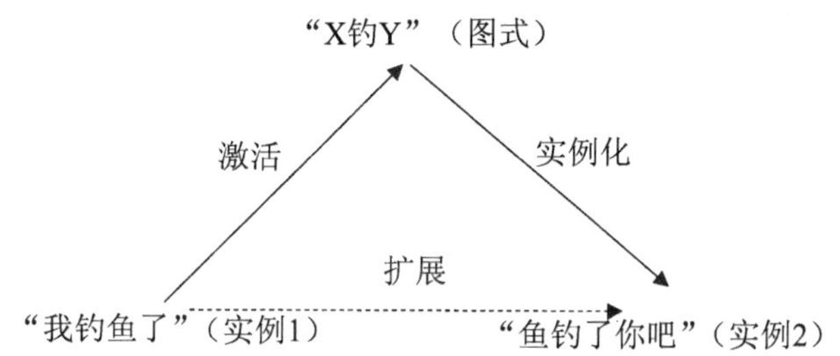

图 5-31　扩展类形式协同(句法关系类)

表 5-16　扩展类映射结构(句法关系类)

主语(射体)	谓语动词	宾语(界标)	
我(子乔)	钓	**鱼**	了
鱼	钓了	**你(子乔)**	吧
施事	动作行为“钓”	**受事**	结束

结束是对“了”和“吧”意义的标示,因为不管是表示句子的结束还是动作的结束,都是结束之意。

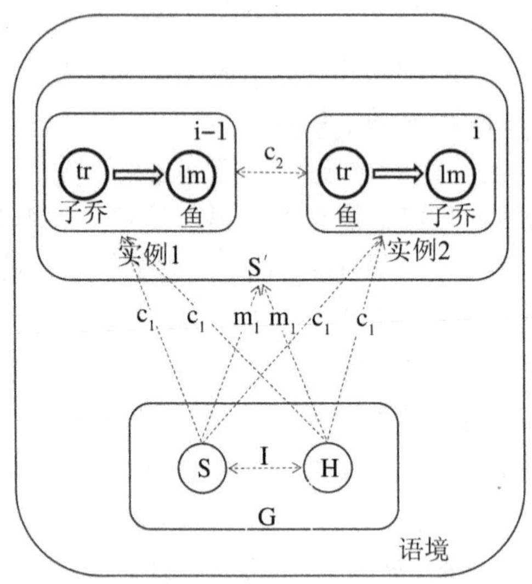

图 5-32　扩展类意义协同(句法关系类)

依据对话句法理论,句法结构"X 钓 Y"的句法共振促使话语间产生意义关联,具体认知机制如下:如图 5-32,在交际过程中,基础话语"我钓鱼了"不仅激活了句法结构图式"X 钓 Y"而且激活(m_1)了对应钓鱼的事件图式 S′。动作动词"钓"决定了该事件图式的基本要素是抽象的施事(垂钓者 X)、受事(钓的对象 Y)和 X 向 Y 发出的钓的动作行为。基础话语"我钓鱼了"(对应视窗表示为 i-1)和目标话语"鱼钓了你吧"(对应视窗表示为 i)通过例示事件图式"X 钓 Y"的抽象施事"X"和抽象受事"Y",对其进行具体化,可以看作该半抽象事件图式的两个具体实例(实例 1 和实例 2)。在实例 1 中,子乔是射体(tr),"鱼"是界标(lm),"钓"是动作行为。在实例 2 中,"鱼"是射体(tr),子乔是界标(lm),"钓"是动作行为。实例 2 和实例 1 的不同体现在射体(tr)和界标(lm)的重新联结,亦即子乔和鱼之间施受关系的变化(图 5-32 中以加粗体表示)。

子乔产出基础话语"我钓鱼了",表达了自己对鱼实施了钓的动作,陈述自己去钓鱼了这一事实,以此来回应小贤闻到臭味后的质问"你干什么了"。小贤理解了子乔的话语意义,以子乔的基础话语提供的事件图式中施事(子乔)和受事(鱼)之间的关系为切入点,将子乔和鱼的关系重新识解,产出目标话语,实现射体(tr)和界标(lm)的重新联结。至此交际双方对事件图式 S′中子乔和鱼之间施受关系的这一概念结构实现不同的识解,二者产生一种比较关系。子乔将其识解为是自己对鱼实施了钓的动作并对其产生影响,而小贤则将其识解为是鱼对子乔实施了钓的动作并对他产生了影响,两种识解产生意义上的对立关系。两种识解之间基于形式的语义、语用的平行映射关系促使二者建立某种意义上的关联。结合情景语境，即钓鱼的百科知识，人不是被钓的对象，不可能像鱼一样从水里被钓出来。结合当时的情景，小贤看到子乔身上脏兮兮、湿漉漉的，还散发着臭味。子乔的这一形象和被钓的“鱼”的形象在心理世界(mental universe)内建立起临时在线对应关系，虽然子乔不可能像鱼一样被钓起来，但是他的形象可以像被钓起来的鱼一样。句法“X 钓 Y”的框架上的平行映射关系激活话语的受事“鱼”和“子乔”之间形象上的相似关联。因此，小贤的“鱼钓了你吧”的会话含意是子乔浑身臭烘烘、湿漉漉、脏兮兮的，像从水里钓起来的鱼一样。语用上，小贤以“鱼钓了你吧”回应子乔的“我钓鱼了”，表达对子乔的一种厌烦、戏弄与嘲讽。交际双方在互动(I)中对钓鱼事件中参与者的施受关系这一概念结构的识解达成联合调试，实现意义的关联与协同(c_2)。(孙李英 2017)

本章利用协同模型对扩展类 SVO 平行结构进行协同分析。对扩展类 SVO 平行结构的两个次结构，即单个成分类和句法关系类，给予统一的解释。扩展类形式协同的机制是实例-图式-实例，即说话人的基础话语激活了听话人关于该话语的 SVO 句法结构图式。听话人对其进行例示，产生与基础话语具有一致 SVO 结构的目标话语，该目标话语与基础话语之间的关系是扩展，至此，话语间实现形式协同。基础话语和目标话语形成 SVO 平行结构。话语的平行排列诱发话语间的映射，映射激活句法共振，句法共振促使话语间产生意义的关联，实现意义的协同。句法共振的机制是基础话语在激活 SVO 句法图式的同时激活了相应的事件图式。在这个事件图式内，交际双方对某一概念结构(某一元素或元素之间的关系)的不同识解达成联合调试，实现意义协同。

在扩展类中，每一类的协同过程都存在区别性特征。在形式协同时，单个成分类的具体实现方式是替代，基础话语激活的句法图式中只有单个抽象句法成分；句法关系类的具体实现方式是句法功能转换，基础话语激活的句法图式中有两个抽象句法成分，即主语和宾语。在意义协同时，单个成分类实现联合调试的概念结构是同一事件的某一元素；句法关系类是事件元素间的某种关系，如施受关系、前后成分之间的关系、相互体验某种心理活动的关系等。简言之，前者是某一元素，后者是元素之间的关系。单个成分类又依据其焦点对平行项充当的句法功能分为主语类、谓语动词类、宾语类、定语类、状语类、补语类和谓语类。它们每一类的协同过程同样存在差异：在形式协同上，每一类的区别体现在基础话语激活的句法图式的抽象句法成分不同，它们分别是主语、谓语动词、宾语、定语、状语、补语和谓语；在意义协同上，每一类实现联合调试的概念结构并不相同，它们是主事成分、某一行为、客事成分、某一特征等。

第6章　阐释类SVO平行结构的协同分析

SVO平行结构依据其基础话语和目标话语的范畴化关系可分为扩展类和阐释类。前者的形式协同机制是实例-图式-实例,该类在形式协同时激活的是含有抽象句法成分的SVO句法图式;后者的形式协同机制是图式-实例,该类在形式协同时激活的是与基础话语显性语言表达形式相同的SVO句法图式。二者在意义协同时实现联合调试的概念结构不同,前者是基础话语激活的抽象SVO事件图式的某一元素或元素之间的关系,后者是基础话语的对应SVO事件图式或其中某一元素。第5章具体分析了扩展类的协同过程,本章将运用第3章的协同分析模型对阐释类的协同过程进行详细分析。

6.1　有焦点对类协同分析

阐释类SVO平行结构依据其有无焦点对可分为有焦点对类和无焦点对类。虽然这两类的形式协同机制都是图式-实例,但是二者在具体实现方式上则不相同,有焦点对类是一问一答的方式或重复的方式,无焦点对类是添加成分的方式。在意义协同时,前者是阐释或具体化基础话语对应事件图式的某一抽象成分,或听话人通过突显基础话语对应事件的某一概念成分以表达某种话语功能,后者是突显基础话语对应事件图式的某一部分。本节先讨论有焦点对类的协同过程,有焦点对SVO平行结构分为问答类和重复类。依据焦点对平行项的语义成分问答类SVO平行结构可分为受事类、感事类、止事类和与事类(歧义)。这四类在形式协同时都采用一问一答的方式,在意义协同时,虽然都是通过阐释或具体化基础话语对应事件图式的某一抽象成分,实现对某一概念结构不同识解的联合调试,但是每一类实现联合调试的具体概念结构并不相同:受事类实现联合调试的概念结构是受事,感事类是感事,止事类是止事,与事类是与事。下文将分别例释这四类SVO平行结构的协同过程。

6.1.1　问答类

6.1.1.1　受事类

(1) (小贤刚在电台里讲完一个男生和他的隔壁邻居相爱并结婚的浪漫爱情故事,就接到一位热心听众 A 的来电。)

听众 A:我刚才听了你讲的故事,我就想知道我隔壁住的是不是我的另一半。

小贤:很好啊,勇敢地迈出第一步,你就会有意想不到的收获。

听众 A:所以啊,我刚才在那面墙上打了一个洞,你猜我看到了谁?

小贤:你看到了你的另一半?

听众 A:我看到了物业和保安。

(《爱情公寓》)

在例(1)中,在一个由基础话语和目标话语合成的语言使用事件模型中,处在言语情境(G)中的交际双方(小贤和听众 A)共同参与对同一事件的概念化(c_1)。听众 A 产出基础话语"我看到了谁",激活了与基础话语显性语言表达形式相同的 SVO 句法图式。小贤对其阐释/例示,产出与基础话语具有相同句法结构的实例"你看到了你的另一半",对句法图式"我看到了谁"中的抽象宾语疑问词"谁"进行回应,将其具体化,话语间实现形式协同,如图 6-1。

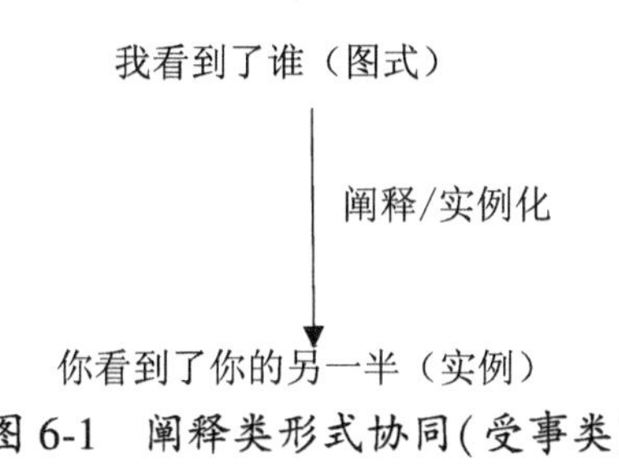

图 6-1　阐释类形式协同(受事类)

通过图式-实例关系阐释/例示生成的目标话语"你看到了你的另一半"与基础话语"我看到了谁"形成了一个 SVO 平行结构。如表 6-1 所示,话语的平行排列产生了从目标话语到基础话语的映射。话语间的这种映射关系激活了 SVO 句法框架共振和焦点对"谁"和"你的另一半"的焦点共振。

表 6-1　阐释类映射结构(受事类)

主语	谓语动词	**宾语**
我	看到了	**谁**
你	看到了	**你的另一半**
施事	动作行为“看到”	**受事**

如表 6-1 所示,焦点对平行项“谁”和“你的另一半”的句法功能是宾语,语义成分是受事,即听众 A 看到的对象,其中疑问词“谁”是问,“你的另一半”是对其的回答。依据对话句法理论,SVO 句法图式的框架共振促使焦点对平行项“谁”和“你的另一半”产生焦点共振、实现意义关联。具体认知机制如下:如图 6-2,在交际过程中,基础话语“我看到了谁”(对应视窗表示为 i-1)不仅激活了一个与自身显性语言表达形式相同的 SVO 句法图式,而且激活(m_1)了一个对应的半抽象事件图式 S′,即“听众 A 看到了某人”(S′与 i-1 重合)。在该事件图式中,“听众 A”是射体(tr),“谁”是界标(lm),“看到”是动作行为。目标话语“你看到了你的另一半”(对应视窗表示为 i)以“你的另一半”阐释/例示事件图式 S′中的抽象概念结构“谁”,可看作事件图式 S′的一个事件实例。在该事件实例中,“听众 A”是射体(tr),“你的另一半”是界标(lm),“看到”是动作行为。焦点对“谁”和“你的另一半”是界标(lm)也是受事。二者语义上重合,换言之,“你的另一半”是对“谁”的阐释和具体化(图 6-2 中以加粗体表示)。

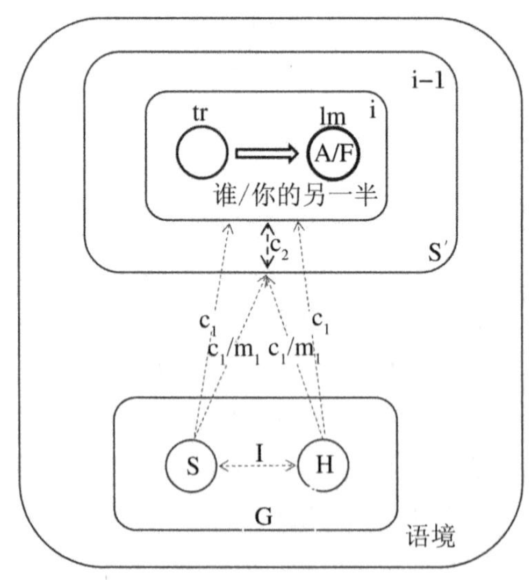

图 6-2　阐释类意义协同(受事类)

听众 A 为了看看自己隔壁住的是不是自己未来的那一半,把墙打了一个洞。

他让小贤猜猜自己看到了谁。小贤为了回应听众 A 的发问，以基础话语激活的事件图式 S′的概念结构看到的对象（“谁”）为切入点 A，在该事件图式内论述目标话语的表述焦点 F“你的另一半”。“你的另一半”阐释/例示了抽象的受事“谁”，对“谁”的语义进行定位，使其具体化，A 与 F 重合（如图 6-2 所示）。小贤以此为听众 A 的疑问提供一种猜测性回答。正常情况下，听众 A 这种愚蠢的砸墙行为不会使他看到自己的另一半，下文听众 A 的话语“我看到了物业和保安”就证实了这一点。因此小贤以“你的另一半”作为对“谁”的回答，使其具有了搞笑和讽刺的意味。听众 A 在事件图式 S′中提供一个抽象的概念结构，即看到的对象，小贤提供一个实例对其具体化。这样，一问一答，一抽象一具体，交际双方在事件图式 S′中在看到的对象这一概念结构的基础上实现联合调试，达成意义的协同（c_2）。

6.1.1.2　感事类

（2）（两个朋友聊天。）

A：你弟有女朋友了吗？

B：有，还不止一个。

A：什么意思？

B：现在有俩女孩都喜欢他。

A：<u>他喜欢谁</u>？

B：<u>他喜欢他自己</u>！

A：何意？

B：我问他到底喜欢谁，赶紧定下来，免得耽误人家。他说，一个温柔恬静，一个活泼可爱，两个他都喜欢。还说目前感觉挺好的，不用急着定下来。

A：真贪！

（私人聊天）

在例（2）中，在一个由基础话语和目标话语合成的语言使用事件模型中，处在言语情境（G）中的交际双方（A 和 B）共同参与对同一事件的概念化（c_1）。说话人 A 产出基础话语“他喜欢谁”，激活了与基础话语显性语言表达形式相同的 SVO 句法图式，听话人 B 对其阐释/例示，产出与基础话语具有相同句法结构的实例“他喜欢他自己”，对句法图式“他喜欢谁”中的抽象宾语疑问词“谁”进行回应，将其具体化，话语间实现形式协同，如图 6-3。

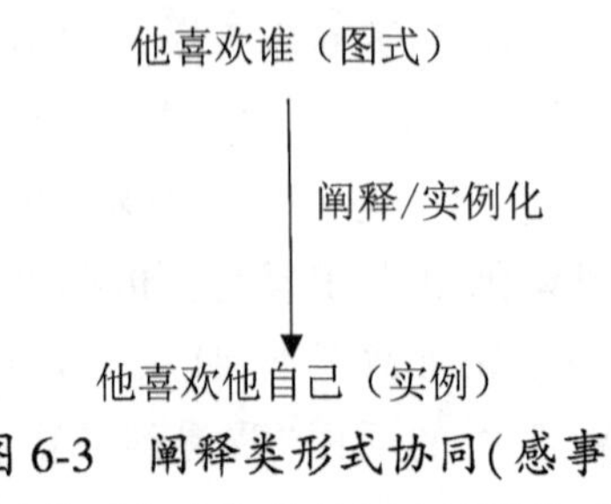

图 6-3 阐释类形式协同（感事类）

通过图式-实例关系阐释/例示生成的目标话语“他喜欢他自己”与基础话语“他喜欢谁”形成了一个 SVO 平行结构。如表 6-2 所示，话语的平行排列产生了从目标话语到基础话语的映射。话语间的这种映射关系激活了 SVO 句法框架共振和焦点对“谁”和“他自己”的焦点共振。

表 6-2 阐释类映射结构（感事类）

主语	谓语动词	**宾语**
他	喜欢	**谁**
他	喜欢	**他自己**
经事	心理活动“喜欢”	**感事**

如表 6-2 所示，焦点对平行项“谁”和“他自己”的句法功能是宾语，语义成分是感事，即喜欢的对象，其中疑问词“谁”是问，“他自己”是对其的回答。依据对话句法理论，SVO 句法图式的框架共振促使焦点对平行项“谁”和“他自己”产生焦点共振、实现意义关联。具体认知机制如下：如图 6-4，在交际过程中，基础话语“他喜欢谁”（对应视窗表示为 i-1）不仅激活了一个与自身显性语言表达形式相同的 SVO 句法图式，而且激活（m_1）了一个对应的半抽象事件图式 S′，即 B 的弟弟喜欢某人（S′与 i-1 重合）。在该事件图式中，B 的弟弟是射体（tr），“谁”是界标（lm），“喜欢”是心理活动。目标话语“他喜欢他自己”（对应视窗表示为 i）以“他自己”阐释/例示事件图式 S′中的抽象概念结构“谁”，可看作事件图式 S′的一个事件实例。在该事件实例中，B 的弟弟是射体（tr），“他自己”是界标（lm），“喜欢”是心理活动。焦点对“谁”和“他自己”是界标（lm）也是感事，即喜欢的对象。二者语义上重合，换言之，“他自己”是对“谁”的阐释和具体化（图 6-4 中以加粗体表示）。

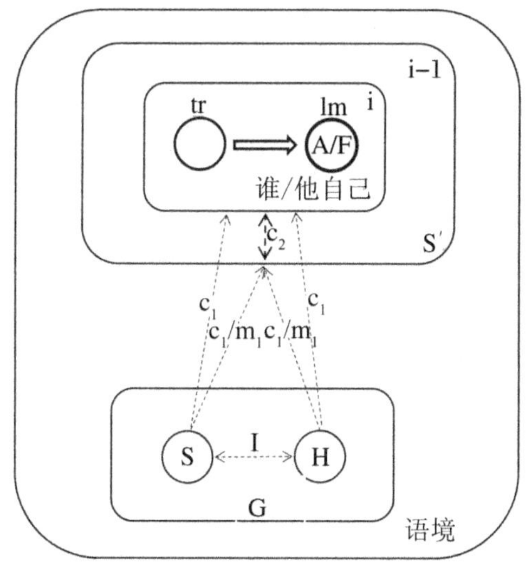

图 6-4　阐释类意义协同(感事类)

依据先前语言使用事件,A 听到 B 说有两个女孩喜欢 B 的弟弟,想知道 B 的弟弟到底喜欢谁。依据上文,这里的"谁"已有预设,指两个喜欢他的女孩中的一个。B 为了回应 A 的发问,以基础话语激活的事件图式 S′中抽象的感事"谁"为切入点 A,在该事件图式内论述目标话语的表述焦点 F"他自己"。"他自己"阐释/例示抽象的感事"谁",对焦点"谁"的语义进行定位,使其具体化,A 与 F 重合(如图 6-4 所示)。正常情况下,B 的回应应该用喜欢弟弟的两个女孩中的一个来阐释/例示抽象焦点"谁",但是 B 却运用弟弟自己来阐释/例示,以此表达一定的隐含意义。从后续语言使用事件可看出,A 并不明白该句的含义。B 对其进行解释说明:弟弟不知道喜欢谁,而且也不愿意决定喜欢谁,他很享受被两个女孩喜欢的感觉。B 觉得弟弟的这种行为对他人不负责任,只在乎自己的感受,即只喜欢"他自己"。B 的回应表达了对弟弟这种行为的不满和批评。A 在事件图式 S′中提供一个抽象的感事"谁",B 提供一个实例对其具体化。这样,一问一答,一抽象一具体,使交际双方在事件图式 S′中就喜欢的对象这一概念结构实现联合调试,达成意义的协同(c_2)。

6.1.1.3　止事类

(3)(宛瑜和展博初次见面。宛瑜离家出走,他爸爸手下很多人出来找她。他们身着黑衣,看着不像好人。她刚上汽车,那些人又来找她了。她急得躲在展博的位置下面。那些人没发现她就下车了。)

展博:刚才那些坏人是谁?

宛瑜：他们是很坏很坏的人。

（《爱情公寓》）

在例(3)中，在一个由基础话语和目标话语合成的语言使用事件模型中，处在言语情境(G)中的交际双方(展博S和宛瑜H)共同参与对同一事件的概念化(c_1)。说话人展博产出基础话语“刚才那些坏人是谁”，激活了与基础话语显性语言表达形式相同的SVO句法图式，听话人宛瑜对其阐释/例示，产出与基础话语具有相同句法结构的实例“他们是很坏很坏的人”，对句法图式“刚才那些坏人是谁”中的抽象宾语疑问词“谁”进行回应，将其具体化。话语间实现形式协同，如图6-5。

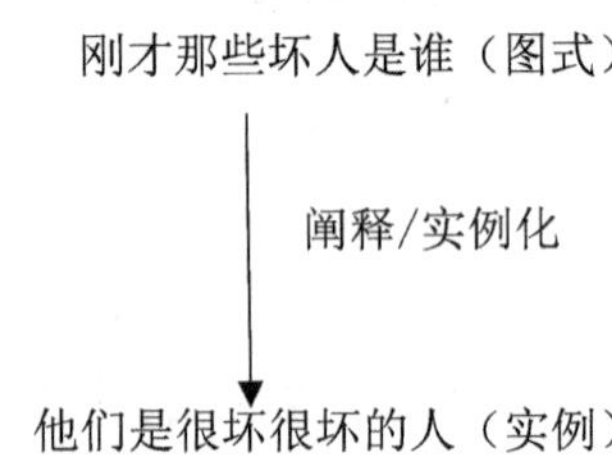

图6-5　阐释类形式协同(止事类)

通过图式-实例关系阐释/例示生成的目标话语“他们是很坏很坏的人”与基础话语“刚才那些坏人是谁”形成了一个SVO平行结构。如表6-3所示，话语的平行排列产生了从目标话语到基础话语的映射。话语间的这种映射关系激活了SVO句法框架共振和焦点对“谁”和“很坏很坏的人”的焦点共振。

表6-3　阐释类映射结构(止事类)

主语	动词	**宾语**
刚才那些坏人	是	**谁**
他们	是	**很坏很坏的人**
起事	关系判断	**止事**

如表6-3所示，焦点对平行项“谁”和“很坏很坏的人”的句法功能是宾语，语义成分是止事，其中疑问词“谁”是问，“很坏很坏的人”是对其的回答。依据对话句法理论，SVO句法图式的框架共振促使焦点对平行项“谁”和“很坏很坏的人”产生焦点共振、实现意义关联。具体认知机制如下：如图6-6，在交际过程中，基础话语“刚才那些坏人是谁”(对应视窗表示为i-1)不仅激活了一个与自身显性语言表达形式相同的SVO句法图式，而且激活(m_1)了一个对应的半抽象事件图式S′，即那些坏人是某某(S′与i-1重合)。在该事件图式中，“刚才那些坏人”是射体(tr)，“谁”是界标(lm)，“是”是关系判断。目标话语“他们是很坏很坏的人”(对应视窗表示为i)以“很坏很坏的人”阐释/例示事件图式S′中的抽象概念结构“谁”，可看作它的一个事件实例。在该事件实例中，“他们”是射体(tr)，“很坏很坏的人”是

界标(lm),“是”是关系判断。焦点对“谁”和“很坏很坏的人”是界标(lm)也是止事某某。二者语义上重合,换言之,“很坏很坏的人”是对“谁”的阐释和具体化(图 6-6 中以加粗体表示)。

依据语境,一群身着黑衣、面相凶恶的男人来车上抓一弱女子,展博就好奇这群坏人是谁。宛瑜为了回应展博的发问,以该事件图式 S′的概念结构“谁”为切入点 A,在该事件图式内论述目标话语的表述焦点 F“很坏很坏的人”。“很坏很坏的人”阐释/例示了抽象的止事“谁”,对焦点“谁”的语义进行定位,使其具体化,A 与 F 重合(如图 6-6 所示)。在展博提供的事件图式 S′中,“那些人”已经具备了“坏”的特征,“那些人”是坏人已经是事件图式 S′中的旧信息。换言之,展博已经知道那些人是坏人。因此宛瑜的回答“很坏很坏的人”没有提供任何实质性的新信息,也没有真正回答展博的问题。宛瑜通过这种回答来逃避对该问题的正面回应。她是不愿回答这个问题,她不想让陌生人知道自己太多的私人信息。展博在事件图式 S′中提供一个抽象的止事“谁”,宛瑜提供实例对其具体化。这样,一问一答,一抽象一具体,使交际双方在事件图式 S′中就止事这一概念结构实现联合调试,达成意义的协同(c_2)。

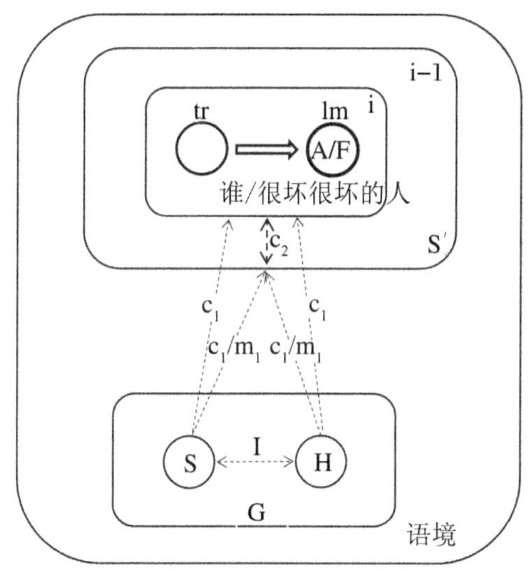

图 6-6　阐释类意义协同(止事类)

6.1.1.4　与事类(歧义)

在此种问答类 SVO 平行结构中,焦点对的平行项充当的语义成分是与事,但是答句在语义上有两种不同的语义结构。在意义协同时,这两种不同的语义结构决定基础话语激活的事件图式中突显的元素不同,导致理解上的歧义。

(4) (小龙人欺骗美嘉感情,子乔去找小龙人为美嘉出气。)

子乔:美嘉真是年轻无极限,碰到你这么个混蛋。

小龙人:混蛋骂谁?

子乔:混蛋骂你!(突然意识到也骂到自己了)没事,我也是混蛋,但你得搞清楚,现在是一个英俊的混蛋在骂一个猥琐的混蛋。

(《爱情公寓》)

在例(4)中,在一个由基础话语和目标话语合成的语言使用事件模型中,处在言语情境(G)中的交际双方(小龙人 S 和子乔 H)共同参与对同一事件的概念化(c_1)。说话人小龙人产出基础话语"混蛋骂谁",激活了与基础话语显性语言表达形式相同的 SVO 句法图式,听话人子乔对其阐释/例示,产出与基础话语具有相同句法结构的实例"混蛋骂你",对句法图式"混蛋骂谁"中的抽象宾语疑问词"谁"进行回应,将其具体化,话语间实现形式协同,如图 6-7。

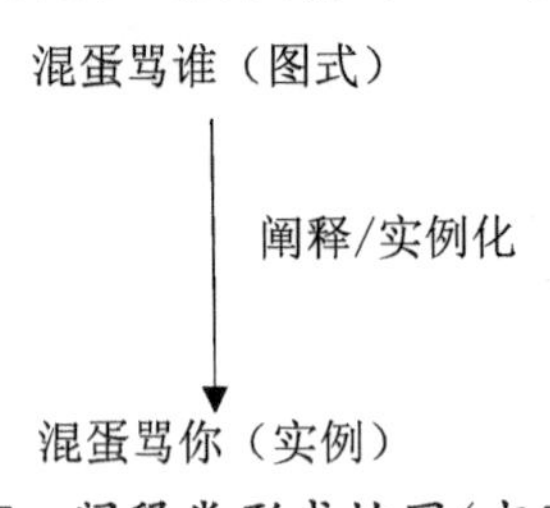

图 6-7 阐释类形式协同(与事类)

通过图式-实例关系阐释/例示生成的目标话语"混蛋骂你"与基础话语"混蛋骂谁"形成了一个 SVO 平行结构。如表 6-4 所示,话语的平行排列产生了从目标话语到基础话语的映射。话语间的这种映射关系激活了 SVO 句法框架共振和焦点对"谁"和"你"的焦点共振。

表 6-4 阐释类映射结构(与事类)

主语	动词	宾语
混蛋	骂	**谁**
混蛋	骂	**你**
受事	动作行为"骂"	**与事**
施事	动作行为"骂"	**与事**

例(4)的平行结构所含话语具有歧义性,因为主语"混蛋"既可是受事也可是施事,下文先讨论"混蛋"是受事的情况。依据先前语言使用事件,子乔骂小龙人是混蛋,小龙人承接前句把"混蛋"做受事,产生此种语义结构,即"受事+动作'骂'+与事",表达的语义是子乔骂谁混蛋,施事子乔在句中没有得到显性表达。

如表 6-4 所示,焦点对平行项“谁”和“你”的句法功能是宾语,语义成分是与事,即被骂的对象,其中疑问词“谁”是问,“你”是对其的回答。依据对话句法理论,SVO 句法图式的框架共振促使焦点对平行项“谁”和“你”产生焦点共振、实现意义关联。

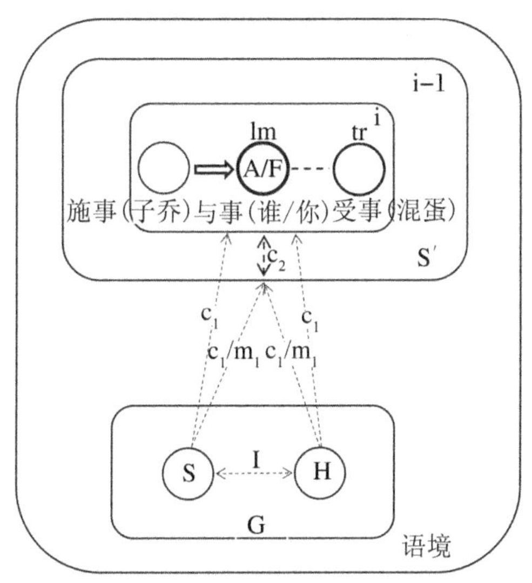

图 6-8　阐释类意义协同(与事类)

具体认知机制如下:如图 6-8,在交际过程中,基础话语“混蛋骂谁”(对应视窗表示为 i-1)不仅激活了一个与自身显性语言表达形式相同的 SVO 句法图式,而且激活(m_1)了一个对应的半抽象事件图式 S′,即子乔骂某人混蛋(S′与 i-1 重合)。在该事件图式中,混蛋(受事)是被骂的对象,是该事件图式的主要突显,即射体(tr),“谁”是界标(lm),“骂”是动作行为,被骂的对象“谁”与对象的表称“混蛋”是等同关系(虚线表示二者关系)。目标话语“混蛋骂你”(对应视窗表示为 i)以“你”阐释/例示事件图式 S′中的抽象概念结构“谁”,可看作它的一个事件实例。在该事件实例中,混蛋(受事)是被骂的对象,是该事件图式的主要突显,即射体(tr),“你”是界标(lm),“骂”是动作行为,焦点对“谁”和“你”是界标(lm)也是与事,即被骂的对象。二者语义上重合,换言之,“你”是对“谁”的阐释和具体化(图 6-8 中以加粗体表示)。依据语境,子乔骂小龙人混蛋,小龙人听到很生气,为了表达自己的愤怒,他承接子乔的话,发问“混蛋骂谁”,“谁”是该问句的焦点。子乔以小龙人的基础话语激活的事件图式 S′中的抽象焦点“谁”为切入点 A,在该事件图式内论述目标话语的表述焦点 F“你(小龙人)”。“你(小龙人)”阐释/例示了抽象的与事“谁”,对其语义进行定位,使其具体化,A 与 F 重合(如图 6-8 所示),表达的意思是子乔骂小龙人混蛋。小龙人在事件图式 S′中提供一个抽象的与事,子乔提供实例对其具体化。这样,一问一答,一抽象一具体,交际双方在事件图式 S′中就被骂的对象这一概念结构实现联合调试,达成意义的协同(c_2)。

上文讨论了“混蛋”作受事的情况,下文探讨“混蛋”作施事的情况。如果“混蛋”是施事,其所在句子涉及的语义结构就是“施事+动作‘骂’+与事”,表达的语义是混蛋骂某人,在句子中对象的表称没有得到显性表达。

如表 6-4 所示,焦点对平行项“谁”和“你”的句法功能是宾语,语义成分是与事,即被骂的对象,其中疑问词“谁”是问,“你”是对其的回答。依据对话句法理论,SVO 句法图式的框架共振促使焦点对平行项“谁”和“你”产生焦点共振、实现意义关联。具体认知机制如下:如图 6-9,在交际过程中,基础话语“混蛋骂谁”(对应视窗表示为 i-1)不仅激活了一个与自身显性语言表达形式相同的 SVO 句法图式,而且激活(m_1)了一个对应的半抽象事件图式 S′,即混蛋(子乔)骂某人什么(虽然对象的表称没有得到显性表达,但是依据上文,可判断其是混蛋)(S′与 i-1 重合)。在该事件图式中,混蛋(施事)是骂这一动作的发出者,在该事件图式中是主要突显,即射体(tr),“谁”是界标(lm),“骂”是动作行为,被骂的对象“谁”与对象的表称“混蛋”是等同关系(虚线表示二者关系)。目标话语“混蛋骂你”(对应视窗表示为 i)以“你”阐释/例示事件图式 S′中的抽象概念结构“谁”,可看作事件图式 S′的一个事件实例。在该事件实例中,混蛋(施事)是骂这一动作的发出者,在该事件图式中是主要突显,即射体(tr),“你”是界标(lm),“骂”是动作行为。焦点对“谁”和“你”是界标(lm)也是与事,即被骂的对象。二者语义上重合,换言之,“你”是对“谁”的阐释和具体化(图 6-9 中以加粗体表示)。依据语境,子乔骂小龙人混蛋,小龙人听到很生气。为了表达自己的愤怒,发问“混蛋骂谁”,等同于“你骂谁”,“谁”是该问句的焦点。子乔以小龙人的基础话语激活的事件图式 S′中的抽象焦点“谁”为切入点 A,在该事件图式内论述目标话语表述的焦点 F“你(小龙人)”。“你(小龙人)”阐释/例示了抽象的与事“谁”,对其语义进行定位,使其具体化,A 与 F 重合(如图 6-9 所示),表达的意思是混蛋(子乔)骂小龙人(混蛋)。小龙人在事件图式 S′中提供一个抽象的与事,子乔为这一抽象的与事提供一个实例对之进行具体化,使交际双方在事件图式 S′中就被骂的对象这一概念结构实现联合调试,达成意义的协同(c_2)。

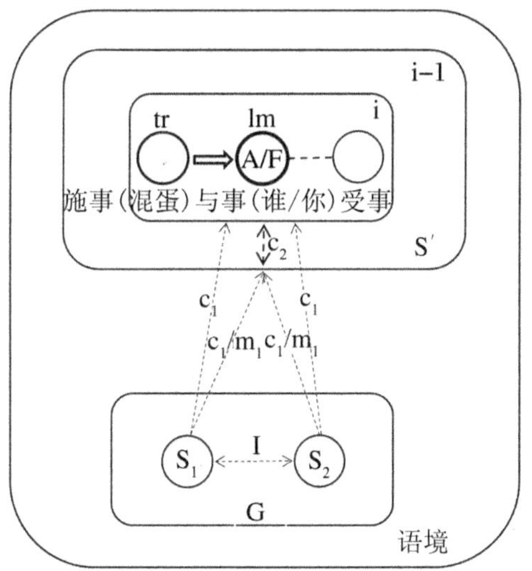

图 6-9　阐释类意义协同(与事类)

6.1.2　重复类

(5)(儿子在学校学会了烘焙。)

儿子:妈妈,我会烤饼干了!

妈妈:哦,你会烤饼干了! 太棒了!

(私人聊天)

在例(5)中,在一个由基础话语和目标话语合成的语言使用事件模型中,处在言语情境(G)中的交际双方(儿子 S 和妈妈 H)共同参与对同一事件的概念化(c_1)。说话人儿子产出基础话语“我会烤饼干了”,激活了与基础话语显性语言表达形式相同的 SVO 句法图式,听话人妈妈重读基础话语的“你”对其阐释/例示,产出与基础话语具有相同句法结构的实例“你会烤饼干了”,如图 6-10。

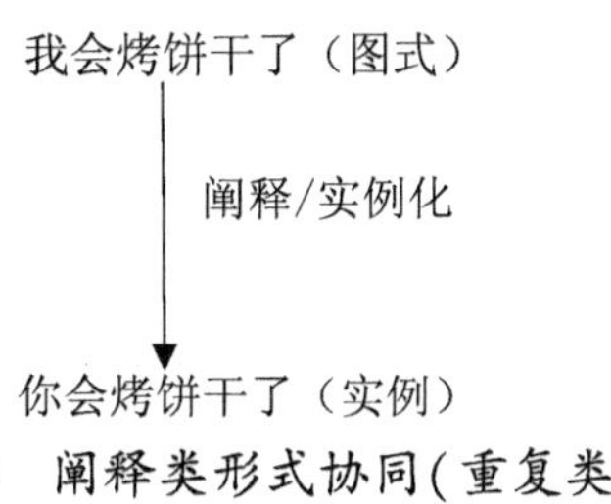

图 6-10　阐释类形式协同(重复类)

通过图式-实例关系阐释/例示生成的目标话语“你会烤饼干了”与基础话语“我会烤饼干了”形成了一个 SVO 平行结构。如表 6-5 所示,话语的平行对等关系产生了从目标话语到基础话语的映射，该映射关系激活 SVO 句法框架共振。

表 6-5　阐释类映射结构（重复类）

主语	状语	谓语动词	宾语	结语
我	会	烤	饼干	了
你	会	烤	饼干	了
施事	情态	动作行为“烤”	受事	结束

在表 6-5 这个映射结构图中，在显性语言表达形式上，目标话语是对基础话语的完全重复，“你”的重读促使其成为目标话语的表述焦点，它和基础话语中的“你”构成焦点对。话语间的平行对等激活共振，共振促使话语间产生意义的关联。具体认知机制如下：如图 6-11，在交际过程中，儿子在学校学会了烤饼干后，以一种激动骄傲的心情向妈妈汇报，产出基础话语“我会烤饼干了”（对应视窗表示为 i-1）。该基础话语不仅激活了一个 SVO 句法图式，而且激活（m_1）了一个对应事件图式 S′，即儿子会烤饼干。在该事件中，儿子是射体（tr），“饼干”是界标（lm），“烤”是动作行为。妈妈积极回应儿子，以基础话语激活的事件图式 S′为切入点 A（事件图式 S′和切入点 A 重合），在该事件图式内论述目标话语（对应视窗表示为 i）的表述焦点 F，即“你会烤饼干了”（对应视窗表示为 i）（S′、A、F 三者重合）。换言之，妈妈重复了儿子会烤饼干这一事件。虽然就目标概念的覆盖而言这种完全重复没有任何进展，但它有其自身的动机和语篇功能（Langacker 2013a：112）。妈妈重复儿子的话语为了实现一定的语篇功能，表达一定的情感态度，即对儿子的认可和赞许。儿子提供某一具体事件，妈妈对这一事件进行重复，二者就这一事件达成联合调试，在具体的语言使用事件中实现一定的语篇功能，达成意义的协同（c_2）。

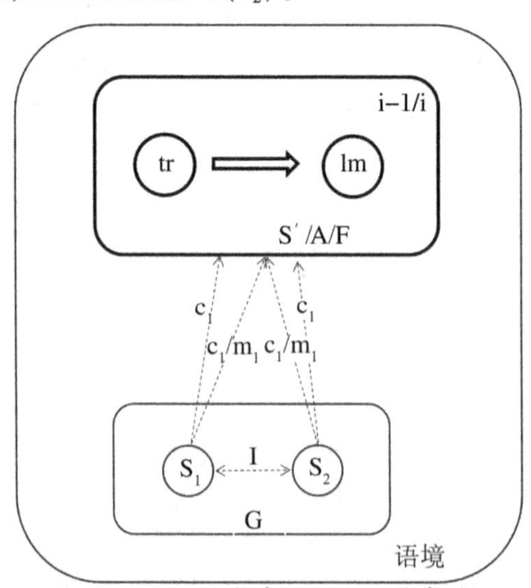

图 6-11　阐释类意义协同（重复类）

6.2　无焦点对类协同分析

无焦点对类是目标话语在基础话语的基础上添加某一句法成分的 SVO 平行结构,它包括定语类、状语类和补语类。这三类添加的句法成分各不相同,分别是定语、状语和补语。它们在意义协同时,实现联合调试的概念结构相同,都是基础话语提供的整个事件,但在意义协同时突显的成分不同,它们可以是基础话语表征事件的看法和态度,如质疑、惊讶、强调、推断、想象、假设等,也可以是表示事体特征的次要元素,如时间、地点、方式、结果、时量、情状等。

6.2.1　定语类

(6) (两位女同事聊天。)

同事 A:昨天我跟我老公说:"明天我改卷,你带娃啊。"你猜他怎么说。

同事 B:怎么说?

同事 A:他让我请假在家带娃。我没办法,晚上跟我妈打电话。我妈说:"行,你放心改卷去吧,我来带娃。"你看,我妈多好啊。

同事 B:嗯,妈妈是好妈妈。

同事 A:自己的妈妈是好妈妈。

同事 B:是,是,要是他妈就不行了,哈哈……

同事 A:哈哈……

(私人聊天)

在例(6)中,在一个由基础话语和目标话语合成的语言使用事件模型中,处在言语情境(G)中的交际双方(同事 B 和同事 A)共同参与对同一事件的概念化(c_1)。说话人同事 B 产出基础话语"妈妈是好妈妈",激活了与基础话语显性语言表达形式相同的 SVO 句法图式,听话人同事 A 在基础话语的基础上添加定语"自己",以此修饰限制主语"妈妈",对该结构图式进行阐释/例示,产出与基础话语具有相同句法结构的实例"自己的妈妈是好妈妈",话语间实现形式协同,如图 6-12。

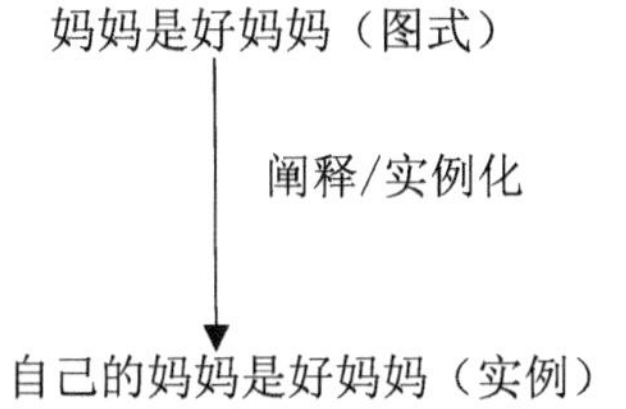

妈妈是好妈妈（图式）

↓ 阐释/实例化

自己的妈妈是好妈妈（实例）

图 6-12　阐释类形式协同(定语类)

通过图式-实例关系阐释/例示生成的目标话语“自己的妈妈是好妈妈”与基础话语“妈妈是好妈妈”形成 SVO 平行结构。话语的平行排列产生了从目标话语到基础话语的映射。话语间的这种映射关系激活了 SVO 句法框架共振。表 6-6 的映射结构反映了这种平行、映射和共振成分之间的对应关系。

表 6-6　阐释类映射结构(定语类)

主语	谓语动词	宾语
妈妈	是	好妈妈
自己的妈妈	是	好妈妈
起事	归类关系	止事

在表 6-6 的映射结构图中,目标话语的表述焦点“自己”是主语中心语“妈妈”的定语,对“妈妈”的领属进行限定。焦点“自己”传达话语之间意义的扩展,但它在基础话语内没有显性平行对应成分。换言之,该句法平行结构没有焦点对。这种情况下,句法共振如何激活话语间的语义关联呢？过程如下,如图 6-13 所示,在交际过程中,基础话语“妈妈是好妈妈”(对应视窗表示为 i-1)不仅激活了一个与自身显性语言表达形式相同的 SVO 句法图式而且激活(m_1)了一个对应的事件图式 S′,即妈妈属于好妈妈(S′与 i-1 重合)。在该事件图式中,“妈妈”是射体(tr),“好妈妈”是界标(lm),“是”是归类关系。目标话语的表述焦点“自己”界定射体(tr)妈妈的领属特征,是妈妈的领有者[图 6-13 中以加粗体小方形表示,标示为 F“自己”(领属)]。目标话语(对应视窗表示为 i)表征的事件在妈妈的领属特征上对事件图式 S′进行细化,可看作它的一个实例。

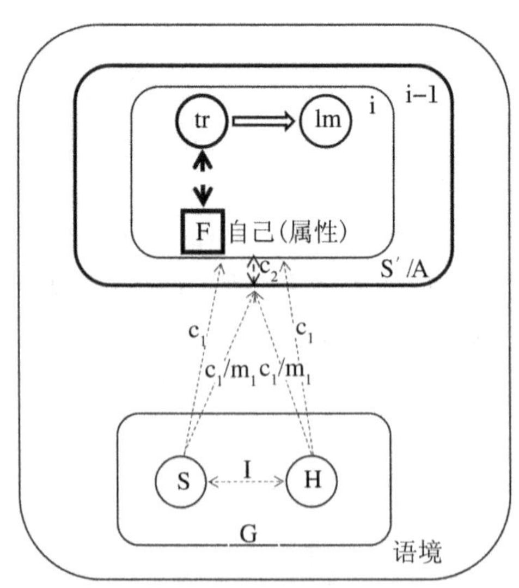

图 6-13　阐释类意义协同(定语类)

同事 A 给同事 B 讲述自己老公不愿带孩子而妈妈却积极帮自己分担。同事 B 听完,产出基础话语“妈妈是好妈妈”,表达和老公相比,妈妈积极帮女儿带娃,属于好妈妈。同事 A 理解了她的话语意义,以基础话语提供的事件图式 S′为切入点 A(A 和 S′重合),在该事件图式内论述目标话语的表述焦点 F“自己”,产出目标话语“自己的妈妈是好妈妈”。语境中话语间的句法平行映射关系和以其为基础的语义和语用的平行映射关系突显了事件图式 S′的添补部分“自己”,即妈妈的领有者,它限制妈妈的领属特征。如果我们将事件图式 S′看成一个整体,目标话语表述的焦点 F,即妈妈的领属特征,是它的一部分,从整体到部分,二者建立起从事件图式 S′到目标话语表述焦点 F 的语义关联。同事 B 说相对于老公而言,妈妈属于好妈妈。同事 A 将话题从老公和妈妈的比较转向妈妈和婆婆的比较。同事 A 说自己的妈妈是好妈妈,隐含着与老公的妈妈(婆婆)的比较。因为同事 A 和同事 B 年龄相似,都已婚,有小孩,她们经常谈的话题是孩子、老公,婆媳矛盾等。因此,在她们的百科知识中,在这方面存在很多共识。当同事 A 说“自己的妈妈是好妈妈”时,同事 B 立刻会意即只有自己的妈妈能够如此积极、无私地帮助自己,婆婆是不可能的。这一点可从下文同事 B 的回应“要是他妈就不行了”可看出。语用上,同事 A 在基础话语的基础上添补妈妈的领属特征,对同事 B 的观点进行补充说明。同事 B 提供事件图式,即妈妈属于好妈妈,同事 A 在该事件图式内突显妈妈的领属特征,从而实现二者对于该事件图式的联合调试,达成意义的协同(c_2)。

6.2.2　状语类

(7)(两个朋友聊天。)

A:这一段儿开封天气都不太好,不知道南京咋样,我得查查。

B:<u>你要去南京</u>?

A:嗯,你不知道啊。<u>我这周末要去南京</u>,那儿有个会。

(私人聊天)

在例(7)中,在一个由基础话语和目标话语合成的语言使用事件模型中,处在言语情境(G)中的交际双方(B 和 A)共同参与对同一事件的概念化(c_1)。说话人 B 产出基础话语“你要去南京”,激活了与基础话语显性语言表达形式相同的 SVO 句法图式,听话人在基础话语的基础上添加状语“这周末”,以此修饰谓语动词“去”,对该结构图式进行阐释/例示,产出与基础话语具有相同句法结构的实例“我这周末要去南京”,话语间实现形式协同,如图 6-14。

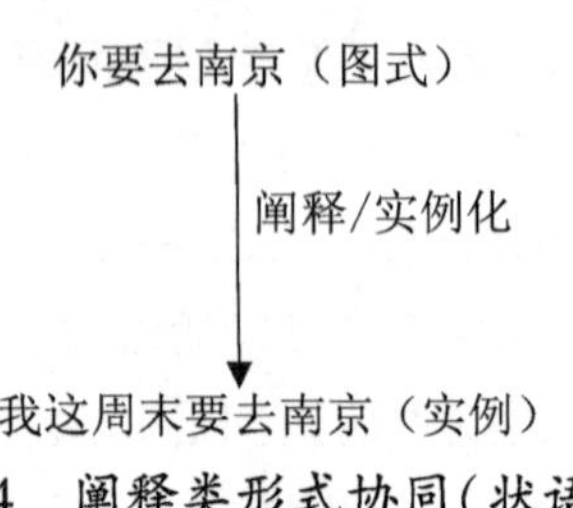

图 6-14 阐释类形式协同(状语类)

通过图式-实例关系阐释/例示生成的目标话语“我这周末要去南京”与基础话语“你要去南京”形成 SVO 平行结构。如表 6-7 所示,话语的平行诱发了从目标话语到基础话语的映射,此种映射关系激活了 SVO 句法图式“你要去南京”的句法框架共振。

表 6-7 阐释类映射结构(状语类)

主语	**状语 1**	状语 2	谓语动词	宾语
你		要	去	南京
我	**这周末**	要	去	南京
施事	**时间**	将要	动作行为“去”	位事

在表 6-7 的映射结构图中,目标话语的表述焦点“这周末”是状语,修饰谓语动词“去”,对动作行为“去”的时间进行限定。焦点“这周末”传达话语之间意义的扩展。依据对话句法理论,“你要去南京”的句法框架共振促使话语间实现意义关联,共振机制如下:如图 6-15 所示,在交际过程中,基础话语“你要去南京”(对应视窗表示为 i-1)不仅激活了一个与自身显性语言表达形式相同的 SVO 句法图式而且激活(m_1)了一个对应的事件图式 S′,即 A 要去南京(S′与 i-1 重合)。在该事件图式中,A 是射体(tr),“南京”是界标(lm),“去”是表趋向的动作行为。目标话语的表述焦点“这周末”限制动作行为“去”的时间特征[图 6-15 中以加粗体小方形表示,标示为 F“这周末”(时间)]。目标话语(对应视窗表示为 i)表征的事件在动作行为“去”的时间特征上对事件图式 S′进行细化,可看作它的一个实例。

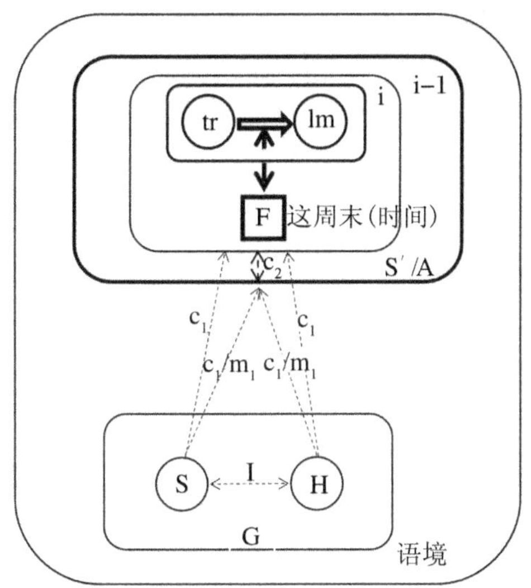

图 6-15　阐释类意义协同(状语类)

说话人 B 听到 A 说要查一下南京的天气,猜测 A 要去南京,产出问句“你要去南京”,A 理解了 B 的话语意义,作为对其猜测的回应,A 以基础话语激活的事件图式 S′为切入点 A(A 和 S′重合),在该事件图式内论述目标话语的表述焦点 F“这周末”,产出目标话语“我这周末要去南京”。语境中话语间的句法平行映射关系和以其为基础的语义和语用的平行映射关系突显了事件图式 S′的添补部分“这周末”,即动作行为“去”的时间特征。如果我们将事件图式 S′看成一个整体,目标话语表述的焦点 F,即动作行为“去”的时间特征,是它的一部分,从整体到部分,二者建立起从事件图式 S′到目标话语表述焦点 F 的语义关联。B 猜测 A 要去南京,A 的回应不仅确认了 B 的推测而且补充了自己要去南京的具体时间。B 提供事件图式,即 A 要去南京,A 在该事件图式内突显“去”的时间特征,实现二者对于该事件概念结构的联合调试,达成意义的协同(c_2)。

(8) (子君的妈妈——薛甄珠去找唐晶,让她成全贺涵和子君。她回来跟子君说这事儿。)

子君妈妈:我去找唐晶了。

子君:你找她干什么?

子君妈妈:我去求她。

子君:你求她?

子君妈妈:我为你求她,我求她成全你们……

(《我的前半生》)

在例(8)中,在一个由基础话语和目标话语合成的语言使用事件模型中,处在言语情境(G)中的交际双方(子君 S 和子君妈妈 H)共同参与对同一事件的概念化(c_1)。说话人子君产出基础话语“你求她”,激活了与基础话语显性语言表达形式相同的 SVO 句法图式,听话人子君妈妈在基础话语的基础上添加介词短语“为你”做状语修饰谓语动词“求”,对该结构图式进行阐释/例示,产出与基础话语具有相同句法结构的实例“我为你求她”,话语间实现形式协同,如图 6-16。

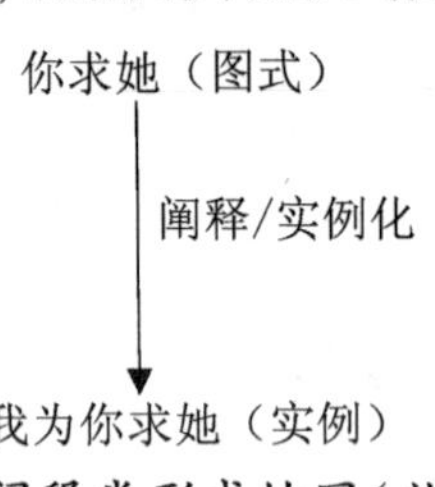

图 6-16　阐释类形式协同(状语类)

通过图式-实例关系阐释/例示生成的目标话语“我为你求她”与基础话语“你求她”形成 SVO 平行结构。如表 6-8 所示,话语的平行诱发了从目标话语到基础话语的映射,此种映射关系激活了 SVO 句法图式“你求她”的句法框架共振。

表 6-8　阐释类映射结构(状语类)

主语	**状语**	谓语动词	宾语
你		求	她
我	**为你**	求	她
施事	**表目的**	动作行为“求”	受事

在这表 6-8 的映射结构图中,目标话语的表述焦点“为你”是介词短语做状语修饰谓语动词“求”,对动作行为“求”的目的进行限定。焦点“为你”传达话语之间意义的扩展。依据对话句法理论,“你求她”的句法框架共振促使话语间实现意义关联,共振机制如下:如图 6-17 所示,在交际过程中,基础话语“你求她”(对应视窗表示为 i-1)不仅激活了一个与自身显性语言表达形式相同的 SVO 句法图式而且激活(m_1)了一个对应的事件图式 S′,即子君妈妈请求唐晶(S′与 i-1 重合)。在该事件图式中,“子君妈妈”是射体(tr),“唐晶”是界标(lm),“求”是动作行为。目标话语的表述焦点“为你”限制动作行为“求”的目的特征[图 6-17 中以加粗体小方形表示,标示为 F“为你”(目的)]。目标话语(对应视窗表示为 i)表征的事件在动作行为“求”的目的特征上对事件图式 S′进行细化,可看作它的一个实例。子君妈妈告诉她,自己去请求唐晶了。子君奇怪而又惊讶妈妈为何去求唐晶,因此产出疑问“你求唐晶”,表达自己的好奇和不解。子君妈妈为了回应子君的疑问,以该事件图式 S′为切入点 A(A 和 S′重合),在该事件图式内论述目标话语的表述焦点 F

“为你”，产出目标话语“我为你求她”。语境中话语间的句法平行映射关系和以其为基础的语义和语用的平行映射关系突显了事件图式 S′的添补部分“为你”，即动作行为“求”的目的特征。如果我们将事件图式 S′看成一个整体，目标话语表述的焦点 F，即动作行为“求”的目的特征，是它的一部分，从整体到部分，二者建立起从事件图式 S′到目标话语表述焦点 F 的语义关联。后续话语“我求她成全你们”补充说明了妈妈请求唐晶的内容。子君提供事件图式，即子君妈妈请求唐晶，子君妈妈在该事件图式内突显“求”的目的，从而实现二者对于该事件概念结构的联合调试，达成意义的协同(c_2)。

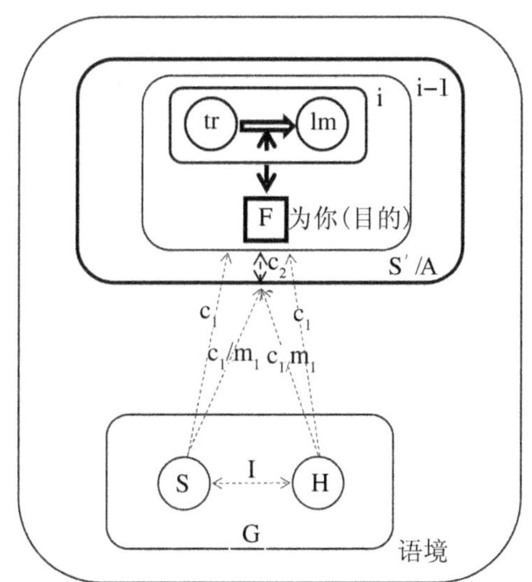

图 6-17　阐释类意义协同(状语类)

(9)（家里买了一只烧鸡。餐桌上妈妈给大家分鸡吃。）

妈妈：儿子吃鸡腿；我吃鸡翅；老公，<u>你吃鸡头</u>。

爸爸：<u>我为什么吃鸡头</u>？

妈妈：头，是领导的意思啊，你是咱家的领导，当然吃鸡头了。

爸爸：这时候承认我是领导了。

（私人聊天）

在例(9)中，在一个由基础话语和目标话语合成的语言使用事件模型中，处在言语情境(G)中的交际双方(妈妈 S 和爸爸 H)共同参与对同一事件的概念化(c_1)。说话人妈妈产出基础话语“你吃鸡头”，激活了与基础话语显性语言表达形式相同的 SVO 句法图式，听话人爸爸在基础话语的基础上添加疑问词“为什么”做状语修饰谓语动词“吃”，对该结构图式进行阐释/例示，产出与基础话语具有相同句法结构的实例“我为什么吃鸡头”,话语间实现形式协同,如图 6-18。

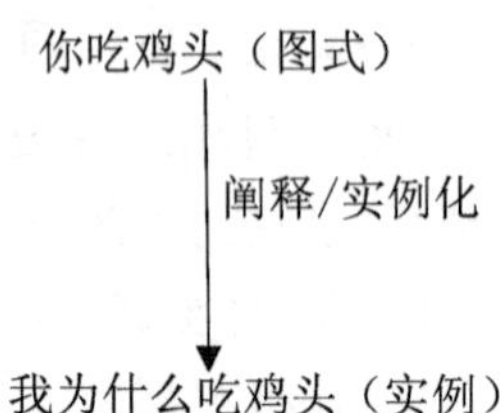

图 6-18　阐释类形式协同(状语类)

通过图式-实例关系阐释/例示生成的目标话语“我为什么吃鸡头”与基础话语“你吃鸡头”形成 SVO 平行结构。话语的平行排列产生了从目标话语“我为什么吃鸡头”到基础话语“你吃鸡头”的映射,这种映射关系激活“你(我)吃鸡头”的句法框架共振。表 6-9 的映射结构反映了这种平行、映射和共振成分之间的对应关系。

表 6-9　阐释类映射结构(状语类)

主语	**状语**	谓语动词	宾语
你		吃	鸡头
我	**为什么**	吃	鸡头
施事	**原因发问**	动作行为“吃”	受事

在表 6-9 的映射结构图中,目标话语的表述焦点“为什么”是疑问词做状语修饰谓语动词“吃”,对动作行为“吃”的原因进行提问。焦点“为什么”传达话语之间意义的扩展。依据对话句法理论,“你吃鸡头”的句法框架共振促使话语间实现意义关联,共振机制如下:如图 6-19 所示,在交际过程中,基础话语“你吃鸡头”(对应视窗表示为 i-1)不仅激活了一个与自身显性语言表达形式相同的 SVO 句法图式,而且激活(m_1)了一个对应的事件图式 S′,即爸爸吃鸡头(S′与 i-1 重合)。在该事件图式中,“爸爸”是射体(tr),“鸡头”是界标(lm),“吃”是动作行为。目标话语的表述焦点“为什么”对动作行为“吃”的原因进行提问[图 6-19 中以加粗体小方形表示,标示为 F“为什么”(原因)]。目标话语(对应视窗表示为 i)表征的事件在动作行为“吃”的原因特征上对事件图式 S′进行细化,因此可看作它的一个实例。妈妈给家人分鸡吃,给爸爸分了鸡头,产出基础话语“你吃鸡头”。爸爸并不满意这一分配,以基础话语激活的事件图式 S′为切入点 A(A 和 S′重合),在该事件图式内论述目标话语的表述焦点 F“为什么”,产出目标话语“我为什么吃鸡头”。至此交际双方对同一事件实现不同的识解。

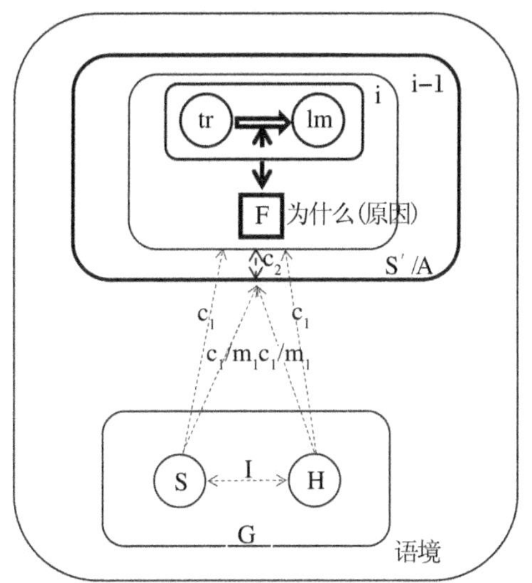

图 6-19　阐释类意义协同(状语类)

语境中话语间的形式平行映射关系和以其为基础的语义和语用的平行映射关系突显了事件图式S′的添补部分“为什么”,即对动作行为“吃”的原因进行提问。如果我们将事件图式S′看成一个整体,目标话语表述的焦点F是对其所含某一部分,即吃鸡头的原因的提问,从整体到部分,二者建立起从事件图式S′到目标话语表述焦点F的语义关联。妈妈给爸爸分鸡头吃,爸爸不满意这一分配,问妈妈为何把鸡头分给自己,换言之,爸爸以追问吃鸡头的原因来表达对这一分配的不满。妈妈提供事件图式,即爸爸吃鸡头,爸爸在该事件图式内突显其中的某一部分,从而实现二者对于该事件概念结构的联合调试,达成意义的协同(c_2)。

6.2.3　补语类

(10) (A跟同事B抱怨自己12岁的儿子。)

A:我跟你说啊,这孩子啊,到了青春期得烦死你!这不,又跟我赌气了,在同学家待着不回来。

B:你打了他吧?

A:我就打了他一下。

B:一下也不能打!青春期逆反很正常,父母越打越逆反。

(私人聊天)

在例(10)中,在一个由基础话语和目标话语合成的语言使用事件模型中,处在言语情境(G)中的交际双方(B和A)共同参与对同一事件的概念化(c_1)。说话人 B 产出基础话语“你打了他吧”,激活了与基础话语显性语言表达形式相同的 SVO 句法图式,听话人 A 在基础话语的基础上添加补语“一下”,以此修饰动宾短语“打了他”,对该结构图式进行阐释/例示,产出与基础话语具有相同句法结构的实例“我就打了他一下”,话语间实现形式协同,如图 6-20。

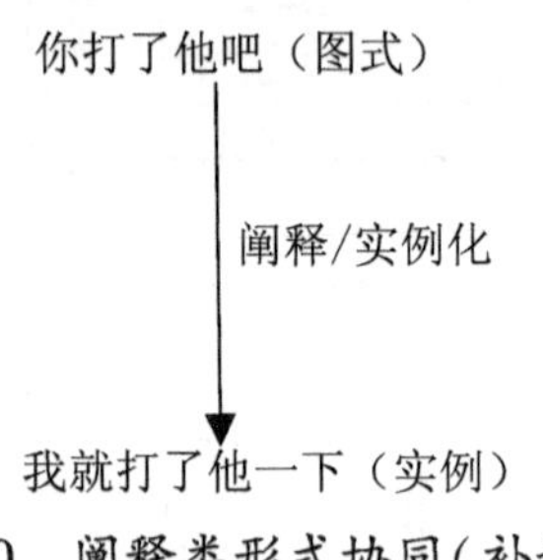

图 6-20 阐释类形式协同(补语类)

通过图式-实例关系阐释/例示生成的目标话语“我就打了他一下”与基础话语“你打了他吧”形成 SVO 平行结构。话语的平行排列产生了从目标话语到基础话语的映射,这种映射关系激活 SVO 句法结构的框架共振。表 6-10 的映射结构反映了这种平行、映射和共振成分之间的对应关系。

表 6-10 阐释类映射结构(补语类)

主语	状语	谓语动词	宾语	**补语**	结语
你		打了	他		吧
我	就	打了	他	**一下**	
施事	强调	动作行为“打”	受事	**动量**	结束

在这表 6-10 的映射结构图中,目标话语的表述焦点“一下”是动量短语做状语修饰动宾短语“打了他”,表示打他的次数,补充说明打他的数量。焦点“一下”传达话语之间意义的扩展。依据对话句法理论,“你打了他”的句法框架共振促使话语间实现意义关联,共振机制如下:如图 6-21 所示,在交际过程中,基础话语“你打了他吧”(对应视窗表示为 i-1)不仅激活了一个与自身显性语言表达形式相同的 SVO 句法图式,而且激活(m_1)了一个对应的事件图式 S′,即 A 打了她的儿子(S′与 i-1 重合)。在该事件图式中,“A”是射体(tr),“A 的儿子”是界标(lm),“打”是动作行为。目标话语的表述焦点“一下”,对打他的数量进行补充说明[图 6-21 中以加粗体小方形表示,标示为 F“一下”(数量)]。目标话语“我就打了他一下”(对应视窗表示为 i)表征的事件在打他的数量特征上对事件图式 S′进行细化,因此可看作它的一个实例。

同事 A 抱怨儿子青春期逆反和自己赌气不愿回家。B 将 A 的儿子跟她赌气不愿回家的原因引向 A 自身,即猜测 A 打了她的儿子,故产出基础话语“你打了他吧”。A理解了B的话语意义以基础话语激活的事件图式S′为切入点A(A和S′重合),在该事件图式内论述目标话语的表述焦点F“一下”,产出目标话语“我就打了他一下”。语境中话语间的形式平行映射关系和以其为基础的语义和语用的平行映射关系突显事件图式S′的添补部分“一下”,补充说明打他的数量。目标话语的焦点“一下”补充说明打他的数量。如果我们将事件图式S′看成一个整体,目标话语表述的焦点F,即打他的数量,是其中的一部分,从整体到部分,二者建立起从事件图式S′到目标话语表述焦点F的语义关联。同事A抱怨儿子青春期逆反和自己赌气不愿回家。B猜测A的儿子之所以这样可能是因为A使用了暴力,即打了她的儿子。A理解了B的话语意义,作为回应,她在A的话语中增加了打儿子的数量“一下”,看似肯定A的猜测实则推卸责任,即她认为自己打儿子的数量少,程度轻,不足以构成他不回家的原因。B提供了A打儿子的事件图式,A在该事件图式内突显打儿子的数量,二者就该事件图式达成联合调试,实现意义协同(c_2)。

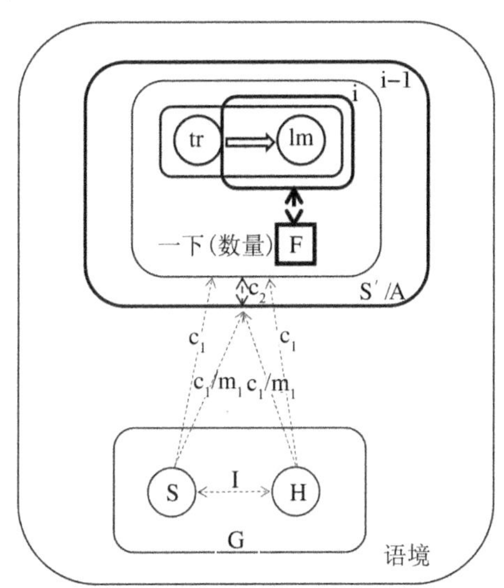

图6-21　阐释类意义协同(补语类)

本章详述阐释类SVO平行结构的协同过程,对其下属有焦点对类和无焦点对类给予统一的解释。阐释类形式协同的机制是图式-实例,即说话人的基础话语激活了与其形式一致的SVO句法图式。目标话语阐释/例示该图式,产生具有与基础话语相同句法结构的目标话语,实现形式协同。目标话语与基础话语形成SVO平行结构。话语的平行、映射关系激活SVO句法框架共振,促使话语间产生意义关联,实现意义协同。句法共振的机制是基础话语提供了句法图式的同时提供了一个对应的事件图式S′,听话人以该事件图式或其中的某一抽象概念结构为切入点 A,论述目标话语的焦点 F,实现对事件图式 S′或其中某一概念结构的联合调试。说话人提供的事件图式 S′为听话人定位焦点 F 提供参照背景,焦点 F 是对事件图式 S′在概念内容上的添补。有焦点对类和无焦点对类在具体协同时存在一些区别性特征:虽然二者的形式协同机制都是图式-实例,但是它们在具体实现方式上并不相同,有焦点对类是一问一答的方式或重复的方式,无焦点对类是添加定状补成分的方式;在意义协同时,前者是阐释或具体化基础话语对应事件图式的某一抽象成分,或通过突显某一概念成分以表达某种话语功能,后者是突显基础话语对应事件图式的某一部分。

第7章 SVO平行结构三类意义协同

第3章提出了SVO平行结构的协同理论假设:SVO平行结构的认知加工过程是从形式到意义的协同过程,形式协同创造意义协同;形式协同指话语间实现了一致的SVO句法结构形式,意义协同指话语间实现基于语境的意义关联。基于这一假设,本书提出了SVO平行结构的协同分析模型,并运用该模型对不同类型的SVO平行结构从平行结构的生成到意义关联的实现这一过程做出统一的解释。换言之,前文对SVO平行结构的研究遵循从形式到意义的研究顺序,本节欲从意义到形式进行反推,统计、描述和分析实现不同意义关联的SVO平行结构的形式、认知、语用以及实现方式的特征,试图寻找其规律并挖掘其内在动因,从而进一步剖析SVO平行结构形式和意义的关系。基于对语料的细致观察和分析,本研究发现实现SVO平行结构意义协同主要源于三类话语间的意义关联,即添补、相似和对立。据此,本书将SVO平行结构的意义协同归为三类:添补类协同、相似类协同和对立类协同。添补类协同指在话语意义上目标话语是对基础话语的添加或补充;相似类协同指目标话语和基础话语具有相似的话语意义;对立类协同指目标话语表达与基础话语相对立的话语意义。下文在对意义协同进行分类的基础上,总结各类协同的分布规律、探求规律背后的原因,最后从实现方式、对应的形式协同类型、认知和语用四个方面细致描述各类意义协同的特征。

7.1 三类协同的分类标准

基于对语料的观察分析,本研究发现SVO平行结构意义协同源于三类话语间的意义关联,即添补、相似和对立。那么如何区分这三类意义关联?换言之,本书对此的分类标准是什么?

(1)(悠悠在演舞台清宫剧的时候不小心将手机带上了台。手机突然响了,悠悠及台上的其他演员只能随机应变。)

男演员:这是什么?

悠悠:这是电话。

男演员:我前所未见。

悠悠:我见过,因为我是穿越来的。

(《爱情公寓》)

(2) (展博和同事赵无量喜欢相互攀比。他听说赵无量有女朋友了,自己成为公司里唯一一位没有女朋友的了。为了不被人鄙视,不被赵无量嘲笑,展博决定找个人冒充自己的女朋友。)

宛瑜:我可以帮你。

展博:你可以帮我! 太好了!

(《爱情公寓》)

(3) (两个朋友聊天。)

A:这一段儿开封天气都不太好,不知道南京咋样,我得查查。

B:你要去南京?

A:嗯,你不知道啊。我这周末要去南京,那儿有个会。

(私人聊天)

(4) (美嘉在医院看病,看上帅气的医生,大犯花痴。)

美嘉:你叫什么名字,多大了,喜欢什么?

医生:我叫欧阳健,31 岁。我平时喜欢看电影。

美嘉:我平时也喜欢看电影。

(《爱情公寓》)

阐释类 SVO 平行结构在意义上属于添补类。第 4 章已将阐释类 SVO 平行结构分为有焦点对类的问答类与重复类和无焦点对类的添加成分类。在问答类 SVO 平行结构中,目标话语(答句)是对基础话语(问句)的回答;语义上,目标话语的表述焦点具体化基础话语的某个抽象概念结构;语用上,目标话语为基础话语的疑问焦点提供必要的新信息;在意义上,目标话语可以看作是对基础话语的补充。因此,本书认为问答类 SVO 平行结构属于添补类。如在例(1)的 SVO 平行结构中,在认知上,目标话语“这是电话”中焦点“电话”对基础话语“这是什么”激活的事件图式中的抽象概念结构“什么”进行阐释,对其语义进行具体化;在信息上,焦点“电话”为疑问词“什么”提供必要的信息。简言之,“电话”是对“什么”意义上的补充。因此,例(1)属于添补类。在重复类 SVO 平行结构中,听话人重复基础话语的语言表达结构,以此表达一定的语篇意义和满足一定的语用需求,譬如,表达说话人对基础话语提供事件图式的感叹、质疑、强调等;在认知上,目标话语是对基础话语激活的事件图式的再加工,即在该事件图式的基础上添加了感叹、质疑、强调等意义。因此,形式上的重复类平行结构属于意义上的添补类。如例(2),目标话语"你可以帮我"表达对基础话语"我可以帮你"表征事件的感叹和惊喜。换言之,目标话语在基础话语激活的事件图式上添加了感叹和惊喜之意。在添加成分类 SVO 平行结构中,认知上,目标话语表述的焦点突显基础话语激活事件图式的某一部分,可以看作对该事件图式的再加工;信息上,目标话语为基础话语表征的事件添补细节性信息。因此,本研究认为添加成分类属于意义的添补类。如在例(3)的 SVO 平行结构中,基础话语"你要去南京"激活了一个事件图式,我们可以将其看成一个整体;目标话语"我这周末要去南京"的表述焦点"这周末"突显了该事件图式中的一部分,即时间;目标话语证实了 B 的推测,即自己要去南京,而且在基础话语的基础上补充说明了自己要去南京的具体时间;在意义上,目标话语的意义是对基础话语意义的添补。因此,例(3)属于添补类。

添补类协同还包括少数扩展类用例。扩展类不同于词语添补类,扩展类有焦点对,而后者无焦点对。扩展类也不同于阐释类的有焦点对类,虽然两类都有焦点对,但是,前者的焦点对之间是并列关系;后者是阐释或重复关系,两者并不是并列关系。因为扩展类的焦点对是并列关系,因此扩展类可以用"不仅……而且……"来判定。如果在一个扩展类用例中,目标话语的意义可以表述成"不仅 A 而且 B"的模式,那么这个用例就属于添补类协同。例(4)的焦点对是人称代词"我"(医生)和"我"(美嘉),目标话语的话语意义可以表达为不仅"你"而且"我"平时也喜欢看电影。因此,例(4)属于添补类协同。

(5)(李老师在微信群里发了一个开会的通知,大家迅速回复收到。)

李老师:谢谢各位老师的神速回复。

老师 A:<u>这是传说中的秒回</u>。

老师 B:<u>这是传说中的效率</u>。

(私人聊天)

(6)(诺澜喜欢小贤,给他献殷勤,送他盆栽,像是追他。朋友们追问小贤。)

子乔:<u>她喜欢你</u>?

美嘉:<u>她追你</u>?

(《爱情公寓》)

在相似类协同的 SVO 平行结构中,目标话语与基础话语具有相似的话语意义,从意义上来说,将基础话语和目标话语互换位置对它们的意义影响不大。例(5)目标话语"这就是传说中的效率"与基础话语"这就是传说中的秒回"都表达了对大家回复神速的赞叹,将两者互换位置,意义上并无太大影响。例(6)的目标话语“她追你”和基础话语“她喜欢你”都是依据诺澜给小贤送盆栽这件事做出的猜测。“喜欢”是一种爱慕某人的心理活动或是一种感受，而“追”是表达对某人喜欢之情的动作行为，二者表达了相似的意义，而且二者互换位置对意义的影响不大。因此，例(5)和(6)都属于相似类协同。

(7)（同事A和B在饮品店。）

A：美女，来两杯柠檬汁。你喝冰的？

B：我喝热的，我的胃不行。

A：哦，对！对！我忘了。美女，能加热吗？

女店员：可以。

（私人聊天）

(8)（妈妈跟大儿子余快抱怨儿媳绒绒。）

余快：嗯，妈，是她的不对！您放心，我教育她。

妈妈：她教育你吧，我还不知道你啊……

（《媳妇的美好宣言》）

(9)（小贤为了迎接上司Lisa的到来，正在认真地打扫屋子。这时，子乔走了进来。）

小贤：你干什么了，身上的味道这么臭啊？

子乔：我钓鱼了。

（小贤仔细地打量了他，他浑身是水和泥，脏兮兮的。）

小贤：看你这样子，鱼钓了你吧。

（《爱情公寓》）

意义的对立类协同体现于形式的扩展类，这可以用“不是……而是……”来判定。如果一个扩展类用例中目标话语的意义可以表述为“不是A而是B”的模式，那么这个用例就属于对立类协同。例(7)的焦点对是充当宾语的“冰的（柠檬汁）”和“热的（柠檬汁）”，目标话语的意义可以表述为我不是喝冰的而是喝热的。依据“冰的（柠檬汁）”和“热的（柠檬汁）”的温度对比，目标话语和基础话语构成意义对立关系，实现意义协同。例(8)属于扩展类的句法关系类，目标话语“她教育你吧”的意义可以表述为不是“你”教育她而是她教育“你”吧。儿子余快和儿媳绒绒施受关系的转变显示二者家庭地位之间的对比，即儿子家庭地位低，是被教育者，儿媳家庭地位高，是教育者。据此，基础话语和目标话语实现意义协同。但是，并不是所有可以表述为“不是A而是B”模式的用例都是对立类协同。如例(9)，目标话语的意义可以表述为不是你钓鱼了而是鱼钓你了。但该用例并不属于对立类协同。因为在该例中,目标话语和基础话语之间意义的协同是依据子乔和鱼施受关系的转变带来的意义相似关系而实现的,即钓鱼事件中受事“鱼”和“子乔”在形象上的相似性,故该用例属于相似类协同。这里必须强调的是意义协同的分类依据是话语意义之间的关系而非字面意义之间的关系,尤其是在话语意义与字面意义不一致的时候,即有隐含会话含意时,如例(9)。

7.2　三类协同的比例分布及原因探寻

依据上述分类标准,本书对 237 个用例进行分类、统计,得出三类协同在语料中的频次和百分比。

表 7-1　三类协同的具体出现频次和百分比

意义协同种类	频次	百分比
添补类协同	74	31. 2
相似类协同	12	5. 1
对立类协同	151	63. 7
合计	237	100

如表 7-1 所示,在 237 个用例中,对立类协同 151 例,占到绝大多数(63. 7%);添补类协同其次,74 例,占到总数的 31. 2%;相似类协同最少,只有 12 例,占总数的 5. 1%。这表明在日常会话交际中,SVO 平行结构多用于表达话语间的意义对立关系,表达对交际一方观点的反驳和否认。Du Bois(2014:363)指出人们更倾向于用平行结构表达意见的分歧。曾国才(2015:844)指出,话语平行是表示对比的办法之一,两个不同的观点通过对比关系置于一个对话框中。那为何会出现这种情况呢?本书认为是**语言的经济原则驱动下的图形-背景分离的认知原则在起作用。**

图形-背景论(Figure-ground Theory)由丹麦心理学家鲁宾(Rubin)于大约一个世纪前首次提出(Ungerer & Schmid 2001:157)。后来,完形心理学家借用该理论研究知觉和空间组织方式。人们在感知周围的某一物体时,常常将该物体作为知觉上突显的图形,将其周围的环境作为背景,这就是突显原则。他们指出,人们的知觉场总是被分成图形和背景两个部分。图形指在感知某一客观对象时被突显的部分(Evans & Green 2006: 18; Ungerer & Schmid 2001: 164),背景指在感知某一客观对象时衬托图形的部分,亦即突显图形的衬托部分。换言之,“图形就是突显,背景就是衬托”(王文斌 2015:36)。人们在感知某一物体时,总能在背景中感知到图形(匡芳涛、文旭 2003;文旭 2014:100)。图形和背景的感知源于人类对客观世界的体验。鲁宾提出的“脸/花瓶幻觉”证实了图画中的确存在图形-背景分离原则,脸和花瓶不可能被同时识别,要么脸是图形,要么花瓶是图形。那么,是什么在支配人们对图形的选择呢?完形心理学家认为,图形的确定需遵循"普雷格郎茨原则"(Principle of Prägnanz),即图形通常指小的物体、更为可及、结构简单紧凑、容易移动或运动、具有完形性特征的物体(匡芳涛、文旭 2003;王寅 2007:93;文旭 2014:100)。例如,当描述墙上有一幅画的情景时,画通常会被当作图形,墙被当作背景;因为相对于墙来说,画相对较小。

图形-背景论是一种以突显原则为基础的理论。图形-背景分离原则不但是人们空间组织的一个基本认知原则,也是语言组织的一个基本认知原则(匡芳涛、文旭 2003;文旭、刘先清 2004;文旭 2014:100)。过去,语言研究者多在独白中证明图形-背景分离原则是人们用以组织语言的认知原则。但是,本研究发现在对话中人们同样以此认知原则来组织语言。对话涉及交际双方、涉及句际关系、涉及协同与合作。在对话中,交际双方合作完成以图形-背景分离原则来组织对话的句法结构。

(10) (小贤早上去卖花、鱼的店里逛逛,碰到了正在买鱼缸的一菲。)

一菲:大清早,你干吗呢?

小贤:我随便逛逛。你呢?

一菲:我买了个小鱼缸。

(小贤一看,很吃惊,那鱼缸有两三米长。)

小贤:哇,这么大!你买了个大浴缸吧?

(《爱情公寓》)

在例(10)中,小贤重复使用一菲基础话语"我买了个小鱼缸"中的句法结构 SVO,以"大浴缸"替换掉"小鱼缸",产出目标话语"你买了个大浴缸吧"。该目标话语与基础话语"我买了个小鱼缸"形成关于句法结构 SVO 亦即"我(你)买了个X"的平行结构。话语的平行排列产生了从目标话语"你买了个大浴缸吧"到基础话语"我买了个小鱼缸"的映射,话语间的这种映射关系激活了对应成分之间的共振,共振成分之间的映射关系产生了两个话语之间的结构耦合,形成了一种超越句子层面之上的句法关系——映射结构,如表 7-2 所示。

表 7-2　扩展类映射结构(宾语/受事类)

主语	谓语动词	宾语	结语
我	买了	个**小鱼缸**	
你	买了	个**大浴缸**	吧
施事	动作行为"买"	**受事**	**结束**

在表 7-2 的映射结构中,平行结构中的共振成分和对应关系包括:

共指代词:"我"和"你"

词汇对等:“买了”“个”

词素对等:“器”

名词性对立成分:“小鱼缸”和“大浴缸”

句法结构:我(你)买了个X

语义结构:施事+动作行为“买”+受事

……

在句法上,SVO句法框架,即“我(你)买了个X”的平行促使主语“你”和“我”由于共指而共振,谓语“买了”和定语“个”由于对等而共振。换言之,在句法框架共振中主语和谓语都是依据等同关系实现的共振,而只有充当宾语的平行对“小鱼缸”和“大浴缸”是由于对比关系实现的共振。因此,在句法共振层面上,依据等同关系实现的平行共振关系由于其突显度低、所占空间大、预测性高、熟悉度高、依赖性低被感知成图形,反之,依据对比关系实现的共振关系,即充当宾语的平行对“小鱼缸”和“大浴缸”,由于其突显性强、所占空间小、预测性低、熟悉度低、依赖性强而被感知成图形。因此,平行对“小鱼缸”和“大浴缸”被突显,更易被感知。

语言结构是形式和意义的配对体。在交际过程中,基础话语“我买了个小鱼缸”激活了SVO句法结构即“我(你)买了个X”的同时,也激活了对应的事件图式S′,即一菲购买了某商品。这个半抽象事件图式的基本要素是具体的施事(买者“一菲”)和抽象的受事(购买的商品)以及他们之间的购买关系。基础话语“我买了个小鱼缸”(其对应的视窗表示为i-1)和目标话语“你买了个大浴缸吧”(其对应的视窗表示为i)通过例示事件图式“我(你)买了个X”的抽象受事“X”,对之进行具体化,可以看作该半抽象事件图式的两个具体实例(实例1和实例2),如图7-1所示。

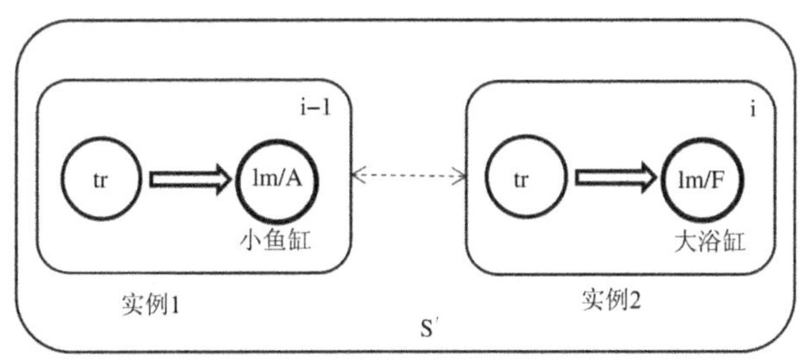

图7-1　图形-背景实例分析

在图7-1中,抽象事件图式“我(你)买了个X”拥有两个具体事件实例,即实例1和实例2。在这两个事件实例中,两者的买主都是一菲,动作关系都是购买关系;两者不同的是所购买的商品,一个是小鱼缸,一个是大浴缸,具有很强的对立关系。在一菲购买某商品的事件图式中,相同的买者、购买关系以及该事件所含的其他非显性表达结构，由于其突显度低、所占空间大、预测性高、熟悉度高、依赖性低被感知成背景；语义上具有对立关系且包含新信息的购买对象“小鱼缸”和“大浴缸”则由于突显性强、所占空间小、预测性低、熟悉度低、依赖性强而被感知成图形。句法上的图形-背景关系对应语义上的图形-背景关系。“小鱼缸”和“大浴缸”的平行共振关系被突显，根据常识，鱼缸小，浴缸大。将买“鱼缸”说成买了“浴缸”，是利用两者体积的对比来表达鱼缸之大。一菲认为鱼缸小，小贤认为鱼缸大。简言之，小贤认为一菲买的鱼缸太大。在语用上，小贤利用这种意义的对立关系表达了对一菲的反驳和否定。小贤还利用“鱼缸”和“浴缸”语音上的相似性增强共振效应，同时增添一定的诙谐之效。

在例(10)中，一菲和小贤共同确立“小鱼缸”和“大浴缸”在句法和语义上的图形地位，使其得以突显；换言之，交际双方合作完成图形-背景分离原则在SVO平行结构中的现实化。这样，对一菲而言，在例(10)中表达对立关系的焦点对“小鱼缸”和“大浴缸”易被突显，识别它所需的认知努力会比较少，理解它就会更省力；对小贤而言，利用图形与背景的对比关系，能更省力、更高效、更直接地表达反驳和否定的语用功能。总的来说，交际双方选择运用图形-背景分离原则是为了更快捷、更省力、更高效地实现交际目的，这正是语言经济原则的体现。换言之，交际双方运用图形-背景分离原则的内在驱动力是语言的经济原则，为了语言的经济性，听话人倾向于使用与先述话语相同的句法结构来表达和说话人相对立的观点，这就解释了为何在SVO平行结构中对立类协同占有绝大多数(63.7%)的原因。

7.3 三类协同的特征

前文论述了三类协同的分类标准、分布特点及原因。下文从实现方式、形式协同类型、认知和语用四个方面分别讨论三类协同的特征。

表 7-3 三类协同具体分布图

意义协同种类	扩展类		阐释类		合计	
	单个成分类	句法关系类	有焦点对类	无焦点对类	总数	百分比
添补类协同	19	0	25	30	74	31.2
相似类协同	11	1	0	0	12	5.1
对立类协同	142	9	0	0	151	63.7

如表7-3所示，添补类协同多体现于阐释类SVO平行结构，即问答类(25个)、重复类(5个)、添加成分类(25个)，还有部分扩展类的单个成分类(19个)。如表7-4所示，添补类协同的实现方式有回答、重复、添加成分和替换。例(1)通过回答

的方式,即悠悠用“电话”回答基础话语中的疑问词“什么”,实现协同。例(2)中展博重复宛瑜的基础话语表达惊喜之意。例(3)中 A 在 B 基础话语的基础上添加状语成分“这周末”产出目标话语。在例(4)中,小贤在目标话语中用“我”(医生)替换掉了基础话语中的“我”(美嘉)。添补类协同在认知上大多运用阐释基础话语激活的事件图式的抽象结构或对该图式的某一部分进行突显等认知操作,也可以是对同一概念结构不同识解的联合调试。如例(1),悠悠提供焦点“电话”阐释基础话语“这是什么”中的抽象结构“什么”,使其语义具体化。例(3)中,A 通过添加状语成分“这周末”突显基础话语激活的事件图式的一部分,即时间,建立起从整体到部分的关联。在语用上,一般情况下,说话人的目标话语是对基础话语的添补。如在例(1)中,悠悠在目标话语中提供的焦点“电话”为基础话语中的疑问词“什么”提供必要的信息补充。

表 7-4　三类协同的特征

意义协同种类	实现方式	形式协同类型	认知	语用
添补类协同	回答、重复、添加成分、替换	阐释类、间接协同的单个成分类	阐释、突显、对某一元素的不同识解的联合调试	回答、补充、疑问、强调等
相似类协同	替换、句法功能转换	单个成分类和句法关系类	对某一元素或关系不同识解的联合调试	认同、附和和支持
对立类协同	替换、句法功能转换	单个成分类和句法关系类	对某一元素或关系不同识解的联合调试	反驳否定

如表 7-3 所示,相似类协同所占比例最少(12 个),而且体现于扩展类(12 个),主要体现于扩展类的单个成分类(11 个),句法成分类只有 1 个。如表 7-4 所示,相似类协同的实现方式有替换和句法功能转换。在例(5)中,老师 B 用“效率”替换掉基础话语中的“秒回”。在例(9)中,小贤通过转换基础话语“我钓鱼了”中“我”(主语)和“鱼”(宾语)的句法功能产出目标话语。相似类协同在认知上大多通过对同一事件图式中某一元素不同识解的联合调试实现协同。在例(5)中,基础话语激活了一个抽象的事件图式,即神速回复和某物之间的等同关系。老师 B 和老师 A 就这一事件中的抽象元素“某物”进行了相似的识解,即“秒回”和“效率”,两者都表达快速之意,达成联合调试,从而实现意义协同。另一类相似类协同是通过句法转换带来的子乔和鱼施受关系的转变而建立的意义相似关系,即钓鱼

事件中受事“鱼”和“子乔”在形象上的相似性,实现意义协同。语用上,一般情况下,相似类协同表达对对方观点的认同、附和和支持。例(5)中,老师 B 的目标话语表达对老师 A 观点的认同和附和,即大家的微信回复确实神速。

如表 7-3 所示,对立类协同所占比例最多(151 个),体现于扩展类,而且主要体现于扩展类的单个成分类。句法关系类 9 个。如表 7-4 所示,对立类协同的实现方式有替换和句法功能转换。在例(7)中,B 利用“热的(柠檬汁)”替换掉 A 话语中“冰的(柠檬汁)”,产出目标话语。在例(8)中,余快妈妈转换基础话语“我教育她”中的“我”(主语)和“她”(宾语)的句法功能,产出目标话语“她教育你吧”。对立类协同在认知上大多通过对同一事件图式中某一元素不同识解的联合调试实现协同。在例(7)中,基础话语“你喝冰的”激活了抽象事件图式,即 B 饮用某物。A 和 B 对该事件图式中的抽象元素某物(受事)提供不同识解,即“冰的(柠檬汁)”和“热的(柠檬汁)”。依据“冰的(柠檬汁)”和“热的(柠檬汁)”的温度对比,目标话语和基础话语构成意义对立关系,实现意义协同。还有一小部分对立类协同在认知上通过对参与者之间关系的不同识解实现意义协同。在例(8)中,余快的妈妈通过句法转换引发了儿子余快和儿媳绒绒施受关系的转变。这种施受关系的转变显示儿子余快和儿媳绒绒家庭地位之间的对比关系,即儿子家庭地位低,是被教育者,儿媳家庭地位高,是教育者。据此,基础话语和目标话语实现意义协同。语用上,一般情况下,对立类协同一般表达听话人对说话人观点的否定和反驳。如在例(7)中,B 产出“我喝热的”否定了 A 的问句“你喝冰的”,表达我不喝冰的柠檬汁,我喝热的柠檬汁。在例(8)中,余快的妈妈的“她教育你吧”是对余快基础话语“我教育她”的反驳和否定,即她(媳妇绒绒)的家庭地位高,“你(儿子)”的家庭地位低,只能是她教育“你”而非相反。

本章从意义协同的分类标准、三类协同的分布规律及原因以及三类协同的特征三大方面展开论述,其中重点是从实现方式、形式协同类型、认知和语用四个方面描述三类协同的特征。在实现方式上,添补类的实现方式主要是重复和添加成分,还有少数替换;相似类和对立类主要是替换和部分句法功能转换。在形式协同类型上,添补类主要体现在阐释类和少数的间接协同的单个成分类;相似类和对立类主要体现在单个成分类和少数句法关系类。在认知上,添补类主要运用阐释、突显和少数的同一事件图式中某一元素不同识解的联合调试;相似类和对立类采用对某一元素或关系不同的识解的联合调试。在语用上,添补类一般表达补充说明;相似类一般表达认同、附和和支持;对立类一般表达反驳和否定。在比例分配上,对立类协同占绝大多数,原因是语言的经济原则驱动下的图形-背景分离的认知原则在起作用。

第 8 章　SVO 平行结构的语用分析

第 3 章提出了 SVO 平行结构从形式到意义的协同分析模型，基于该模型，第 5 章和第 6 章分别对扩展类和阐释类 SVO 平行结构进行协同分析。第 7 章又从意义到形式反推，总结三类意义协同对应的形式类型及其特征。这一章主要从语言使用的角度深入探讨 SVO 平行结构。

8.1　用法包含语法

沈家煊（2016：158-160，2017）认为，西方语言学传统和主流思想坚持语法和用法（语用法）"分立"，认为二者是两个在性质上完全不同的范畴；语法受规则的支配，是独立、自足的系统，"用法是语言表达在具体场合的运用；语法变化是语法变化，语用变化是语用变化，二者基本上是分开的"（沈家煊 2016：158），小有交集，交集部分被称作"语法-语用"界面。如图 8-1 的印欧语图示。沈家煊（2016：158-160，2017）还指出，汉语是"用体包含"的语言，即用法包含语法，并不存在一个语法和用法的交界面。这一包含体现在，一方面，汉语的"语法和用法是不分的，因为汉语的语法问题也是用法问题"，另一方面，"语法和用法又是可分的，因为用法问题不都是语法问题"。如图 8-1 的汉语图示。

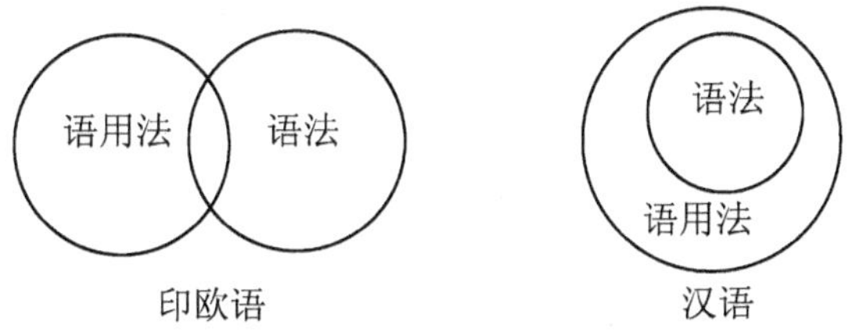

图 8-1　语法和用法的关系（沈家煊 2016：158）

沈家煊的这一思想体现了基于使用的语言观，该语言观认为，语法是"用语言表达的经验的认知组织形式"（cognitive organization of one's experience with language）（Bybee 2006），是"一个有结构的约定俗成的语言单位的清单"（structured inventory of conventional linguistic units）（Langacker 1987：57，2008：222）。语言单

位通过图式化和范畴化来自于语言使用事件。心理学研究表明,每次心理事件的发生都会在人的心智中留下印记,并对下次认知该事件有促进作用。通过不断的重复,该事件结构就会在大脑中被固化(entrenched)。同理,语言表达在语言使用中的高频出现使其在说话人的大脑中得以强化,从而确立为常规认知路径,即固化为语言单位。固化以后的语言单位作为图式性单位,充当解释新的表达式的模板,对其进行范畴化。也就是说,在某一会话交际中涌现的语法结构(grammatical pattern)可能会被高频使用、固化成语言单位;但也可能并没有固化成语言单位,而只为此会话交际而存在。在本书研究的 SVO 平行结构中,存在此类语言结构,仅服务于当时的会话交际,它们在语法上不合格,但在语用上合适。它是当前说话人在受到先述话语的心理启动后,为了实现人际介入和认知协同而产出的语言结构。此语言结构只存在于当时的会话实例中,而且依据当时会话交际的语境,该表达是完全有意义的(fully invested with meaning),而且该意义存在于交际双方的互动中,具体说来,存在于双方话语的平行和共振中。

(1)(小贤为了迎接上司 Lisa 的到来,正在认真地打扫屋子。这时,子乔走了进来。)

小贤:你干什么了,身上的味道这么臭啊?

子乔:我钓鱼了。

(小贤仔细地打量了他,他浑身是水和泥,脏兮兮的。)

小贤:看你这样子,鱼钓了你吧。

(《爱情公寓》)

(2)(子乔的经纪人闪姐找子乔谈工作,无意中知道子乔已经有女朋友,很生气。因为如果演员有了女朋友就没法制造绯闻,就不容易红起来,所以她要终止和子乔的合约。)

闪姐:你有没有看过合同,我们公司的艺人是不能随便谈恋爱的。你现在已经有了女朋友,你怎么还能红?我怎么跟你安排绯闻?没有绯闻你怎么提高曝光率?没有曝光率你还红个屁啊。

子乔:闪姐,我可以做实力派啊。

闪姐:哦,我还有个建议,你可以做菠萝派。香蕉派卖得更好,你要不要也试试看啊。

(《爱情公寓》)

(3)(关谷和悠悠是一对即将结婚的情侣,手里有十几万存款,这够付一套房子的首付或买辆车。关谷想买房,悠悠想买车。)

关谷:……老是这样租房子不是长远之计,我要买房子。

悠悠:你要买麻烦,先就说选房吧,现在的房源大多离市区都远,去哪儿哪儿都不方便……

(《爱情公寓》)

例(1)的目标话语"鱼钓了你吧"是 SVO 结构,主语是"鱼"、是施事,谓语动词是"钓",宾语是"你(子乔)"、是受事。依据语法,充当主语的成分即"钓"这一动作的施事,应该是具有施动能力的事物;宾语是"钓"这一动作行为的受事,直接受到"钓"这一动作行为的影响。"鱼"不具有发出"钓"这一动作行为的能力,人也不可能像"鱼"一样被钓上来,因此,在话语"鱼钓了你吧"中,"鱼"不能做主语,不能作为"钓"的施事;"你(子乔)"不能做宾语,不能作为"钓"的受事。据此,基础话语"鱼钓了你吧"在语法上不合格。但是,此话语在语用上却是合适的。小贤产出的"鱼钓了你吧"和基础话语"我钓鱼了"构成关于句法结构"X 钓 Y"的平行结构。话语的平行排列产生了从目标话语到基础话语的映射。话语间的这种映射关系激活了 SVO 句法框架,亦即"X 钓 Y"的框架共振,句法框架共振促使话语间产生意义关联。虽然子乔不可能像鱼一样被钓起来,但是他的形象可以像被钓起来的鱼一样。句法"X 钓 Y"的框架上的平行映射关系激活话语的受事"鱼"和"子乔"之间形象上的相似关联。因此,小贤的"鱼钓了你吧"的会话含意是子乔浑身臭烘烘、湿漉漉、脏兮兮的,像从水里钓起来的鱼一样。语用上,小贤以"鱼钓了你吧"回应子乔的"我钓鱼了",表达对子乔的一种厌烦、戏弄与嘲讽。单句"鱼钓了你吧"在语法上不合格,但是将其放入像例(1)这样的具体语言使用实例中,这种表达在语用上完全合适。

例(2)的目标话语"你可以做菠萝派"是一个 SVO 结构,主语是"你(子乔)",谓语动词是"做",宾语是"菠萝派"。依据语法,在句法结构"你可以做 X"中,充当宾语的 X 是子乔充任的角色,而"菠萝派"是一种面包的品种,在常规情况下,子乔不可能充任一种面包。因此,"菠萝派"不能充当动词"做"的宾语,该话语在语法上不合格。但是,在语用上却是合适的。在该会话实例中,闪姐产出的目标话语"你可以做菠萝派"和基础话语 "我可以做实力派啊"形成关于句法结构"我(你)可以做 X"的平行结构。两个话语的平行排列产生了从目标话语到基础话语的映射。话语间的这种映射关系激活了 SVO 句法框架即"我(你)可以做 X"的句法框架共振和焦点对"实力派"和"菠萝派"的焦点共振,焦点对"实力派"和"菠萝派"建立起某种意义的关联,即如同子乔不可能充任菠萝派一样,子乔也不可能充任实力派。借此,闪姐表达对子乔观点的反驳和否定,并且该表达具有一定的讽刺意味。单句"你可以做菠萝派"在语法上不合格,但是将其放入像例(2)这样的具体语言使用实例中,这种表达在语用上完全合适。

例(3)的目标话语"你要买麻烦"是一个 SVO 结构,主语是"你"(关谷),谓语动词是"买",宾语是"麻烦"。依据语法,在句法结构"你要买 X"中,X 是购买的对象,即某种商品。常规情况下,"麻烦"不是一种商品,也不能成为购买的对象;因此,它不能充当动词"买"的宾语,该句在语法上不合格。但是,该句在语用上却是合适的。在该会话实例中,悠悠以目标话语"你要买麻烦"与关谷的基础话语"我要买房子"相对,两话语构成关于句法结构"我(你)要买 X"的平行结构,话语的平行排列产生了从目标话语到基础话语的映射。话语间的这种映射关系激活了 SVO 句法框架,亦即"我(你)要买 X"的框架共振和焦点对"房子"和"麻烦"的焦点共振。共振促使二者建立起一种相似关联,即房子是麻烦。借此,悠悠反驳和否定了关谷的想法,即买房子太麻烦就不要买房子了。如果单说"你要买麻烦",此句在语法上不合格,但是将其放入像例(3)这样的具体语言使用实例中,这种表达在语用上完全合适。

在例(1)、(2)、(3)的 SVO 平行结构中,目标话语的 SVO 结构并没有得到固化,仅服务于当时的会话实例,在语法上不合格,但在语用上合适。语法上,它们违背了 SVO 结构的规约性规则,但是,它们在语用上又是合适的,这种合适性在平行结构的句法共振中得以实现,即话语间的平行共振能共振出合适的话语意义。因此,本书的平行结构研究正好与沈家煊的"用法包含语法"观点相契合,为其在现代汉语对话中的平行结构里找到了佐证。

8.2 基于 SVO 平行结构的会话含意推导模式

上一节指出,在 SVO 并行结构中会出现语法上不合格但语用合适的目标话语,这种合适性在平行结构的句法共振中得以实现。换言之,话语间的平行共振能共振出合适的话语意义。那么这种隐含的话语意义(会话含意)是如何共振出来得呢?本研究正好提供了这样一个基于 SVO 平行结构的会话含意推导模式:说话人重复使用基础话语的 SVO 句法结构产出目标话语,该目标话语与基础话语构成 SVO 平行结构,话语间形式的平行促使平行成分之间产生映射关系,映射关系激活了对话共振,对话共振促使会话含意产生。

会话含意概念是美国语言哲学家 Grice 于 1967 年在哈佛大学的系列演讲中首次提出的,他指出会话含意是基于情景推导所得的隐含意义。为了达到交际目的,交际双方需要遵守合作原则(Grice 1975: 307-308)。合作原则包含四个范畴,每个范畴又包含一些准则和相应的次准则：

A. 量准则（Quantity Maxim）：

(a) 所说的话应包含交谈目的所需要的信息；

(b) 所说的话不应超出所需要的信息。

B. 质准则（Quality Maxim）：努力使说的话是真实的。

(a) 不要说自知是虚假的话；

(b) 不要说缺乏足够证据的话。

C. 关系准则（Relevant Maxim）：要有关联。

D. 方式准则（Manner Maxim）：要清楚明白。

(a) 避免晦涩；

(b) 避免歧义；

(c) 要简练（避免啰唆）；

(d) 要井井有条。

在正常的会话交际中说话人应该遵守上述合作原则的各条准则。然而，在真实会话交际中，说话人会时常违反上述某些原则或准则。在这种情况下，会话含意就会产生。也就是说，会话含意是在遵循或违背合作原则的基础上推导出来的（Grice 1975）。

(4) 父亲：儿子，历史考得怎个样？

儿子：考得一般，因为题目中出现了一些我出生前发生的事件。

（何自然、冉永平 2010：75）

在例(4)中，依据问答类话语的要求，儿子以“考得一般”作为回应已经足够。但他故意违反量准则的第二条次则，即所说的话不应超出所需要的信息，在“考得一般”后面加了一些多余的信息。依据这些多余的信息，我们可以推导出这样的会话含意：儿子觉得历史没考好不是自己的错，而是因为考了一些他没出生前的事件。

(5) A：Mrs X is an old bag.

B：The weather has been quite delightful this summer, hasn’t it?

（何自然、冉永平 2002：119）

例(5)的这组对话发生在一次高雅的茶会上。A 当众说某夫人是个老丑妇，大家都觉得非常尴尬。B 觉得 A 的话不文明，而且还担心被别人听见，对 A 不利。因此，B 想另换话题，接一句毫不相关的话，以扭转尴尬局面。这个与 A 毫不相干的话带有一定的会话含意，即“别说这种无聊话了，多不成体统”，在某种条件下也可暗示 B 对 A 的话题不感兴趣。

在上两例中,隐含的会话含意是在违背合作原则的基础上推导出来的。但是,Grice 这一会话含意推导模式对语言结构形式关注较少(孙李英 2017),而有些会话含意的推导与语言结构形式紧密相关。它们的获得需要运用以语言形式为“抓手”、形义一体的语言研究方法进行推导(牛保义 2015)。此种会话含意存在两种情况:其一,说话人违反了 Grice 合作原则,但是会话含意的获得仍然依赖语言的结构形式;其二,说话人并未违反合作原则,但是其话语仍存在会话含意,而且该会话含意的获得同样需要借助语言的结构形式。

本研究中 SVO 平行结构的协同模型正好提供了这样一个以语言结构形式为基础的会话含意的推导模式,即平行>映射>共振>会话含意,具体如下:在会话交际中,话语间形式的平行促使平行对应成分之间产生映射关系,该映射关系激活对话共振,对话共振促使会话含意产生。对话共振机制如下:交际双方对同一概念结构提供两种不同的识解,二者产生比较关系;会话交际的语境,尤其是话语间的形式平行映射关系和以其为基础的语义和语用的平行映射关系,为两种识解的比较提供认知背景,促使两种识解建立起基于语境的意义对比或类比关系,话语间实现基于语境的意义关联,从而促使会话含意产生。简言之,交际双方在对同一概念结构的识解上达成联合调试。

下文先论述第一种情况,说话人违反了 Grice 合作原则,但是会话含意的获得仍然依赖语言的结构形式。例(2)中闪姐的“你可以做菠萝派”违背了 Grice 合作原则的质的原则,但是其会话含意的推导需要借助语言结构形式为基础的会话含意的推导模式,即平行>映射>共振>会话含意。

在一个由基础话语和目标话语合成的语言使用事件模型中,处在言语情境(G)中的交际双方(子乔 S 和闪姐 H)共同参与对同一事件的概念化(c_1)。在例(2)中,闪姐重复使用子乔基础话语的句法结构产出目标话语“你可以做菠萝派”。该目标话语与基础话语“我可以做实力派啊”形成关于句法结构“我(你)可以做 X”的平行结构。如表 8-1,基础话语“我可以做实力派啊”和目标话语“你可以做菠萝派”的平行排列产生了从目标话语到基础话语的映射。话语间的这种映射关系激活了 SVO 句法框架即“我(你)可以做 X”的句法框架共振和焦点对“实力派”和“菠萝派”的焦点共振。表 8-1 的映射结构反映了这种平行、映射和共振成分之间的对应关系。

表 8-1　扩展类映射结构(宾语/任事)

主语	状语	谓语动词	**宾语**	结语
我	可以	做	**实力派**	啊
你	可以	做	**菠萝派**	
施事	表情态	动作行为“做”	**任事**	结束

如表 8-1 所示,焦点对平行项“实力派”和“菠萝派”的句法功能是宾语,语义成分是任事,即小子乔充任的角色。依据对话句法理论,句法结构“我(你)可以做 X”的句法框架共振能促使焦点对“实力派”和“菠萝派”产生意义关联。具体认知机制如下:如图 8-2,在交际过程中,基础话语“我可以做实力派啊”激活(m_1)了相应的事件图式 S′,即子乔充任某种角色。这个半抽象事件图式的基本要素是具体的充任者“子乔”和抽象的充任角色以及他们之间的充任关系。基础话语“我可以做实力派啊”(其对应的视窗表示为 i-1)和目标话语“你可以做菠萝派”(其对应的视窗表示为 i)通过例示事件图式“我(你)可以做 X”的抽象任事“X”,对之进行具体化,可以看作该半抽象事件图式的两个具体实例(实例 1 和实例 2)。在实例 1 中,“我(子乔)”是射体(tr),“实力派”是界标(lm),“做”是动作行为。在实例 2 中,“你(子乔)”是射体(tr),“菠萝派”是界标(lm),“做”是动作行为。其中,焦点对“实力派”和“菠萝派”是界标(lm)也是任事,即子乔充任的角色(图 8-2 中以加粗体表示)。

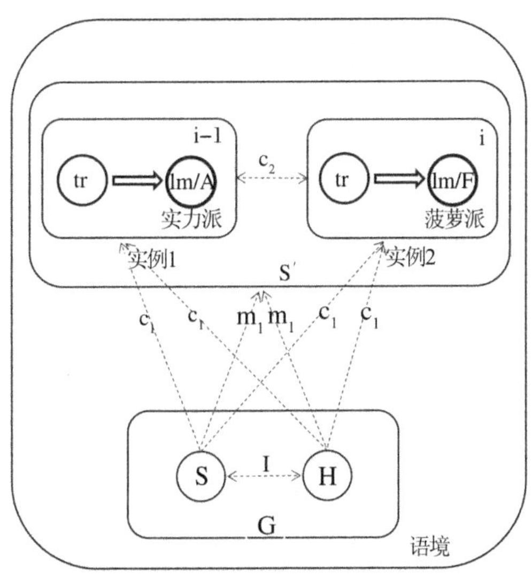

图 8-2　扩展类意义协同(任事类)

子乔听完闪姐的批评和抱怨后,产出基础话语“我可以做实力派啊”。他认为自己可以不用通过绯闻提高曝光率而出名,自己可以充任一名实力派演员,依靠自己的专业演艺实力而出名。听话人闪姐理解了子乔的话语意义,以子乔的基础话语提供的事件实例的概念结构充任的角色"实力派"为切入点 A,在基础话语激活的事件图式 S′内论述目标话语表述的焦点 F"菠萝派",产出目标话语"你可以做菠萝派"。至此交际双方对事件图式 S′的子乔充任的角色这一概念结构实现不同的识解,二者产生一种比较关系。在句法上,"实力派"和"菠萝派"体现为宾语的平行映射;在语义上体现为宾语所对应的事件的概念结构,即充任的角色的平行映射,此概念结构受到所属事件结构的限制。在 SVO 句法结构,即"我(你)可以做 X"对应的事件结构,即子乔充任某种角色中,X 是子乔充任的角色,而"菠萝派"是一种面包的品种,在常规情况下,子乔不可能充任一种面包。该事件图式决定了在其中充当任事的不能是一种面包"菠萝派"。因此,我们会将目标话语"你可以做菠萝派"理解为子乔不可能是菠萝派。

如果在西餐店里就餐的一位顾客说"我是菠萝派",我们不会认为他不可能是菠萝派。小朋友表演卡通剧时,他们需要扮成多种面包如提拉米苏、牛角包、菠萝派等,其中有个小朋友说"我做菠萝派",这个时候,我们也不会认为他不可能做菠萝派。在例(2)中,我们在理解"你做菠萝派"时认为子乔不可能做菠萝派,是受到了基础话语提供的句法图式对应的事件(语义)图式,即子乔充任某种角色的限制。同样,在语用上,目标话语"你可以做菠萝派"作为对基础话语"我可以做实力派啊"的回应,为目标话语的理解提供语用背景。换言之,闪姐的目标话语总是对子乔基础话语的某种应答,即肯定或否定。做"实力派"与做"菠萝派"之间的这种句法、语义、语用上的平行映射关系促使子乔充任菠萝派的不可能性和子乔充任实力派的不可能性建立起相似关联,即如同子乔不可能充任菠萝派一样,子乔也不可能充任实力派。交际双方在互动(I)中对子乔充任的对象这一概念结构的识解达成联合调试,话语间实现了意义协同(c_2)。据此,目标话语"你可以做菠萝派"表达的会话含意是子乔不可能充任一名实力派演员,不可能依靠自己的专业演艺实力而出名,借此,闪姐表达对子乔观点的反驳和否定,并且该表达具有一定的讽刺意味。平行项"菠萝派"和"实力派"在词形,即构词形式上具有相似性,"菠萝派"重复使用了"实力派"的构词形式"名词+派",后面的"香蕉派"同样重复使用了此构词形式,词形上的相似有助于加强概念意义上的关联,同时加强讽刺效果。

下文论述第二种情况:说话人并未违反合作原则,但是其话语仍存在会话含意,该会话含意的获得需要借助话语间结构形式的平行。如例(6)中,B 产出话语"你能收获 120 平米的房子和一个老公",并没有违反合作原则,但是该话语蕴含会话含意,而且其会话含意的推导需要借助语言结构形式。

(6)（A 博士毕业对留本校还是去外地的一所高校犹豫不决。在本校所在地一男生正在追她,该男生已经买了一个 120 平米的房子。外地的那所高校为新进博士提供一套 120 平米的房子。A 和闺蜜 B 聊天。)

A:那边(外地的一所高校)又给我电话了,要不,我就签那儿吧。

B:你签那儿能收获什么。

A:我能收获 120 平米的房子啊。

B:签这儿(本校)你能收获 120 平米的房子和一个老公。

(私人聊天)

在一个由基础话语和目标话语合成的语言使用事件模型中,处在言语情境(G)中的交际双方(A 和 B)共同参与对同一事件的概念化(c_1)。在例(4)中,B 重复使用 A 基础话语的句法结构产出目标话语"你能收获 120 平米的房子和一个老公"。该目标话语与基础话语"我能收获 120 平米的房子啊"形成关于句法结构"我(你)能收获 X"的平行结构。如表 8-2,基础话语"我能收获 120 平米的房子啊"和目标话语"你能收获 120 平米的房子和一个老公"的平行排列产生了从目标话语到基础话语的映射。话语间的这种映射关系激活了 SVO 句法框架,即"我(你)能收获 X"的共振和焦点对"120 平米的房子"和"120 平米的房子和一个老公"的焦点共振。表 8-2 的映射结构反映了这种平行、映射和共振成分之间的对应关系。

表 8-2　扩展类映射结构(宾语/受事)

主语	状语	谓语动词	**宾语**	结语
我	能	收获	**120 平米的房子**	啊
你	能	收获	**120 平米的房子和一个老公**	
施事	表情态	动作行为"获得"	**受事**	结束

如表 8-2 所示,焦点对平行项"120 平米的房子"和"120 平米的房子和一个老公"的句法功能是宾语,语义成分是受事,即获得的对象。句法结构"我(你)能收获 X"的句法框架共振能促使焦点对"120 平米的房子"和"120 平米的房子和一个老公"产生意义关联。具体认知机制如下:如图 8-3,在交际过程中,基础话语"我能收获 120 平米的房子啊"激活(m_1)了相应的事件图式 S′,即 A 能获得某物。这个半抽象事件图式的基本要素是具体的施事(A)和抽象的受事(获得的对象)以及他们之间的获得关系。基础话语"我能收获 120 平米的房子啊"(其对应的视窗表示为 i-1)和目标话语"你能收获 120 平米的房子和一个老公"(其对应的视窗表示

为 i)例示事件图式“我(你)能收获 X”中的抽象受事“X”,对其进行具体化,它们可以被看作该抽象事件图式的两个具体实例(实例 1 和实例 2)。在实例 1 中,“你(A)”是射体(tr),“120 平米的房子”是界标(lm),“收获”是动作行为。在实例 2 中,“我(A)”是射体(tr),“120 平米的房子和一个老公”是界标(lm),“收获”是动作行为。其中,焦点对“120 平米的房子”和“120 平米的房子和一个老公”是界标(lm)也是受事,即收获的对象(图 8-3 中以加粗体表示)。

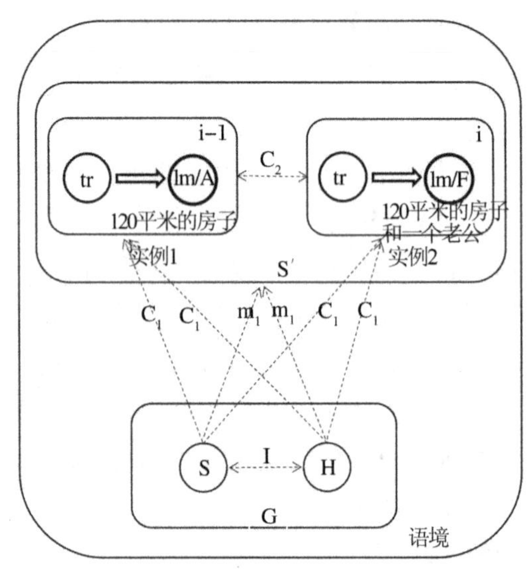

图 8-3　扩展类意义协同(受事类)

作为对 B 的问句“你签那儿能收获什么”的回答,A 产出话语“我能收获 120 平米的房子啊”,因为那所外地高校为新进博士提供一套 120 平米的房子。B 理解了 A 的话语意义后,以 A 的基础话语提供的事件实例的概念结构获得的对象“120 平米的房子”为切入点 A,在基础话语激活的事件图式 S′内论述目标话语表述的焦点 F“120 平米的房子和一个老公”,产出目标话语“你能收获 120 平米的房子和一个老公”。至此交际双方对事件图式 S′的收获的对象这一概念结构实现不同的识解,二者产生一种比较关系。框架“我(你)能收获 X”的平行映射关系促使焦点对“120 平米的房子”和“120 平米的房子和一个老公”产生形式和意义上的对比关系。在形式上,作为 SVO 结构,亦即“我(你)能收获 X”的宾语,后者是在名词短语 120 平米的房子后加上一个名词短语构成的联合短语;在意义上,作为事件图式 S′,即“A 获得某物”中的获得对象,后者在前者的基础上多了一个老公。相对于前者,后者收获的对象多,话语间建立起意义的对立关联,据此,交际双方在互动(I)中对事件图式 S′中概念结构(收获的对象)达成联合调试,实现意义协同(c_2)。目标话语的会话含意是 A 留在本地比签外地的那个高校得到的更多,因此,B 反对 A 签外地的那所高校,认为 A 应该留在本地。目标话语“你能收获 120 平米的房子和一个老公”的会话含意从话语间平行映射促发的对比关系中获得。

这一节提出了基于 SVO 平行结构的会话含意推导模式,下一节将扩大该推导模式的适用范围,将平行结构间的介入方式从 SVO 句法结构介入扩展至任何语言形式的介入,据此对原有模式进行修补,进而提出了基于形式介入的会话含意推导模式。

8.3　基于形式介入的会话含意推导模式①

8.3.1　问题的提出

1967 年,Grice(格赖斯)首次提出会话含意(conversational implicature)的概念,即基于情景推导所得的隐含意义。1975 年,他尝试运用合作原则(Cooperative Principle,简称 CP)推导会话含意,开启了依据语用原则推导会话含意的先河;但是他的推导模式基本脱离了话语的语言结构(张绍杰 2017; 孙李英 2017)。新格赖斯会话含意理论对其进行修正和完善,发现大量的极差含意和一般会话含意与语言的结构密切相关(Levinson 1983, 2000; Horn 1984);但是他们也仅关注了单句层面的语言结构。在国内学界,徐盛桓(2006)提出了利用常规关系推导会话含意的常规推理模型,但该模型也极少关注话语的语言结构。我们发现,有些会话含意的推导不仅与语言结构相关,而且该结构超越了句内结构关系,与话语间的形式介入②相关。如例(1),小贤复用子乔的主动宾结构,并转换其主语“我”和宾语“鱼”,对其实现形式介入。像例(1)这类与形式介入相关的会话含意又将如何推导呢?对话句法理论为此提供了一个研究范式:形式介入引发话语间的平行映射关系,进而激活对话共振,对话共振促使会话含意产生(Du Bois 2010, 2014)。但是,对话共振如何共振出会话含意呢?对话句法理论并没有给出充分而又合理的论述。因此,本小节试图结合对话句法理论和认知语法的相关理论为此类会话含意提供一个有效的推理模型。

本小节分三部分。首先,介绍对话句法理论并在其框架下描述形式介入结构的

① 原文发表于 2021 年《现代外语》第 1 期。

② 介入指当前说话人重复使用基础话语的语言资源,促使交流各方所使用的符号中某些对等、相似、相关成分重复出现,形成话语间该类成分的平行对,如符号对、词素对、词对、短语对、句法对等,将双方交流紧紧咬合在一起(Bois 2010: 1, 18-19)。

特征。其次,借助 Langacker 的认知语篇理论和识解的主体间性对对话句法理论推导模型进行修补,构建包含形式意义二位一体共振的会话含意推导模型(简称“形义一体推导模型”)。最后,基于该模型对各类形式介入的会话含意给出统一解释。

8.3.2 对话句法理论介绍及形式介入结构特征描述

对话句法理论(Brône & Zima 2014; Du Bois 2010, 2014; Du Bois & Giora 2014; Du Bois et al. 2014; 曾国才 2015)从认知功能视角分析话语间的平行映射关系与共振效应,旨在揭示语言、认知和互动对意义推理的作用。该理论突破了传统的单句层面的线性句法分析模式,把单句内部的认知分析拓展到话语间的结构关系研究。

在会话交际中,言者会有意或无意地复用先述话语(基础话语)的语言资源,如语音、词汇、句法等,在形式上介入对方话语,产出的目标话语与基础话语形成平行映射关系,进而促使话语间产生对话共振,即话语间亲近关系的催化激活(Du Bois 2014: 359-360)。该亲近关系包括相似性和差异性(Du Bois 2014: 360)。如例(7),关谷复用基础话语“圣诞大酬宾”中“酬”的语音 CHOU,产出的“圣诞大仇宾”与“圣诞大酬宾”形成平行映射关系,进而激活话语对应成分之间的共振,形成一种超越句子层面的句法关系——映射结构(Du Bois 2014: 376),如表 8-3 所示。言者也会对基础话语实施词汇介入,如例(8),词汇“浪费”在改变基础话语中“浪漫”的词素“漫”的基础上产生,“浪费”和“浪漫”的平行映射关系激活二者之间的共振,形成如表 8-4 所示的映射结构。

(7) (圣诞将至,酒吧装修完毕。朋友几个来此喝酒。)

美嘉:这么快就装修好了。

悠悠:这叫节日营销。从这周起,都是圣诞大酬宾,所有酒水提价 50%。

关谷:仇人的仇吧?

美嘉:圣诞大仇宾! 精辟!

(《爱情公寓》)

(8) (张伟告诉雨墨和子乔他被开罚单是因为看上那个交警、故意违规造成的。)

子乔:真浪漫!

雨墨:三张罚单,一张 200,这叫浪费!

(《爱情公寓》)

表 8-3　映射结构

圣诞	大酬宾
圣诞	大仇宾

表 8-4　映射结构

浪	漫
浪	费

表 8-5　映射结构

做	讲座
听	讲座

例(9)中,B 复用短语“做讲座”的结构形式“V+讲座”,产出新短语“听讲座”,形成短语“做讲座”和“听讲座”的平行结构,短语间的平行映射关系激活对话共振,如表 8-5 所示。例(10)中,汪峰在复用基础话语的句法结构“X 把 Y 整明白了”的基础上,转换话语中 “这个舞台”和“你”(歌手)的句法功能,即“这个舞台”由主语变宾语、“你”(歌手)由宾语变主语,实现句法功能重组,产出目标话语“她把这个舞台整明白了”。目标话语与基础话语的平行映射关系激活话语间关于句法结构“X 把 Y 整明白了”的句法共振,如表 8-6 所示。

(9) (俩同事聊天。)

A:他爸又不在家? 走穴了吧?

B:走穴是啥意思?

A:做讲座啊。

B:他是去听讲座。

A:哈哈……

(私人聊天)

(10) (某歌手唱完,全场轰动。四个评委一致好评。)

那英:你没有想过出国吗?

歌手:我在国内还没整明白呢。

那英:这个舞台把你整明白了!

汪峰:她把这个舞台整明白了!

(《中国好歌曲》)

表 8-6　映射结构

主语	动词	宾语	动补
这个舞台	把	你(歌手)	整明白了
她(歌手)	把	这个舞台	整明白了
施事	掌控行“把”①	受事	结果状态

介入的形式创造介入的意义,当言者形式介入另一话语时,其中隐含的不仅仅是形式的连接,更是意义的连接(Du Bois 2010: 18-19)。换言之,言者可以选择形

① 参照牛保义(2008)。

式介入对方话语以传达一定的隐含意义和实现相应的语用效果(Du Bois 2010, 2014; Sakita 2006)。上述例(7)-(10)是言者分别从语音、词汇、句法上介入对方话语传达相应会话含意的范例。但是,该会话含意是一种基于即时语境动态涌现的话语意义,是交际者在会话语境下对意义的对话性建构(Du Bois 2010: 16, 2014: 372; Zima 2013: 40),具有极大隐含性,无法从目标话语的字面义中获得。如例(1),小贤句法介入子乔的话语,如表 8-7 所示,是为了表达一定的会话含意,即子乔浑身臭烘烘、脏兮兮、湿漉漉的,像从水里捞起来的鱼一样,进而巧妙地传达对子乔的嫌弃与嘲讽,显然该会话含意无法直接来自目标话语的字面义。同时,尽管目标话语"鱼钓了你吧"违背了 CP 中质的次则,但亦无法依此推导出上述会话含意。该会话含意来自于目标话语与基础话语之间的形式介入,产生于二者之间的类比和互文(沈家煊 2020b)。那么,又该如何依据话语间的形式介入和类比互文推导出该会话含意呢?

表 8-7　映射结构

主语	动词	**宾语**	结语
我(子乔)	钓	**鱼**	了
鱼	钓了	**你(子乔)**	吧
施事	动作"钓"	**受事**	结束

8.3.3　形义一体推导模型的理论依据

8.3.3.1　对话句法理论推导模型

对话句法理论(Du Bois 2010, 2014)提供了这样一个以形式介入为基础的会话含意推导模型,即形式介入>平行映射>形式共振>类比推理>会话含意。具体如下:形式介入带来的平行映射关系激活话语间的形式共振,形式共振激活意义推理的类比机制(analogy)①,从而促使词典义上没有意义关联的成分之间建立联系的潜势,会话含意就此产生,如例(11)。

(11) (Joanne 和 Lenore 在谈论一个双方都认识的酗酒的熟人。)

Joanne: Yet he's still healthy.

　　　　He reminds me of my brother.

Lenore: He's still walking around.

---

① 类比推理大致可分为"比对"和"对比"两种。前者偏重证明和求同,后者偏重反驳和显异(沈家煊 2020a)。

I don't know how healthy he is.

表 8-8　映射结构

yet	he	's	still	**healthy**
	he	's	still	**walking around**

Lenore 复用基础话语 yet he's still healthy 的句法框架 he's still X,产出 he's still walking around,实现对基础话语的句法介入。目标话语与基础话语形成基于句法框架 he's still X 的平行结构。话语间的平行排列产生从目标话语到基础话语的映射,从而激活话语对应成分之间的共振,形成映射结构,如表 8-8 所示。

句法框架"he's still X"的共振激活意义推理的类比机制,分词短语 walking around 和形容词 healthy 之间的亲近关系被激活。在句法形式方面,分词短语 walking around 具有和形容词 healthy 一样的句法特征,相当于形容词作表语;在功能方面,句法共振促使两个看似没有明显意义联系的语言成分之间有了意义的关联,walking around 和 healthy 在功能上形成对等,即 walking around 和健康相关。walking around 通过句法共振获得一种基于情景的会话含意,即表达健康比较低的等级。但是,如果将"he is still walking around"换成"he is listening to VOA",是否也能共振出与健康相关的含意呢? 显然不能。因此,仅依据形式共振便做出意义的类比推理,得出与健康相关的会话含意,这种推理显然不够充分。推理过程中,形式共振的同时必须加入话语间意义的认知加工过程,亦即话语间的意义共振。最后在形式和意义共振的基础上建立基于语境的意义的类比推理,方能获得上述会话含意。下面我们将引入认知语法的相关理论,填补该模型中缺失的意义加工部分。

8.3.3.2　认知理据

依据 Langacker(2001, 2016a)的认知语篇理论,如图 8-4 所示,在话语流中,话语对应视窗,视窗对应语言使用事件。语言使用事件随着时间的推移按先前事件、当前事件和后续事件的顺序而不断更新。在当前事件中,处在言语情境(ground)中的交际双方共同对台上的同一概念化客体进行识解(Langacker 2016a: 30),在互动中通过识解达成认知协同(coordination)(Verhagen 2005: 7, 2019: 279)。识解是人们以不同的方式构想和描绘同一情景的能力(Langacker 2008: 43),主要包括详略度(specificity)、聚焦(focusing)、突显(prominence)和视角(perspective)四大维度(Langacker 2008: 55)。识解是人们"自我"构建现实世界,具有主体性(subjectivity);同时,识解还具有主体间性(Verhagen 2005, 2019; Dabrowska 2016;

486; Möttönen 2016; Langacker 2019: 141–142)。识解总是为特定的交际目的服务(Croft 2009)。言者会根据自己的表达意图选择某一识解方式对台上的概念化客体进行识解,产出形义一体的基础话语,引导听者以同样的方式识解概念化客体。听者理解言者的话语意义后,依据对方的识解方式,结合自己的交际意图,创造性地使用相同结构(高彦梅 2018),为概念化客体提供一种不同的识解。当对方的识解方式与自己的交际意图发生冲突时,言者会对该识解方式进行调节,在同一识解维度下选择另外一种识解方式与之相对。这一过程我们称之为联合调试(joint accommodation)。通过联合调试,交际双方提供的两种识解在同一识解维度上产生某种对比关系。这种在相同结构(形式平行)基础上建立的识解的对比关系为基于语境的意义的类比推理提供认知背景和推理基础。

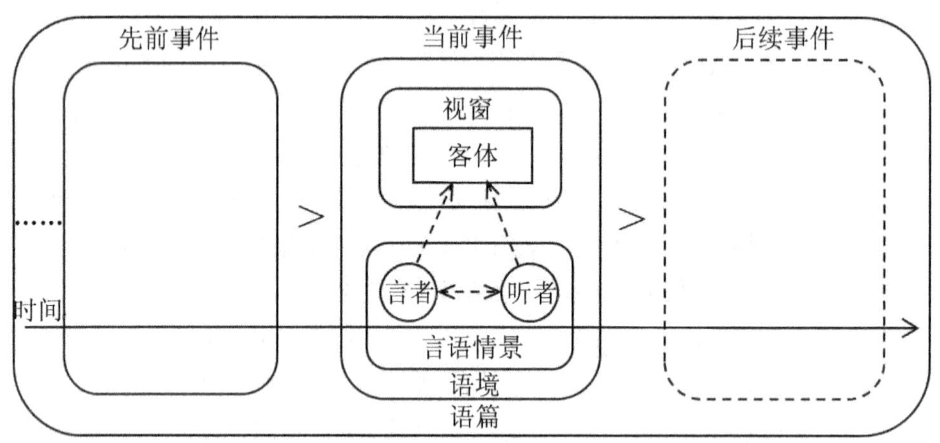

图 8-4 语言使用事件

总之,想要推导出基于形式介入的会话含意,对话句法理论推导模型需要得到上述关于意义加工过程的修补,构建形式意义二位一体的推导模型。

8.3.4 形义一体推导模型的提出及应用

8.3.4.1 模型描述

基于对话句法理论推导模型,结合 Langacker(2001, 2016a)的认知语篇理论和基于识解主体间性的联合调试机制,我们提出会话含意的形义一体推导模型,即形式介入>平行映射>形式意义二位一体共振>类比推理>会话含意。

如图 8-5 所示,在一个大的语境(context)中,处在言语情境中的交际双方(言者和听者)共同对舞台区域(onstage region)的同一事件进行识解,产出的基础话语和目标话语整合成一个大的语言使用事件。在该事件中,基础话语和目标话语是形义配对体。形式上,目标话语复用基础话语的语言资源,对其实现形式介入。形式介入带来话语间的平行映射关系,从而激活话语间的对话共振,即形式和意义的二位一体共振(形义共振)。形式共振,即形式上的相似性,触发(trigger)和突显(profile)意义共振。意义共振体现于识解共振,即交际双方通过联合调试达成的在某一识解维度上两种识解之间的意义对比关系。形式共振触发意义共振,进而激活话语间基于语境的意义的类比推理,同时话语间的形义共振又为此推理提供认知背景和意义基础,据此会话含意得以产生。形式上的相似更能突显意义上的对比关系,更能强烈地表达与他人意见的分歧(Du Bois 2014: 363),实现简洁机智、幽默风趣的语用效果。

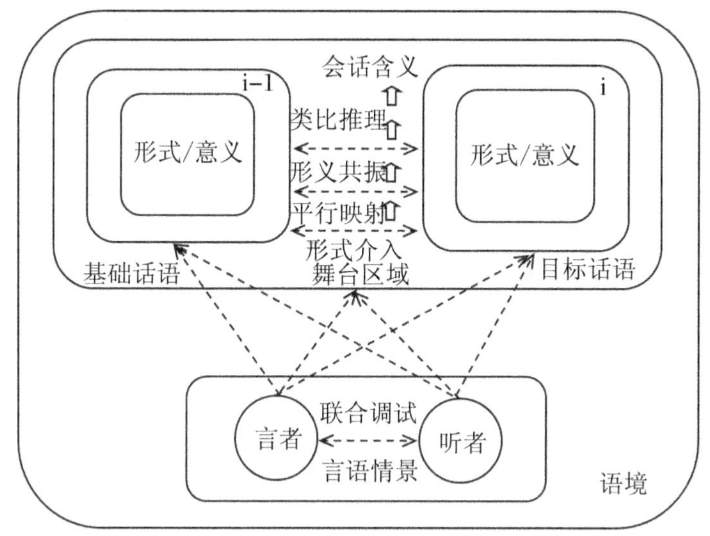

注:i-1 标示基础话语的表征视窗,i 标示目标话语的表征视窗,虚线单箭头标示概念化(图 8-6 同)

图 8-5　形义一体推导模型

8.3.4.2　基于形义一体推导模型的范例分析

下文结合形义一体推导模型具体分析句法、词汇以及语音三种形式介入带来的会话含意推导过程。

8.3.4.2.1　句法介入

在会话交际中,言者会在复用基础话语句法结构的基础上,运用句法的主语-宾语重组来表达一定的会话含意,如例(10)。如图 8-6 所示,在一个大的语境中,处在言语情境中的言者那英和听者汪峰在互动中共同对舞台区域中歌手和舞台的关系进行识解,他们产出的基础话语“这个舞台把你整明白了”和目标话语“她把这个舞台整明白了”整合成一个大的语言使用事件。在该事件中,基础话语和目标话语是形义配对体。形式上,目标话语复用基础话语的句法结构“X 把 Y 整明白了”,并对基础话语的句子成分“这个舞台”和“你”(歌手)进行句法上主语和宾语的重组。

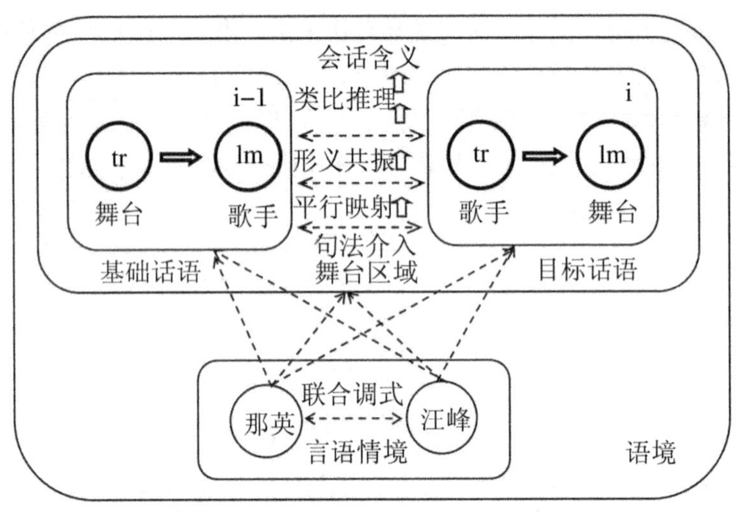

图 8-6 句法介入

这种句法介入带来话语间基于句法结构(X 把 Y 整明白了)的平行映射关系,如表 8-6 所示,从而激活话语间形式和意义的二位一体共振。具体如下,结构框架“X 把 Y 整明白了”的共振使充当主语的“这个舞台”与“她”(歌手)和充当宾语的“你”(歌手)与“这个舞台”在形式上产生共振。形式共振诱发意义共振,即对舞台和歌手之间关系的两种识解的对比。那英将舞台(施事)识解成射体(tr),将歌手(受事)识解为界标(lm),产出基础话语“这个舞台把你整明白了”回应歌手;她的意思是通过这个舞台,歌手应习得颇多,明了努力方向。汪峰调整那英的识解方式,即将舞台识解成界标、将歌手识解成射体,产出目标话语“她把这个舞台整明白了”,从而实现认知上射体-界标的重新联结(trajector-landmark realignment)、语义上舞台和歌手施受关系的转变。射体-界标联结(trajector-landmark alignment)是一种识解的突显方式(Langacker 2008: 70-73),因此,交际双方对舞台和歌手关系的识解在突显维度上实现联合调试。由此,双方对舞台和歌手之间的关系形成两种对比识解,意义共振由此产生。在形式和意义共振的共同作用下,歌手由宾语变主语、界标变射体、受事变施事、被动变主动,进而激活话语间关于歌手形象的类比推理,即基础话语中歌手的被教育、被激发形象与目标话语的主动引领和标杆形象之间的强烈对比关系。结合会话语境,即歌手表演很成功,会话含意就此产生,即不是舞台教会她未来如何发展,而是她在舞台上的精彩表现给所有歌手树立了标杆,是所有歌手努力的方向,这使得舞台的精神得以彰显,舞台的意义得以传达。汪峰以这种句法形式的介入幽默机智、简洁夸张地赞美歌手精湛的唱功。

8.3.4.2.2　词汇介入

在口语交际中,言者会改变基础话语中词汇的某个语素来创造新词,对基础话语进行词汇介入,从而表达相关的隐含意义,如例(8)。处在言语情境中的言者子乔和听者雨墨在互动中共同对舞台区域的张伟故意违规被罚这件事进行识解,他们产出的基础话语“浪漫”和目标话语“浪费”整合成一个大的语言使用事件。“浪漫”和“浪费”是形义配对体。形式上,“浪费”源于“浪漫”中词素“漫”的改变。这种词汇介入带来两者基于“浪 X”的平行映射关系,如表 8-4 所示,进而激活两者形式和意义的二位一体共振。“浪漫”和“浪费”的形式共振触发意义的共振,即对张伟故意违规被罚这件事的两种识解之间的对比关系。张伟看上女交警,三次故意违规被罚。子乔听说后,产出“还真是浪漫”。他选择从爱情视角识解这件事,突显张伟为了爱情,宁愿违规罚钱,甚是感人。雨墨调整识解此事的视角,即选择罚款的视角,产出 “浪费”与“浪漫”相对,与子乔的识解方式在视角上达成联合调试,突显张伟故意违规而被惩罚的后果。这种基于形式共振的识解的对比关系激活子乔与雨墨对张伟故意违规被罚这件事态度上的类比推理:子乔对此举的欣赏态度与雨墨的批评态度形成强烈对比。由此,会话含意产生,即雨墨认为,张伟故意违规,白白被罚 600 元,这一行为不应该、不值得。雨墨的回答直接幽默地纠正了子乔的欣赏态度,简洁有力地批评了张伟的“浪费”行为。

8.3.4.2.3　语音介入

在会话交际中,言者会利用语音的相同或相似来传达一定的会话含意,如例(7)。处在言语情境中的悠悠和关谷共同对舞台区域的酒吧圣诞营销事件进行识解,他们产出的基础话语“圣诞大酬宾”和目标话语“圣诞大仇宾”整合成一个大的语言使用事件。在此事件中,俩话语是形义配对体。形式上,“仇”和“酬”具有相同的语音 CHOU,此语音介入带来“圣诞大酬宾”和“圣诞大仇宾”之间的平行映射关系,如表 8-3 所示,进而激活两者间的形义共振。“大酬宾”和“大仇宾”的语音形式共振触发和突显意义共振,激活悠悠和关谷对酒吧节日营销事件的两种识解之间的对比关系。圣诞将至,酒吧装修完毕,节日气氛浓郁,悠悠认为这是酒吧的节日营销,她告诉大家从这周开始,都是“圣诞大酬宾”。“大酬宾”处于中心位置的常规意义被激活,即降低价格、答谢顾客。但是她接着又说,“所有酒水提价

50%”;对此,关谷认为,这明明是提高价格、借节日之名狂宰顾客,像跟顾客有仇一样,此举与酬宾行为相对。因此,他调整悠悠的识解方式,压制“酬宾”的常规意义,聚焦处于边缘地位的提高价格、狂宰顾客的语义内容,借“仇”和“酬”语音相同、意义相对,产出“圣诞大仇宾”。交际双方对酒吧节日营销事件的识解在聚焦维度上实现联合调试。这种识解的对比关系(意义共振)激活话语间关于节日营销常规操作和酒吧实际行为的类比推理,即常规是答谢顾客,实际是狂宰顾客,进而突显酒吧经营者表里不一、欺诈顾客。关谷借此简洁幽默地讽刺酒吧经营者的这种欺诈行为,对此,同伴美嘉认同关谷的想法,赞其“仇宾”之说精辟。

8.4 会话含意的隐晦性

会话含意指话语在某一特定语境下的意义,它具有隐晦性(杨达复 2003)。会话含意的隐晦性是度的问题。SVO 平行结构中目标话语的会话含意是基于目标话语与基础话语在结构形式上的介入而推导出来的。会话含意的隐晦度体现在对语境的依赖程度上。

(12) (张伟是个守财奴,大家故意逗他。)

一菲:今天张伟请客,他有钱。

张伟:我没钱,你看我就这点。

(《爱情公寓》)

(13) [一群老师一块儿改卷,其中大部分是女老师,只有两个男老师(男老师A,男老师B)。中午吃盒饭。女老师A注意到所有女老师的米饭都没吃完,男老师A的米饭也没吃完。她很好奇。]

女老师A:谁的米饭吃完了?

男老师B:我的吃完了。

女老师A:你厉害啊。

女老师B:他是男生。

女老师A:A老师(男老师A)也是男生。

女老师B:A老师是男人。

女老师A:不都是男的吗。

男老师A:我是老男人。

(私人聊天)

在例(12)中,张伟的目标话语“我没钱”和一菲的基础话语“他有钱”形成 SVO 平行结构。句法结构的平行促发句法共振。句法共振使焦点对的两个平行项

"有"和"没"之间产生强烈的对比关系,表达一种相对立的意义。但是,张伟的"我没钱"不仅仅是对一菲的"他有钱"的否定。依据组合语境中的上下文信息,一菲说他有钱,是想让他请客。张伟说自己没钱是想表达自己不能请客。所以,张伟的话语意义并不是字面意义,而是与字面意义有关联但依据了一定的上下文语境推导出来的会话含意,具有一定的隐晦性。在例(1)中,小贤的目标话语"鱼钓了你吧"和子乔的基础话语"我钓鱼了"构成 SVO 平行结构。结构的平行促发句法共振,共振振出了子乔和被钓上的鱼形象上的相似性关联。小贤"鱼钓了你吧"的会话含意是:子乔浑身脏兮兮、湿漉漉、臭烘烘的,像从水里捞起来的鱼一样。小贤以此表达对子乔的一种戏弄、厌烦与嘲讽。"鱼钓了你吧"的这一会话含意与其字面意义看似毫无关联,具有很高的隐晦性。而且,该会话含意具有很强的语境依赖性。如在例(2)中,闪姐的目标话语"你可以做菠萝派"和子乔的基础话语"我可以做实力派"构成 SVO 平行结构。结构的平行引发句法共振,共振促使子乔充任菠萝派的不可能性和子乔充任实力派的不可能性建立起相似关联。子乔不可能充任菠萝派,那么子乔也不可能充任实力派。因此,闪姐目标话语"你可以做菠萝派"表达的会话含意是子乔不可能充任一名实力派演员,不可能依靠自己的专业演艺实力而出名。该会话含意与其字面意义相反,隐晦度高、语境依赖性强。在例(13)中,女老师 B 的目标话语"A 老师是男人"与女老师 A 的基础话语"A 老师也是男生"构成 SVO 平行结构,结构的平行引发句法共振,但是此时句法的共振并没有促使女老师建立起二者之间的意义关联。女老师 B 的"A 老师是男人"的会话含意的隐晦度很高,以至于女教师 A 依据语境并不能有效地将其推导出来。因此,她说"不都是男的吗"。男老师 A 的话语"我是老男人"将男人的特征进行限定,前文所说的"男生"指年轻男人。这样,年轻男人(男生)与老男人形成语义上的对比。年轻男人年轻力壮,能吃,所以能把米饭吃完;老男人人老力衰,不能吃,所以不能把米饭吃完。女老师 B 的"A 老师是男人"的会话含意隐晦度太高,女老师 A 找不到男人和男生的区别,故没法理解。所以才有后面男老师 A 话语的修正和补充,使对话得以顺利进行。总之,从例(12)到例(1)和例(2)再到例(13),从语境依赖性较高、到更高、再到很高,会话含意的隐晦性从有点隐晦、到更隐晦、再到很隐晦,体现了会话含意的隐晦性在度上的不同。

8.5　SVO 平行结构在话语流中的连续运用

为方便起见,前文将单个的 SVO 平行结构从话语流中抽取出来进行分析,但这种分析忽略了 SVO 平行结构在话语流中的连续运用现象。本书认为有必要对该现象进行研究,理由如下:其一,对该现象的研究能动态地揭示心理启动,即图示化、实例化和扩展(Sakita 2006),如何带来结构的平行进而激活共振,这种平行和共振又如何促使语言建构语言、如何塑造发展中的话语流;其二,对话语流中 SVO 平行结构连续运用现象的研究能够展示视窗的更新和交际双方信息聚焦的动态变化。这些变化能够促使话语流中信息不断地更新,推动话语流顺利向前进行。

在实例-图式-实例的范畴化关系中,从实例到图式是图式化,从图式到实例是实例化,从实例 1 到实例 2 是扩展(Langacker 1987, 1991, 1993, 2007, 2008; Taylor 2002)。在一个 SVO 平行结构中,从基础话语到基础话语激活的抽象 SVO 句法图式是图式化过程;从抽象 SVO 句法图式到目标话语是实例化;从基础话语到目标话语是扩展,换言之,目标话语是对基础话语意义上的扩展(Sakita 2006: 473)。说话人产出基础话语,成为后续话语的启动句。听话人对该话语进行图式化,抽取关于该话语的 SVO 句法结构图式。听话人对该 SVO 结构图式进行例示,产生与基础话语具有一致 SVO 句法结构的目标话语,目标话语和基础话语实现句法形式上的平行。除基础话语外,目标话语是 SVO 句法结构的又一实例。在某种程度上,目标话语是对基础话语在意义上的扩展。目标话语和基础话语结构上的平行映射激活话语对应成分之间的共振,共振振出目标话语扩展的意义与基础话语意义之间的关联,促使对话顺利进行。会话交际双方可以相互产生心理启动作用(梁丹丹 2012:96)。换言之,目标话语也会成为后续话语的启动句,再次引发图式化、实例化和扩展的认知操作,新的 SVO 平行结构产生。话语间句法的平行共振促使目标话语扩展的意义与基础话语意义之间建立关联。随着对话的向前推进,一方面,新的目标话语不断地在重复使用先述话语(基础话语)句法结构的基础上产生,这体现了"用语言建构语言"的话语产生机制;另一方面,新的目标话语是对基础话语意义上的扩展。随着时间的推移,新的目标话语和基础话语不断地产生,目标话语不断地对基础话语的意义进行扩展,话语间的 SVO 句法结构的平行共振促使目标话语的扩展意义与基础话语的意义建立某种关联。目标话语和基础话语在话语流中不断实现形式和意义的介入,如此循环往复,会话顺利进行,话语流连续不断地向前发展。

(14) (张伟兴冲冲地跟大家说他要和新交的女朋友默默结婚,他说她漂亮、知性,而且最大的优点是她从来不跟他唱反调。)

1 悠悠:结婚是件大事,光看优点可不行。

2 张伟:默默最大的缺点是她总是能让我回想起初恋的感觉。

3 子乔:你不是说你的初恋是小丽吗? 这个默默也长着一张逃婚的脸?

（小丽和张伟恋爱、结婚，结果在结婚现场逃婚了。）

4 张伟：胡说，我的初恋是沈佳宜（沈佳宜是电影《那些年，我们一起追的女孩》中的女主角）。

5 美嘉：多稀罕啊，所有男人的初恋都是沈佳宜。

（《爱情公寓》）

表 8-9　映射结构

主语	谓语动词	宾语
你的初恋	是	**小丽**
我的初恋	是	**沈佳宜**
所有男人的初恋	（都）是	沈佳宜
起事	等同关系“是”	止事

在例（14）中，如表 8-9 所示，子乔的“你的初恋是小丽”作为启动句开启了图式化、实例化和扩展的认知操作。张伟对子乔的启动句进行图式化，抽取抽象 SVO 结构图式，亦即“你（我）的初恋是 X”。接着，张伟用“沈佳宜”替换掉启动句中的“小丽”，例示图式“你（我）的初恋是 X”，产出目标话语“我的初恋是沈佳宜”。该目标话语与启动句（基础话语）构成 SVO 平行结构，亦即关于句法结构“你（我）的初恋是 X”的平行结构。同时，目标话语通过以“沈佳宜”替换“小丽”对基础话语的意义实现扩展。句法结构的平行激活的共振振出“小丽”与“沈佳宜”之间的意义关联：小丽这个不太美好的初恋形象与沈佳宜这个美好的初恋形象形成意义上的对立关系。张伟以沈佳宜这一美好的初恋形象否定和反驳子乔的话语，对其进行反击，以此挽回自己的面子。接着，张伟的“我的初恋是沈佳宜”作为启动句开启下一轮的图式化、实例化和扩展的认知操作。美嘉抽取启动句的 SVO 句法结构图式，亦即“X 的初恋是沈佳宜”，以“所有男人”替换掉“我”来例示该结构图式，产出目标话语“所有男人的初恋都是沈佳宜”。目标话语和启动句（基础话语）构成关于 SVO 句法结构亦即“X 的初恋是沈佳宜”的平行结构。同时，目标话语通过以“所有男人”替换掉“我”对基础话语的意义实现扩展。该平行结构话语间的平行激活的共振振出话语间的意义关联：初恋的领有者从张伟变成所有男人。美嘉觉得，张伟称他自己的初恋是沈佳宜，是觉得这种说法很稀奇、很特别；但是，美嘉则认为所有男人的美好初恋形象都是沈佳宜。因此，张伟称自己的初恋是沈佳宜，这种说法一点也不稀奇、不特别。据此，话语间形成意义上的对立关系。美嘉以此表达对张伟说法的反驳和否定，同时还有一定的讽刺效果。张伟在重复使用子乔话语的句法结构的基础上产出“我的初恋是沈佳宜”，美嘉又在重复使用张伟话语的句法结构的基础上产出“所有男人的初恋都是沈佳宜”。结构重复使用，话语建构

话语。平行激活共振,共振振出话语之间的意义关联。话语流依此顺利向前进展。

上文通过分析 SVO 平行结构在话语流中的连续运用现象发现心理启动(图示化、实例化和扩展)促使 SVO 平行结构产生,结构的平行激活共振,这不仅提供了语言建构语言的认知机制而且解释了话语流的塑造问题。下文从视窗的更新和交际双方信息聚焦的动态变化两大方面进一步分析话语流中 SVO 平行结构的连续运用现象。

Langacker(2001)指出,在话语的加工过程中,一个话语对应于心智中的一个视窗。每一个视窗代表被表征的客观场景,其中部分内容成为视窗的注意焦点。随着时间的推移、话语的进展,视窗不断得到更新。人们依据话语的线性顺序进行认知加工,新信息不断地被添加在已知信息上。Langacker(2001)根据时间经验将视窗分为三个,即三个语篇框架:负框、焦点框和正框。随着语篇的发展和时间的推移,被处理过的焦点信息成为已知信息,储存记忆框架,连续进行的话语不断地更新视窗。交际者不断地以负框为出发点,为其增添新信息,使其成为焦点框。正框又以焦点框为出发点,为其添加新信息。说话人的先述话语,作为被处理过的焦点信息,成为已知信息,储存记忆框架,成为理解当前话语的基础。听话人结合自己的表达意图,在说话人提供的已知信息中选择一个已知概念作为出发点,也就是当下正在被建构内容的切入点,引进新的信息,使其处于聚焦状态,这是信息聚焦(Langacker 2015:207)。在发展的话语流中,相对于先述话语表达的已知信息,当前话语的新信息是信息聚焦。

在图 8-7 中,例(14)中的三个 SVO 结构的连续运用对应了三个连续发展的视窗。子乔的"你的初恋是小丽"对应图中的视窗 i-1;张伟的话语"我的初恋是沈佳宜"对应视窗 i;美嘉的话语"所有男人的初恋都是沈佳宜"对应图中的视窗 i+1。每个视窗都是两个参与者具有等同关系的事件。张伟说自己女朋友默默总让他想起初恋的感觉,这让子乔回忆起张伟说过自己的初恋是小丽,小丽和张伟从恋爱到结婚,在婚礼现场,小丽逃婚了。子乔产出"你不是说你的初恋是小丽吗",是要借张伟逃婚的初恋小丽——这个并不美好的初恋形象来调侃他。子乔在该话语中的焦点是"小丽"。子乔的话语经过加工以后成为已知信息存储于记忆框架,成为理解第 4 行张伟话语的基础。连续进行的话语不断地更新视窗。子乔以视窗 i-1 中初恋的对象"小丽"为切入点,引入信息"沈佳宜",为视窗 i-1 增添新信息,使视窗 i 成为焦点框。"沈佳宜"是相对于视窗 i-1 的已知信息而提供的新信息,是信息聚焦、突显性高。"沈佳宜"是电影《那些年,我们一起追的女孩》中的女主角,是个很美好的女孩。张伟以"沈佳宜"替换掉"小丽",以此表达自己的初恋是美好的沈佳宜,这与子乔所说的自己不美好初恋小丽形成对比,以此回应子乔的调侃,给自己挽回点面子。焦点“沈佳宜”与“小丽”具有对比关系,二者构成该 SVO 平行结构的焦点对,主要传达平行结构意义的扩展。第 4 行张伟的话语被加工后作为已知信息存储于记忆框架,成为理解第 5 行美嘉话语的基础。话语向前进展,视窗随着时间不断地更新。美嘉以视窗 i 中初恋的领有者“我”为切入点,引入信息“所有男人”,为视窗 i 增添新信息,使视窗 i+1 成为焦点框。“所有男人”是相对于张伟的话语而提供的新信息,是信息聚焦、突显性高。美嘉觉得张伟说自己的初恋是沈佳宜,他觉得这样很稀奇、很特别。美嘉认为所有男人的美好的初恋形象都是沈佳宜,因此,张伟说自己的初恋是沈佳宜这一点也不稀奇、也不特别,与之形成意义上的对立。总之,在例(14)中从子乔的“你的初恋是小丽”到张伟的话语“我的初恋是沈佳宜”再到美嘉的话语“所有男人的初恋都是沈佳宜”,这是 SVO 平行结构在话语中的连续运用。随着话语的进展,视窗不断地更新,焦点窗从 i-1 到 i 再到 i+1,信息聚焦不断地变化,新信息不断地引入,会话顺利进行。

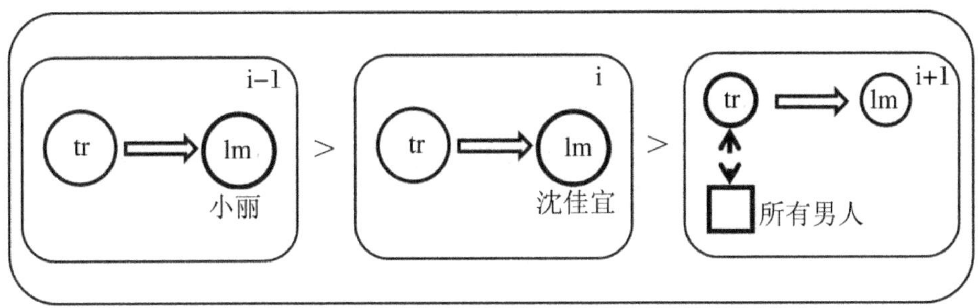

图 8-7　话语流中 SVO 平行结构对应的语篇框架

本章从五个方面深度挖掘语言使用中的 SVO 平行结构:SVO 平行结构中体现的“用法包含语法”的观点、基于 SVO 平行结构的会话含意推导模式、基于形式介入的会话含意推导模式、会话含意的隐晦性和 SVO 平行结构在话语流中的连续运用现象。

第一,本章细致分析了 SVO 平行结构中体现的“用法包含语法”的观点。在 SVO 平行结构中,有些目标话语的 SVO 结构仅存于当时的会话交际实例,在语法上不合格,它们从不同的方面违背了 SVO 结构的规约性规则,但是,它们在语用上又是合适的,这种合适性在平行结构的句法共振中得以实现。

第二,本章提供了一个基于 SVO 平行结构的会话含意推导模式:在会话交际中,话语间形式的平行促使平行对应成分之间产生映射关系,该映射关系激活对话共振,对话共振促使会话含意产生。对话共振机制如下:交际双方对同一概念结构提供两种不同的识解,二者产生比较关系;会话交际的语境,尤其是话语间的形式平行映射关系和以其为基础的语义和语用的平行映射关系,为两种识解的比较提供认知背景,促使两种识解建立起基于语境的意义对比或类比关系,话语间实现基于语境的意义关联。简言之,交际双方在对同一概念结构的识解上达成联合调试。

第三,本章对基于SVO平行结构的会话含意推导模式进行了修正,提出了基于形式介入的会话含意推导模式,即形式介入>平行映射>形式意义二位一体共振>类比推理>会话含意。具体而言,话语间的形式介入带来话语间的平行映射关系,进而激活话语间形式和意义的二位一体共振。形式的共振触发和突显意义的共振,意义的共振体现于识解的共振,即交际双方通过联合调试最终达成在某一识解维度上两种识解之间的意义对比关系,在此基础上结合语境进行意义的类比推理,会话含意由此产生。相对于前一推导模式,这一模式的适用范围更广,推导程序更细致。

第四,会话含意指话语在某一特定语境下的意义,SVO平行结构中目标话语的会话含意是基于目标话语与基础话语在结构形式上的介入而推导出来的,具有隐晦性,其隐晦度体现在对语境的依赖程度上。

第五,本章分析了SVO平行结构在话语流中的连续运用现象。研究发现:心理启动,即图示化、实例化和扩展,能够带来结构的平行进而激活共振,促使语言建构语言,进而塑造发展中的话语流;在SVO平行结构连续运用的话语流中,随着时间的推移,视窗不断地更新,信息聚焦不断地变化,新信息不断地引入,话语顺利向前进行。

第9章　结　　论

本书的研究对象是现代汉语对话中的平行结构。前人对它的研究主要集中在两大方面:平行结构的生成机制和平行结构的意义推理过程,也即形式和意义的关系。回顾学者的以往研究,本研究认为:①在形式上,他们对平行结构的生成机制研究还不够全面;②在意义上,仍缺乏一个对平行结构有效的意义推理机制;③到目前为止,将平行结构的生成机制和其意义的推理过程相结合的研究仍然缺乏。据此,本研究以平行结构中具有代表性的SVO平行结构为研究对象,尝试将平行结构的生成机制与其意义的推理过程相结合,在一个统一的分析框架中建构SVO平行结构的生成机制,以及SVO平行结构从形式平行到意义关联的推理机制。为此,本研究结合对语料的观察提出理论假设,即SVO平行结构认知加工过程的本质是目标话语和基础话语从形式到意义的协同过程,形式的协同创造意义的协同;形式协同指话语间实现了一致的SVO句法结构形式,意义协同指话语间实现基于语境的意义关联。本研究依据该假设,结合认知语法的相关理论建构了SVO平行结构的协同分析模型,为不同类型的SVO平行结构的认知加工过程提供统一的解释。

通过对SVO平行结构的研究,本书主要有以下四个方面的发现:

第一,本研究提出了SVO平行结构形式协同的认知机制。

依据Langacker的范畴观和Taylor的图式-实例范畴观,本书提出了SVO平行结构形式协同的认知机制是实例-图式-实例。说话人产出的基础话语激活了听话人关于该话语的SVO句法结构图式。听话人对该结构图式进行例示,产生与基础话语具有相同SVO结构的目标话语,达成形式协同。扩展类是以此种机制产出的SVO平行结构。如果基础话语激活与其形式一致的SVO结构图式,该图式又被目标话语例示。以此种方式生成的SVO平行结构被称作阐释类,该类形式协同模式可以总结为图式-实例。虽然扩展类的形式协同机制是实例-图式-实例,但其所含单个成分类和句法关系类在形式协同时依据具体实现方式的不同而存在差异。单个成分类的具体实现方式是替代,在形式协同时,基础话语激活的句法图式中只有单个抽象句法成分，如主语、谓语动词、宾语、定语等；句法关系类的具体实现方式是句法功能转换，它在形式协同时，基础话语激活的句法图式中有两个抽象句法成分，即主语和宾语。阐释类的形式协同机制是图式-实例，但其所含有焦点对类和无焦点对类，在形式协同时，具体实现方式不同，有焦点对类是一问一答的方式或重复的方式，无焦点对类是添加定状补成分的方式。

第二，本研究提出了 SVO 平行结构意义协同的认知机制。

在一个由基础话语和目标话语合成的语言使用事件模型中，处在言语情境中的交际双方共同参与对同一事件的概念化。说话人产出基础话语，该话语激活了一个 SVO 句法图式。听话人对其进行例示，产生与基础话语具有一致 SVO 句法结构的目标话语，实现形式协同。目标话语与基础话语构成 SVO 平行结构。话语的平行排列产生了从目标话语到基础话语的映射，促使话语间产生亲缘性的激活即共振，共振促话语间产生意义关联。共振机制如下：基础话语在激活一个 SVO 句法图式的同时激活了一个相应的语义图式，即事件图式 S′。听话人理解了说话人的话语意义，在事件图式 S′内，听话人以基础话语表征的事件实例的某一概念结构为切入点（此概念结构可以为某个事件元素、元素之间的关系或整个事件图式），在该事件图式内论述目标话语的表述焦点，产出目标话语。至此，交际双方对事件图式 S′的同一概念结构实现不同的识解。换言之，这两种识解以不同的方式例示事件图式 S′，可以被看作它的两个事件实例。交际双方提供的对同一概念结构的不同识解之间产生一种比较关系。会话交际的语境，尤其是组合语境中的句际关系，即话语间句法平行映射关系和以其为基础的语义和语用平行映射关系，为两种识解的比较提供认知背景，促使两种识解建立起基于语境的意义对比或类比关系。简言之，交际双方在互动中对事件图式 S′的某一概念结构的识解达成联合调试。据此，SVO 平行结构的话语间建立起意义的相似、对立和添补关系，听话人借此表达一种认同、支持、反驳、否定、回答、补充、疑问、强调等语用功能，促使话语间实现意义协同。SVO 平行结构形式协同机制的不同带来意义协同时实现联合调试的方式不同。扩展类是交际双方对基础话语激活的 SVO 事件图式中的某一元素（对应单个成分类）或元素之间的关系（对应句法关系类）提供不同识解，从而达成联合调试，实现意义协同。其中单个成分类意义协同时实现联合调试的概念基础（元素）依据焦点对的语义成分不同可以是主事成分、某一行为、客事成分或某一特征。句法关系类意义协同时实现联合调试的某一关系依据所含 SVO 结构中谓语动词的不同，可以是施受关系、判断关系、相互体验某种心理活动的关系等。阐释类意义协同时交际双方在互动中对事件图式 S′或其中某一元素的识解达成联合调试。

有焦点对类的意义协同时,在问答类中,说话人问,听话人答,说话人提供某一抽象概念结构,听话人提供实例对其阐释,使其语义具体化;在重复类中,说话人通过突显某一概念成分以表达某种话语功能。无焦点对的意义协同时,说话人提供一个事件图式,听话人对其进行加工,即对其进行重复或在其基础上添补某一成分并使其突显。

第三,本研究发现SVO平行结构的认知加工过程是交际双方的认知协同过程。

SVO平行结构的认知加工过程是目标话语和基础话语从形式到意义的协同过程,也是交际双方的认知协同过程。SVO平行结构的加工过程是一种联合行为,交际双方基于同一概念化客体,通过话语达成认知协同。句法上,说话人的基础话语激活某一句法图式,听话人例示该图式;语义上,说话人的基础话语激活了对应的语义图式,听话人对其进行例示,产生了交际双方基于这一语义图式的某一概念结构的不同识解。听话人的这一识解是在参照说话人识解的基础上形成的,它属于听话人个人的,同时,也是交互主观性的。依据话语间平行映射关系,这两种识解建立起基于语境的意义的关联,交际双方实现对此概念结构识解上的联合调试。总之,意义存在于说话人大脑中的认知操作,同时也存在于交际者之间的认知协作。因此,SVO平行结构的认知加工过程是交际双方的认知协同过程。

第四,本研究提出了基于形式介入的会话含意推导模式。

传统的Grice的会话含意理论认为会话含意是在违背合作原则的基础上推导出来的。他的这一会话含意推导模式较少关注语言结构形式,而有些会话含意的生成与语言结构形式密切相关,它们的获得需要依据一个以语言结构形式为基础的、形义一体的会话含意推导模式。本研究的协同分析模型提供了这样一个以语言结构形式为"抓手"的会话含意推导模式:在会话交际中,话语间形式的平行促使平行对应成分之间产生映射关系,该映射关系激活对话共振,对话共振促使会话含意产生。对话共振机制如下:交际双方对同一概念结构提供两种不同的识解,二者产生比较关系;会话交际的语境,尤其是话语间的形式平行映射关系和以其为基础的语义和语用的平行映射关系,为两种识解的比较提供认知背景,促使两种识解建立起基于语境的意义对比或类比关系,从而促使会话含意产生。简言之,交际双方在对同一概念结构的识解上达成联合调试。该意义推导模式将语言的形式与意义相结合,兼顾了意义的认知性与社会性,坚持"听说一体"的研究思路,在交际互动中研究会话含意。它拓展了传统的会话含意研究,也是对新兴对话句法理论的应用和补充。

本研究对平行结构研究本身,对对话句法理论、认知语篇以及会话含意理论都有着一定的意义和价值。

本研究提出的 SVO 平行结构的协同假设和协同分析模型揭示了对话中 SVO 平行结构认知加工过程的本质,即该过程是从形式到意义的协同过程,形式协同创造意义协同。本书的研究对象是平行结构,SVO 平行结构是其中具有代表性的一类,因此,在理论上,以 SVO 平行结构为例所得的研究成果适用于所有的平行结构。本研究的对象——平行结构是处于对话中的,因此,本研究对揭示日常语言交际的本质也有一定的启示。

本研究是对新兴对话句法理论的应用和补充。对话句法理论是一个新兴理论,中国对它的研究还在引进阶段。本研究运用对话句法理论分析现代汉语对话中的平行结构现象,这是对其的应用;对话句法理论指出介入的形式引发介入的意义。基于此,该理论提出了一套依据语言结构形式为基础的意义推理程序,即平行>映射>共振>对比(类比)推理>话语意义,但是,仅仅对比和类比机制并不能有效地推导出平行结构中话语的意义。据此,本书结合认知语法的相关理论提出了对话共振的认知机制,建立起一套可行的以句法结构形式为基础的意义推理程序。从这个意义上来说,本研究补充和发展了对话句法理论。

本研究也是对认知语法语篇理论的补充。本研究将对话句法理论与认知语法的语言使用事件模型以及当前语篇空间、信息聚焦等概念相结合,实现了二者的增效目的,因此本研究也是对认知语法语篇研究的一种补充。

本研究提出的基于形式介入的会话含意推导模式是对传统会话含意研究的补充。Grice 提出的会话含意是在违背合作原则的基础上推导出来的,他的这一会话含意推导模式较少关注语言的结构形式。本研究提出了一套以语言结构形式为基础的会话含意推导模式,即平行>映射>共振>会话含意。共振机制是交际双方对同一概念结构的识解达成联合调试。

由于时间和个人理论水平的限制,本研究仍存在许多不足之处,SVO 平行结构的认知研究有待进一步的深入。

第一,本研究在深度上还可继续挖掘。譬如,单个成分类的主语类又分为施事类、经事类和起事类,本研究在论述这三类 SVO 平行结构的协同过程时,三类的区别性特征是协同的对象不同。那么这三类平行结构的协同过程除了协同的对象不同外,还有什么其他的区别性特征?

(1) [小贤和美嘉谈一菲参加人机搏击赛(人和机器人对打)的事情。小贤认为太危险,不愿意让一菲去,因此埋怨美嘉报名时为何不拦着她。]

小贤：美嘉，你也真是的，怎么不拦着他呢？

美嘉：我看过海报，对手不就是一个大头机器人吗，凭一菲的实力，那种钱很好赚的。

小贤：那是250。

美嘉：你才是250。

小贤：250是型号，现在已进化到T600了。

（《爱情公寓》）

第二，并不是所有的形式协同都引起意义的协同。如例（1）中，小贤的基础话语“那是250”和美嘉的目标话语“你才是250”构成SVO平行结构，话语间形式上平行、协同，但意义上错位。基础话语中小贤的“250”指的是机器人的型号，美嘉理解成小贤说的脏话，即一菲搏击的对象傻头傻脑。换言之，美嘉对小贤的话语意义产生误解，即话语之间没能实现意义的协同。这种语言现象被Sakita（2006：479-487）称为“平行错位”（parallelism with discrepancy）。对于本研究提出的协同模型，平行错位现象属于反例。那么，这种现象又该如何解释？产生的原因是什么？这种情况在话语流中如何得到修补？这些都可以做进一步研究。

第三，继续扩大语料的覆盖面。本研究收集的语料有限，还需要进一步的扩展，尤其是自然语言的语料需要进一步丰富。

第四，本研究主要是定性研究，有待实证研究的进一步支持。

第五，本研究可以扩展到对话的多模态研究中。会话交际过程中，意义的产生不仅需要言语手段，还有非言语手段，如手势、目光交流、表情、头部移动等。

参考文献

[1] Bakhtin, M. M. *The Dialogic Imagination: Four Essays*[M]. Austin, TX: University of Texas Press, 1981.

[2] Bakhtin, M. M. *Speech Genres and Other Late Essays*[M]. Austin, TX: University of Texas Press, 1986.

[3] Bock, J. K. Syntactic Persistence in Language Production[J]. *Cognitive Psychology*, 1986, 18(3): 355-387.

[4] Branigan, H. P., Pickering, M. J. & A. A. Cleland. Syntactic coordination in dialogue[J]. *Cognition*, 2000, 75(2): B13-B25.

[5] Branigan, H. P., Pickering, M. J., Liversedge, S. P. et al. Syntactic priming: Investigating the Mental Representation of Language [J]. *Journal of Psycholinguistic Research*, 1995, 24(6): 489-506.

[6] Branigan, H. P., Pickering, M. J., Pearson. J. et al. Linguistic Alignment between People and Computers[J]. *Journal of Pragmatics*, 2010, 42(9): 2355-2368.

[7] Branigan, H. P., Pickering, M. J. & J. Pearson. The Role of Beliefs in Lexical Alignment: Evidence from Dialogs with Humans and Computers[J]. *Cognition*, 2011, 121(1): 41-57.

[8] Brennan, S. E. & H. H. Clark. Conceptual Pacts and Lexical Choice in Conversation[J]. *Journal of Experimental Psychology Learning Memory & Cognition*, 1996, 22(6): 1482-1493.

[9] Brône, G., & E. Zima. Towards a Dialogic Construction Grammar: Ad hoc Routines and Resonance Activation [J]. *Cognitive Linguistics*, 2014, 25 (3): 457-495.

[10] Bybee, J. From Usage to Grammar: The Mind's Response to Repetition [J]. *Language*, 2006, 82(4): 711-733.

[11] Cai, Z. G., Pickering, M. J. & H. P. Branigan. Mapping Concepts to Syntax: Evidence from Structural Priming in Mandarin Chinese[J]. *Journal of Memory & Language*, 2012, 66(4): 833-849.

[12] Clark, H. H. *Using language*[M]. Cambridge University Press, 1996.

[13] Croft, W. & D. A. Cruse. *Cognitive Linguistics* [M]. Cambridge: Cambridge University Press, 2004.

[14] Croft, W. *Syntactic Categories and Grammatical Relations: the Cognitive Organization of Information*[M]. Chicago: University of Chicago Press, 1991.

[15] Croft, W. Toward a Social Cognitive Linguistics [A]. In V. Evans & S. Pourcel (eds.). *New Directions in Cognitive Linguistics* [C]. John Benjarnins Publishing Company: Amsterdam/Philadelphia, 2009, 395-420.

[16] Dabrowska, E. Cognitive Linguistics' Seven Deadly Sins [J]. *Cognitive Linguistics*, 2016, 27(4): 479-491.

[17] Du Bois, J. W. & R. Giora. From Cognitive-functional Linguistics to Dialogic Syntax[J]. *Cognitive Linguistics*, 2014, 25(3): 351-357.

[18] Du Bois, J. W., Hobson, R. P. & J. A. Hobson Dialogic Resonance and Intersubjective Engagement in Autism [J]. *Cognitive Linguistics*, 2014, 25 (3): 411-441.

[19] Du Bois, J. W. Towards a Dialogical Syntax. University of Santa Barbara, California [manuscript], 2001.

[20] Du Bois, J. W. The Stance Triangle[A]. In Englebretson R. (eds.), *Stancetaking in discourse: Subjectivity, evaluation, interaction* [C]. Amsterdam: Benjamins, 2007, 139-182.

[21] Du Bois, J. W. Towards a Dialogical Syntax. University of Santa Barbara, California [manuscript], 2010, 1-54.

[22] Du Bois, J. W. Co-opting Intersubjectivity: Dialogic Rhetoric of the Self [A]. In Meyer C & Girke F. (eds.), *The Rhetorical Emergence of Culture*[C]. Oxford: Berghahn, 2011, 52-83.

[23] Du Bois, J. W. Towards a Dialogic Syntax[J]. *Cognitive Linguistics*, 2014, 25(3): 359-410.

[24] Dubey, A., Keller, F. & P. A. Sturt. Probabilistic Corpus-based Model of Syntactic Parallelism[J]. *Cognition*, 2008, 109(3): 326-344.

[25] Evans, V. & M. Green. *Cognitive Linguistics: An Introduction* [M]. Edinburgh: Edinburgh University Press, 2006.

[26] Frazier, L. & A. Munn, Jr C C. Processing Coordinate Structures[J]. *Journal of Psycholinguistic Research*, 2000, 29(4): 343-370.

[27] Frazier, L., Taft, L., Roeper, T. et al. Parallel Structure: A Source of Facilitation in Sentence Comprehension[J]. *Memory & Cognition*, 1984, 12(5): 421-430.

[28] Garrod, S. & A. Anderson. Saying What You Mean in Dialogue: A Study in Conceptual and Semantic Co-ordination[J]. *Cognition*, 1987, 27(2): 181-218.

[29] Garrod, S. & A. Clark. The Development of Dialogue Co-ordination Skills in Schoolchildren[J]. *Language & Cognitive Processes*, 1993, 8(1): 101-126.

[30] Garrod, S. & M. J. Pickering. Why is Conversation so Easy? [J]. *Trends in Cognitive Sciences*, 2004, 8(1): 8-11.

[31] Garrod, S. & M. J. Pickering. Joint Action, Interactive Alignment, and Dialog[J]. *Topics in Cognitive Science*, 2009, 1(2): 292-304.

[32] Geeraerts, D. Current Developments in Cognitive Linguistics[J]. *Journal of Foreign Languages*, 2008(03): 2-19.

[33] Giora, R., Raphaely, M., Fein, O. et al. Resonating with Contextually Inappropriate Interpretations in Production: The Case of Irony [J]. *Cognitive Linguistics*, 2014, 25(3): 183-191.

[34] Goldberg, A. E. *Constructions: A Construction Grammar Approach to Argument Structure*[M]. Chicago: University of Chicago Press, 1995.

[35] Goodwin, M. H. & C. Goodwin. Children's arguing [A]. In Philips S. (eds.), *Language, Gender, and Sex Incomparative Perspective* [C]. New York: Free Press. 1987, 200-248.

[36] Goodwin, M. H.. Aggravated Correction and Disagreement in Children's Conversations [J]. *Journal of Pragmatics*, 1983, 7(6): 657-677.

[37] Grice, P. Logic and conversation[A]. In Cole P & Morgan J. (eds.), *Syntax and Semantics*[C]. New York: Academic Press, 1975, 41-58.

[38] Halliday, M. A. K. & R. Hasan. *Cohesion in English* [M]. London: Longman, 1976.

[39] Halliday, M. A. K. & R. Hasan. *Language, Context, and Text: Aspects of*

Language in a Social-semiotic Perspective [M]. Burwood: Deakin University Press, 1985.

[40] Harris, Z. S. From Morpheme to Utterance[J]. *Language*, 1946, 22(3): 161–183.

[41] Harris, Z. S. *Structural Linguistics* [M]. University of Chicago Press, 1951.

[42] Harris, Z. S. *Discourse Analysis*[J]. *Language*, 1952, 28(1): 1–30.

[43] Hasan, R. Coherence and Cohesive Harmony [A]. In Flood J. (eds.). *Understanding Reading Comprehension: Cognition, Language and the Structure of Prose*[C]. Delaware: International Reading Association, 1984, 181–219.

[44] Hobson, R. P., Hobson, J. A., García-Pérez, R. et al. Dialogic Linkage and Resonance in Autism[J]. *Journal of Autism & Developmental Disorders*, 2012, 42 (12): 2718–2728.

[45] Horn, L. Toward a New Taxonomy for Pragmatic Inference: Q- and R-based Implicature [A]. In Shiffrin D. (eds.), *Meaning, Form, and Use in Context* [C]. Washington, D. C.: Georgetown University Press, 1984, 11–42.

[46] Jakobson, R. Grammatical Parallelism and Its Russian Facet [J]. *Language*, 1966, 42(2): 399–429.

[47] Jefferson, G. Side Sequences[A]. In Sudnow D. (eds.), *Studies in Social Interaction*[C]. New York: Free Press, 1972, 294–338.

[48] Johnstone, B. Repeating Yourself: Discourse Paraphrase and the Generation of Language. Proceedings of the Eastern States Conference on Linguistics, 1984, 250–59.

[49] Keenan, E. O. Making It Last: Repetition in Children's Discourse[J]. *Child Discourse*, 1977, 1: 125–138.

[50] Lambrecht, K. *Information Structure and Sentence Form: Topic, Focus, and the Mental Representations of Discourse Referents*[M]. Cambridge: Cambridge University Press, 1994.

[51] Langacker, R. W. *Foundations of Cognitive Grammar vol. I: Theoretical Prerequisites*[M]. Stanford, California: Stanford University Press, 1987.

[52] Langacker, R. W. *Foundations of Cognitive Grammar vol. II: Descriptive Application*[M]. Stanford, California: Stanford University Press, 1991a.

[53] Langacker, R. W. *Concepts, Images and Symbol*[M]. Berlin: Mouton de Gruyter, 1991b.

[54] Langacker, R. W. Reference-point Constructions[J]. *Cognitive Linguistics*, 1993, 4(1): 1-38.

[55] Langacker, R. W. *Grammar and Conceptualization*[M]. Berlin: Mouton de Gruyter, 1999.

[56] Langacker, R. W. Discourse in Cognitive Grammar [J]. *Cognitive Linguistics*, 2001, 12(2): 143-188.

[57] Langacker, R. W. *Ten Lectures on Cognitive Grammar* [M]. Beijing: Foreign Language Teaching and Research Press, 2007.

[58] Langacker, R. W. *Cognitive Grammar: A Basic Introduction*[M]. Oxford: Oxford University Press, 2008.

[59] Langacker, R. W. Access, Activation, and Overlap: Focusing on the Differential[J]. *Journal of Foreign Languages*, 2012, 35(1): 2-25.

[60] Langacker, R. W. Interactive Cognition: Toward a Unified Account of Structure, Processing, and Discourse [J]. *International Journal of Cognitive Linguistics*, 2013a, 3(2): 95-125.

[61] Langacker, R. W. *Essentials of Cognitive Grammar*[M]. Oxford: Oxford University Press, 2013b.

[62] Langacker, R. W. Descriptive and Discursive Organization in Cognitive Grammar[A]. In Daems J, Zenner E, Heylen K, Speelman D & Cuyckens H. (eds.), *Change of Paradigms—New Paradoxes: Recontextualizing Language and Linguistics*[C]. Berlin & Boston: De Gruyter Mouton, 2015, 205 - 218.

[63] Langacker, R. W. Toward an Integrated View of Structure, Processing, and Discourse [A] In Grzegorz Drozdz G, *Studies in Lexicogrammar* [C]. Amsterdam: Benjamins, 2016a, 23-53.

[64] Langacker, R. W. Working toward a Synthesis[J]. *Cognitive Linguistics*, 2016b, 27(4): 465-477.

[65] Langacker, R. Construal[A]. In Dabrowska E. & D. Divjak (eds.). *Cognitive Linguistics—Foundations of Language* [C]. Berlin/Boston: De Gruyter Mouton, 2019, 140-166.

[66] Levelt, W. J. M. *Speaking: From Intention to Articulation* [M].

Cambridge, MA: MIT Press, 1989.

[67] Levinson, S. *Presumptive Meanings: The Theory of Generalized Conversational Implicature*[M]. Cambridge, MA: The MIT Press, 2000.

[68] Levinson, S. *Pragmatics* [M]. Cambridge: Cambridge University Press, 1983.

[69] Möttönen, T. Dependence of Construal on Linguistic and Pre-linguistic Intersubjectivity [J]. *Nordic Journal of Linguistics*, 2016, 39(2): 209–229.

[70] Möttönen, T. The Normative Basis of Construal [A]. In Mäkilähde, A. & Leppänen, V. & E. Itkonen. *Normativity in Language and Linguistics* [C]. Amsterdam: John Benjamins, 2019, 125–150.

[71] Oben, B. & G. Brône. What You See is What You Do. On the Relationship between Gaze and Gesture in Multimodal Alignment [J]. *Language and Cognition*, 2015, 7(4): 546–562.

[72] Oben, B. & G. Brône. Explaining Interactive Alignment: A Multimodal and Multifactorial Account[J]. *Journal of Pragmatics*, 2016, 104: 32–51.

[73] Pickering, M. J. & V. S. Ferreira. Structural Priming: A Critical Review [J]. *Psychological Bulletin*, 2008, 134(3): 427–59.

[74] Pickering, M. J. & S. Garrod. Toward a Mechanistic Psychology of Dialogue[J]. *Behavioral and Brain Sciences*, 2004, 27(2): 169–190.

[75] Pickering, M. J. & S. Garrod. Alignment as the Basis for Successful Communication[J]. *Research on Language & Computation*, 2006, 4(2–3): 203–228.

[76] Pickering, M. J. & S. Garrod. An Integrated Theory of Language Production and Comprehension [J]. *Behavioral & Brain Sciences*, 2013, 36(4): 329–47.

[77] Reitter, D., Keller, F. & J. D. Moore. A Computational Cognitive Model of Syntactic Priming[J]. *Cognitive Science*, 2011, 35(4): 587–637.

[78] Reitter, D., Moore, J. D. & F. Keller. Priming of Syntactic Rules in Task-oriented Dialogue and Spontaneous Conversation. Proceedings of the 28th Annual Conference of the Cognitive Science Society, 2010.

[79] Reitter, D. & J. D. Moore. Alignment and Task Success in Spoken dialogue[J]. *Journal of Memory & Language*, 2014, 76(15): 29–46.

[80] Sakita, T. I. Parallelism in Conversation: Resonance, Schematization, and Extension from the Perspective of Dialogic Syntax and Cognitive Linguistics [J]. *Pragmatics & Cognition*, 2006, 14(3): 467-500.

[81] Schegloff, E. A. Practices and Actions: Boundary Cases of Other-initiated Repair[J]. *Discourse Processes*, 1997, 23(3): 499-545.

[82] Schegloff, E. A. Word Repeats as Unit Ends[J]. *Discourse Studies*, 2011, 13(3): 367-380.

[83] Schegloff, E. A. Ten Operations in Self-initiated, Same-turn Repair [A]. In Hayashi M., G. Raymond & J. Sidnell (eds.). *Conversational Repair and Human Understanding*[C]. Cambridge: Cambridge University Press, 2013, 41-70.

[84] Tannen, D. Repetition in Conversation: Toward a Poetics of Talk [J]. *Language*, 1987, 63(3): 574-605.

[85] Tannen, D. *Talking Voices: Repetition, Dialogue, and Imagery in Conversational Discourse* [M]. Cambridge, England: Cambridge University Press, 1989.

[86] Taylor, J. R. *Cognitive Grammar*[M]. Cambridge, Mass.: The MIT Press, 2002.

[87] Tomasello, M. *The Cultural Origins of Human Cognition*[M]. Cambridge, Mass./ London: Harvard University Press, 1999.

[88] Tomasello, M. *Constructing a Language: A Usage-based Theory of Language Acquisition*[M]. Cambridge, Mass./London: Harvard University Press, 2003.

[89] Ungerer, F. & H. J. Schmid. *An Introduction to Cognitive Linguistics* [M]. Beijing: Foreign Language Teaching and Research Press, 2001.

[90] Verhagen, A. *Constructions of Intersubjectivity: Discourse, Syntax, and Cognition*[M]. Oxford: Oxford University Press, 2005.

[91] Verhagen, A. Construal and Perspectivisation [A]. In Geeraerts, D & Cuyckens H. (eds.), *Handbook of Cognitive Linguistics*[C]. Oxford: Oxford University Press, 2007, 48-81.

[92] Verhagen, A. Intersubjectivity and the Architecture of Language System [A]. In Zlatev T P, Racine C S & Itkonen E. (eds.), *The Shared Mind: Perspectives on Intersubjectivity* [C]. Philadelphia: John Benjamins Publishing Company, 2008, 307-331.

[93] Verhagen, A. Grammar and Cooperative Communication[A]. Dabrowska E. & D. Divjak. *Cognitive Linguistics—Foundations of Language*[C]. Berlin/Boston: De Gruyter Mouton, 2019, 271-294.

[94] Zima, E., Brône, G, Feyaerts, K. et al. Resonance Activation in Interactional Parliamentary Discourse[J]. *Segmentation in Discourse*, 2008, 44(4): 611-620.

[95] Zima, E. & Feyaert K. Heckles in Austrian Parliamentary Debates: Subjectivity and Intersubjectivity in Interaction[R]. T2PP Workshop, Amsterdam, April9-10, 2010.

[96] Zima, E. Cognitive Grammar and Dialogic Syntax: Exploring Potential Synergies[J]. *Review of Cognitive Linguistics*, 2013, 11 (1) : 36-72.

[97] 巴赫金. 陀思妥耶夫斯基诗学问题[M]. 北京:生活·读书·新知三联书店, 1992.

[98] 巴赫金. 巴赫金全集(第二卷): 周边集[M]. 李辉凡等译. 石家庄: 河北教育出版社, 1998a.

[99] 巴赫金. 巴赫金全集(第四卷): 文本、对话与人文[M]. 白春仁等译. 石家庄: 河北教育出版社, 1998b.

[100] 巴赫金. 巴赫金全集(第五卷): 诗学与访谈[M]. 白春仁等译. 石家庄: 河北教育出版社, 1998c.

[101] 白春仁. 巴赫金——求索对话思维[J]. 文学评论, 1998(05): 101-108.

[102] 白春仁. 边缘上的话语——巴赫金话语理论辨析[J]. 外语教学与研究, 2000(03): 162-168.

[103] 白解红, 王勇. 网络语境下转类词的动态概念化模式[J]. 中国外语, 2013(06): 27-31.

[104] 布鲁诺· G.巴拉. 认知语用学: 交际的心智过程[M]. 范振强等译, 杭州:浙江大学出版社, 2013.

[105] 陈昌来. 现代汉语句子[M]. 上海: 华东师范大学出版社, 2000.

[106] 陈昌来. 现代汉语语义平面问题研究[M]. 上海:学林出版社, 2003.

[107] 陈望道. 修辞学发凡[M]. 上海: 上海教育出版社, 1997.

[108] 邓云华, 白解红, 张晓. 英汉转类词的认知研究[J]. 外语研究, 2009(06): 17-20.

[109] 丁声树. 现代汉语语法讲话[M]. 北京: 商务印书馆, 1999.

[110] 杜娟. 认知对话句法视域下苏格拉底式论辩模式研究[D]. 四川外国语大学, 2017.

[111] 范开泰, 张亚军. 现代汉语语法分析[M]. 上海: 华东师范大学出版社, 2000.

[112] 方梅. 汉语对比焦点的句法表现手段[J]. 中国语文, 1995(04): 279-288.

[113] 高彦梅. Du Bios 的对话句法[J]. 语言学研究, 2015a(01): 79-90.

[114] 高彦梅. 语篇语义框架研究[M]. 北京:北京大学出版社, 2015b.

[115] 高彦梅. 对话共鸣与衔接和谐[J]. 现代外语, 2018(03): 1-12.

[116] 高玉英. 重复及语用功能——从会话合作原则、礼貌原则看重复[J]. 北京工业大学学报(社会科学版), 2005(S1): 28-30.

[117] 顾钢. 话题和焦点的句法分析[J]. 天津师范大学学报(社会科学版), 2001(01): 76-80.

[118] 何自然, 冉永平. 语用学概论(修订本)[M]. 长沙: 湖南教育出版社, 2002.

[119] 何自然,冉永平. 新编语用学概论[M]. 北京: 北京大学出版社, 2010.

[120] 贺宁. 英汉新词语词类转换的特点及认知分析[J]. 佳木斯大学社会科学学报, 2013(05): 129-131.

[121] 胡庭山,孟庆凯. 认知-功能视域下的对话句法: 理论与应用[J]. 外语研究, 2015(06): 17-21+41.

[122] 胡裕树. 现代汉语(重订本)[M]. 上海: 上海教育出版社, 1995.

[123] 黄瓒辉. 焦点、焦点结构及焦点的性质研究综述[J]. 现代外语, 2003(04): 428-438.

[124] 胡壮麟. 语篇的衔接与连贯[M]. 上海: 上海外语教育出版社,1994.

[125] 匡芳涛, 文旭. 图形-背景的现实化[J]. 外国语(上海外国语大学学报), 2003(04): 24-31.

[126] 兰盖克. 认知语法基础(第一卷)理论前提[M]. 牛保义, 王义娜, 席留生, 高航译. 北京: 北京大学出版社, 2013.

[127] 黎锦熙. 新著国语文法[M]. 长沙:湖南教育出版社,2007.

[128] 李健萍. 对话句法视域下 EFL 语法教学研究[D]. 重庆: 四川外国语

大学，2017.

［129］李临定. 现代汉语句型［M］. 北京：商务印书馆，1986.

［130］李香玲. 汉语兼语式的语义重合与话语功能的认知语法研究［D］. 开封：河南大学，2011.

［131］李悦娥. 话语中的重复结构探析［J］. 外语与外语教学，2000(11)：5-7.

［132］梁丹丹. 自然话语中的重复现象［M］. 北京：世界图书出版公司，2012.

［133］凌建侯. 话语的对话性——巴赫金研究概说［J］. 外语教学与研究，2000(03)：176-181.

［134］刘辰诞. 结构和边界：句法表达式认知机制探索［M］. 上海：上海外语教育出版社，2008.

［135］刘丹青，徐烈炯. 焦点与背景、话题及汉语“连”字句［J］. 中国语文，1998(04)：243-252.

［136］刘丹青. 汉语中的非话题主语［J］. 中国语文，2016(03)：259-275+382.

［137］刘菲露. 汉英状语的三维对比研究［D］. 南昌：南昌大学，2008.

［138］刘鑫民. 焦点、焦点的分布和焦点化［J］. 宁夏大学学报(人文社会科学版)，1995(01)：79-84.

［139］刘兴兵. 对话句法:理论与意义［J］. 外国语文，2015(06)：63-69.

［140］刘兴兵. Du Bios 对话句法理论中体现的巴赫金对话理论思想［J］. 西安外国语大学学报,2016a(01)：21-25.

［141］刘兴兵. 对话句法理论与立场研究［J］. 安康学院学报,2016b(01)：28-35.

［142］刘兴兵. 共鸣:三个维度上的概念整合［J］. 外国语文，2019a(02)：79-86.

［143］刘兴兵，赵平静，白桦. 共鸣原则的普遍适用性:来自汉语的证据［J］. 成都大学学报(社会科学版)，2019b(02)：75-80.

［144］刘兴兵. 对话句法理论的互涉原则:互涉的形式何以产生互涉的意义?［J］. 外语教学理论与实践，2020(02)：15-21.

［145］刘云. 现代汉语中的对举现象及其作用［J］. 汉语学报，2006(04)：75-85+96.

[146] 刘正光, 刘润清. Vi+NP 的非范畴化解释[J]. 外语教学与研究: 外国语文双月刊, 2003 (04): 243-250.

[147] 陆俭明. 关于定语和状语的区分[J]. 汉语学习, 1983(02):12-28.

[148] 吕明臣. 话语意义的建构[M]. 长春: 东北师范大学出版社, 2015.

[149] 吕叔湘. 汉语语法分析问题[M]. 北京: 商务印书馆, 1979.

[150] 吕叔湘. 现代汉语八百词(增订本)[M]. 北京: 商务印书馆, 1999.

[151] 马慧敏. 冲突性话语的认知对话句法分析[D]. 重庆: 四川外国语大学, 2017.

[152] 马建忠. 马氏文通[M]. 北京: 商务印书馆, 1983.

[153] 马庆株. 汉语动词和动词性结构[C]. 北京:北京语言学院出版社, 1992.

[154] 牛保义. 构式语法理论研究[M]. 上海: 上海外语教育出版社, 2011.

[155] 牛保义. 坚持形义一体,不能重义轻形 [J]. 中国外语, 2015(01): 35-41.

[156] 牛保义. 认知语法的"语境观"[J]. 解放军外国语学院学报, 2017, 40(06): 78-86+158.

[157] 潘国英. 现代汉语状语语序研究[D]. 上海: 华东师范大学,2010.

[158] 祁峰. 现代汉语焦点研究[D]. 上海: 复旦大学, 2012.

[159] 权立宏. 汉语自然会话中的自我修补模式探讨[J]. 汉语学习, 2017(02): 26-33.

[160] 任鹰. 现代汉语非受事宾语句研究[M]. 北京: 社会科学文献出版社, 2005.

[161] 邵健. 现代汉语主动宾句的认知研究[D]. 杭州: 浙江大学, 2012.

[162] 邵菁, 金立鑫. 补语和 Complement[J]. 外语教学与研究, 2011(01): 48-57.

[163] 申少帅. 基于自主/依存联结分析模型的现代汉语"有"字量度结构研究[D]. 开封: 河南大学, 2016.

[164] 沈家煊. 不对称和标记论[M]. 南昌: 江西教育出版社, 1999.

[165] 沈家煊. 我看汉语的词类[J]. 语言科学,2009(01): 1-12.

[166] 沈家煊. 从"演员是个动词"说起——"名词动用"和"动词名用"的不对称[J]. 当代修辞学, 2010(01): 1-12.

[167] 沈家煊.《语法六讲》[M]. 北京: 商务印书馆, 2011.

[168] 沈家煊. “名动词”的反思：问题和对策[J]. 世界汉语教学，2012(01)：3-17.

[169] 沈家煊. 汉语的逻辑这个样，汉语是这样的——为赵元任先生诞辰120周年而作之二[J]. 语言教学与研究，2014(02)：1-10.

[170] 沈家煊. 词类的类型学和汉语的词类[J]. 当代语言学，2015(02)：127-145+248-249.

[171] 沈家煊. 汉语词类的主观性[J]. 外语教学与研究，2015 (05)：643-658+799.

[172] 沈家煊. 名词和动词[M]. 北京：商务印书馆，2016.

[173] 沈家煊. 汉语有没有“主谓结构”[J]. 现代外语，2017a(01)：1-13+145.

[174] 沈家煊. 从语言看中西方的范畴观[J]. 中国社会科学，2017b(07)：131-143+207.

[175] 沈家煊. “结构的平行性”和语法体系的构建——用“类包含”讲汉语语法[J]. 华东师范大学学报(哲学社会科学版)，2017c (04)：1-11.

[176] 沈家煊. 说四言格[J]. 世界汉语教学，2019a(03)：300-317.

[177] 沈家煊. 谈谈功能语言学各流派的融合[J]. 外语教学与研究，2019b(04)：483-495+639.

[178] 沈家煊. 超越主谓结构[M]. 北京：商务印书馆，2019c.

[179] 沈家煊. “互文”和“联语”的当代阐释——兼论“平行处理”和“动态处理”[J]. 当代修辞学，2020a. (01)：1-17.

[180] 沈家煊. 有关思维模式的英汉差异[J]. 现代外语，2020b(01)：1-17.

[181] 沈家煊. 汉语大语法五论[M]. 上海:学林出版社，2020c.

[182] 沈艳萍. 对话句法:认知功能语言学的新领域[N]. 中国社会科学报，2019(003).

[183] 孙李英. 对话句法理论框架下的会话含意生成探究[J]. 浙江外国语学院学报，2017(06)：26-34.

[184] 孙李英. 平行结构的认知语法研究[D]. 河南大学，2018.

[185] 孙李英. 基于形式介入的会话含意推导:对话句法视角[J]. 现代外语，2021(01)：13-24.

[186] 王德亮. 对话句法：认知功能主义对会话分析的最新探索[J]. 外国语(上海外国语大学学报)，2017(02)：51-61.

[187] 王德亮. 论对话句法共鸣[J]. 当代语言学, 2018(02): 214-229.

[188] 王德亮. 论对话句法之"句法"[J]. 当代语言学, 2021(01): 97-113.

[189] 王力. 中国现代语法[M]. 北京:商务印书馆, 1985.

[190] 王力. 中国现代语法[M]. 北京:商务印书馆, 2011.

[191] 王丽英. 浅谈英语的平行结构[J]. 外语学刊, 1985(04): 29-32.

[192] 王天翼, 甘霖. 对话句法学之再认识[J]. 外语与外语教学, 2018(06): 78-85+146.

[193] 王文斌. 从图形与背景的可逆性看一词多义的成因——以汉语动词"吃"和英语动词"make"为例[J]. 外语与外语教学, 2015(05): 36-41.

[194] 王寅, 曾国才. WH-问答构式的对话句法学分析——WH-问答构式系列研究之一[J]. 外语与外语教学, 2016a(01): 50-56+106.

[195] 王寅, 曾国才. 英语 WH-问答构式的语义分析(之二)[J]. 外语教学, 2016b(02): 1-6.

[196] 王寅, 曾国才. WH-问答构式的认知语用分析(之三)[J]. 中国外语, 2016c(03): 23-29.

[197] 王寅. 认知语法概论[M]. 上海:上海外语教育出版社, 2006.

[198] 王寅. 认知语言学[M]. 上海:上海外语教育出版社, 2007.

[199] 王占华. "吃食堂"的认知考察[J]. 语言教学与研究, 2000(02): 58-64.

[200] 文旭, 刘先清. 英语倒装句的图形-背景论分析[J]. 外语教学与研究, 2004(06): 438-443.

[201] 文旭. 语言的认知基础[M]. 北京:科学出版社, 2014.

[202] 吴伟芬. 宾内定语和主内定语的语义指向分析[D]. 杭州: 浙江大学, 2009.

[203] 吴庸, 黄健平. "有"字存在构式的隐性比较义及认知理据研究[J]. 外语研究, 2015 (02): 31-36.

[204] 谢心阳. 互动语言学的理论探索——《面向互动语言学的语法研究》介绍[A]. 互动语言学与汉语研究(第一辑)[C]. 北京: 世界图书出版公司, 2016: 340-353.

[205] 辛斌. 巴赫金论语用: 言语、对话、语境[J]. 外语研究, 2002(04): 6-9.

[206] 玄玥. 焦点问题研究综述[J]. 汉语学习, 2002(04): 35-43.

[207] 徐杰. 普遍语法原则与汉语语法现象[M]. 北京: 北京大学出版社, 2001.

[208] 徐烈炯, 刘丹青. 话题的结构与功能(修订版)[M]. 上海: 上海教育出版社, 2007.

[209] 徐默凡. 语法性重复和修辞性重复[J]. 修辞学习, 2009(02): 1-10.

[210] 杨达复. 格赖斯:会话含意的推断[J]. 外语教学, 2003(01): 11-15.

[211] 杨淑芳. 定语语义分析[D]. 北京: 首都师范大学, 2003.

[212] 杨玉顺. 基于 DFS 模型的冲突性对话研究[D]. 重庆: 四川外国语大学,2017.

[213] 殷志平. 关于数量对应句[J]. 语言研究, 2002(03): 32-38.

[214] 殷志平. 对称格式的认知解释[J].语言科学, 2004(03): 89-95.

[215] 袁晖, 李熙宗. 汉语语体概论[M]. 北京: 商务印书馆, 2005.

[216] 袁毓林. 话题化及相关的语法过程[J]. 中国语文, 1996(04): 241-254.

[217] 袁毓林. 从焦点理论看句尾"的"的句法语义功能[J]. 中国语文, 2003(01): 3-16.

[218] 曾国才. 认知语言学前沿动态——对话句法学初探[J]. 现代外语, 2015(06): 842 -846.

[219] 曾国才. 英语 WH-对话构式的焦点信息定位模型研究[J]. 外国语文, 2017a(01): 60-66.

[220] 曾国才. 后现代哲学视野下的对话构式语法研究[J].当代外语研究, 2017b(04): 10-14.

[221] 曾国才. 话语认知分析: 从对话句法走向对话构式[J]. 外语学刊, 2019a(06): 7-12.

[222] 曾国才. 对话构式语法: 框架与运用[M]. 成都:四川大学出版社, 2019b.

[223] 张斌. 汉语语法学[M]. 上海: 上海教育出版社, 1998.

[224] 张斌. 现代汉语描写语法[M]. 北京:商务印书馆, 2010.

[225] 张伯江, 方梅. 汉语功能语法研究[M]. 南昌: 江西教育出版社, 1996.

[226] 张德禄.语篇衔接中的形式与意义[J]. 外国语(上海外国语大学学报), 2005(05): 32-38.

[227] 张弓. 现代汉语修辞学[M]. 天津:天津人民出版社, 1963.

[228] 张国宪. 论对举格式的句法、语义和语用功能[J]. 淮北煤师院学报(社会科学版), 1993(01): 96-100.

[229] 张克定. 英语句式的多维研究[M]. 北京: 中国社会科学出版社, 2008.

[230] 张绍杰. 话语识解的认知机制:语法-语用互动视角[J]. 外语教学与研究, 2017 (05): 663-674+799.

[231] 张志公. 修辞概要[M]. 上海: 上海教育出版社, 1982.

[232] 赵元任. 汉语口语语法[M]. 吕叔湘译. 北京:商务印书馆, 1979.

[233] 周红民. 话语重复功能新探[J]. 株洲工学院学报, 2004(01): 124-125.

[234] 周领顺, 李速立. 我国的英汉转类词研究[J]. 外语教学, 2006(04): 19-22.

[235] 朱德熙. “的”字结构和判断句[A]. 现代汉语语法研究[C], 北京: 商务印书馆, 1980/2001: 125-150.

[236] 朱德熙. 语法讲义[M]. 北京: 商务印书馆, 2007.

[237] 朱德熙. 自指和转指——汉语名词化标记“的、者、所、之”的语法功能和语义功能[A]. 语法丛稿[C]. 1990: 55-84.

[238] 朱德熙. 语法答问[M]. 北京: 商务印书馆, 1985.

[239] 朱永生. 英语重复现象的多种功能[J]. 外国语(上海外国语学院学报), 1988(03): 61-64.

后　　记

2014年，我师从河南大学牛保义教授，攻读语言学博士学位，这本书便是攻读此学位期间的成果。

现在如若有人问我的研究领域，我会毫不犹豫地回答：对话句法。我与对话句法结缘开始于2015年春天，那时的我像个无头苍蝇一样，到处寻找选题。一天上午，导师让我帮他复印一篇文章。我一看，这是发表在权威期刊 *Cognitive Linguistics* 上的一篇文章，题目是"Towards a dialogic syntax"。对话句法（dialogic syntax）是什么？好奇心迫使我赶紧去看，看着看着，我血液上涌、心跳加速。博士论文就写它了！说实话，我当时没怎么看懂，但是很感兴趣。就这样，我和对话句法的缘分就从那个春天、那个上午开始了。

对话句法是一个新兴的理论。新理论自然有它的好处。首先，它新颖，对于创新便不必担忧；其次，新理论不成熟，漏洞比较多，能堵一个洞，一篇博士论文就出来了。但是新理论也有个很大的难题，就是能参考的文献实在太少，别说文献综述不好写，理论、范式等参照也没有，这种"无中生有"的创作着实有挑战性。不过，这个倒适合我，我平时就喜欢瞪着天花板，任思想天马行空、无拘无束。

对话句法是新兴理论，不免有人会担忧它的前景。目前，对话句法理论的创始人 Bu Bios 仍在进行相关研究，不过他的近期研究主要偏向对话句法理论的实证研究，即会话交流中，话语间的共振度问题。对话句法理论一经提出，便得到了许多国家学者的追捧。对话句法理论是认知语言学和互动语言学融合的产物，它为语言研究提供了"互动认知"视角。汉语以对言为本，语言根植于对话，意义诞生于互文。最典型、最原始的对言是平行结构。平行结构之间的互文见义正是"互动认知"在语言中的对应物。这说明，对话句法理论与汉语特性天生契合，这种契合关系必然使二者相互成就，共同发展。因此，我们相信，对话句法理论在汉语中的应用是大有可为、未来可期的！

从学术小白到略有心得，一路走来，有痛苦、有挣扎，但更多的却是欣喜和感动，欣喜于自己一点一点地进步和蜕变，感动于大家一路的帮助和陪伴。首先，我衷心地感谢我的导师牛保义教授。他性格温和、思维开明、治学严谨、教学有方。在我人生的黑暗和彷徨之时，他点亮了一束光，将我引向学术的殿堂。此生能有这样的老师，何其幸运！

感谢河南大学外语学院安家亮书记、杨朝军院长和相关部门领导与同事的大力支持！还要感谢河南大学外语学院的学术出版资助，使本书能最终得以付梓。

特别感谢河南大学出版社的薛巧玲老师、马博老师和王珂老师以及参与本书审校的所有老师，正是由于各位的辛勤付出和严格把关，才使得本书以完善的形式呈现给读者。

最后，感谢我的家人和朋友，没有他们的大力支持和帮助，就没有今天的我。